"十三五"国家重点图书规划项目

中国特色社会主义
法律体系精释与适用

《河北省促进绿色建筑发展条例》 精释与适用

孟庆瑜·主编

蒋育良　郁达飞·　副主编

中国民主法制出版社
全国百佳图书出版单位

图书在版编目（CIP）数据

《河北省促进绿色建筑发展条例》精释与适用/孟庆瑜
主编．--北京：中国民主法制出版社，2020.1
中国特色社会主义法律体系精释与适用
ISBN 978-7-5162-2146-4

Ⅰ.①河…　Ⅱ.①孟…　Ⅲ.①生态建筑—条例—法律
解释—河北　②生态建筑—条例—法律适用—河北　Ⅳ.
①D927. 220. 229. 75

中国版本图书馆 CIP 数据核字（2019）第 290164 号

图书出品人：刘海涛
出 版 统 筹：乔先彪
责 任 编 辑：逯卫光

书名/《河北省促进绿色建筑发展条例》精释与适用
　　　《HEBEISHENGCUJINLÜSEJIANZHUFAZHANTIAOLI》JINGSHIYUSHIYONG
作者/孟庆瑜　主　编
　　　蒋育良　郁达飞　副主编

出版·发行/中国民主法制出版社
地址/北京市丰台区右安门外玉林里 7 号（100069）
电话/（010）63055259（总编室）　　（010）63057714（发行部）
传真/（010）63056975　　（010）63056983
http：// www. npcpub. com
E-mail：mzfz@ npcpub. com
经销/新华书店
开本/16 开　787 毫米×960 毫米
印张/13.75　字数/196 千字
版本/2020 年 3 月第 1 版　2020 年 3 月第 1 次印刷
印刷/廊坊市海涛印刷有限公司

书号/ISBN 978-7-5162-2146-4
定价/56. 00 元

中国特色社会主义
法律体系精释与适用

《河北省促进绿色建筑发展条例》
精释与适用

孟庆瑜·主编

蒋育良　郁达飞·副主编

中国民主法制出版社
全国百佳图书出版单位

本书编委会

序　言

　　习近平总书记指出："面向未来，中国将贯彻创新、协调、绿色、开放、共享的发展理念，实施一系列政策措施，大力发展清洁能源，优化产业结构，构建低碳能源体系，发展绿色建筑和低碳交通，建立国家碳排放交易市场，不断推进绿色低碳发展，促进人与自然相和谐。"绿色建筑是人与自然和谐发展的重要体现，促进绿色建筑发展，是贯彻习近平生态文明思想的实际行动，是落实新发展理念的必然要求，更是推进生态文明建设的应有之义。

　　近年来，在省委坚强领导下，我省把发展绿色建筑作为推动创新发展、绿色发展、高质量发展，加快建设经济强省、美丽河北的重要举措，持续加力推进，取得较好成效。但同时也存在一些问题：一是缺少法律法规依据。绿色建筑日常监管中职能交叉、责任不明。二是无考核制度约束。各地重视程度不一，资金投入不足，扶持力度不强。三是规模偏小。绿色建筑在全部新建建筑中的占比仍然偏小。通过制定地方性法规，用法治思维和法治方式，依靠法治手段、法治力量解决绿色建筑发展问题，促进建筑业转型升级，十分必要且迫切。

　　省人大常委会主动担当作为，积极依法履职，同省人民政府及省住房和城乡建设厅共同推进绿色建筑立法工作。2018 年 11 月 23日，河北省人大常委会审议通过了《河北省促进绿色建筑发展条例》（以下简称《条例》），将绿色建筑发展纳入法治轨道，必将大大提高我省绿色建筑发展水平。

法律的生命在于实施。为推广《条例》宣传，推进《条例》贯彻落实，省人大常委会法工委、省住建厅与河北大学国家治理法治化研究中心，组织专业人才编写了本书，被中国民主法制出版社纳入《中国特色社会主义法律体系精释与适用》丛书，并定名为《〈河北省促进绿色建筑发展条例〉精释与适用》。

　　促进绿色建筑发展是一项科学发展国计民生的宏伟战略，具有长期性、复杂性和艰巨性，必须锲而不舍，循序渐进。各有关部门要切实履职担当，明确执法责任，加大执法力度，依法促进我省绿色建筑健康发展。

河北省第十三届人民代表

大会常务委员会副主任

2019 年 10 月 15 日

目　　录

第一章　总　　则

【本章导读】

作为《河北省促进绿色建筑发展条例》（以下简称《条例》）第一章，"总则"一章共由七个法律条文组成，分别对《条例》立法目的与立法依据、适用范围与调整对象、基本原则、政府及有关部门法定职责、资金与技术保障、表彰奖励、法规宣传、知识普及等问题进行了规定。作为法规的首章，"总则"是对整部法规的纲领和全局性内容的概括性规定。由其规定的内容所决定，"总则"并不是法律制度创新的"富矿"所在。但对于"促进绿色建筑发展"这样一部创制性立法，《条例》在一定程度上实现了立法创新。

> 　　**第一条**　为了贯彻绿色发展理念，推进建筑业高质量发展，节约资源，改善人居环境，根据《中华人民共和国建筑法》《中华人民共和国节约能源法》等法律、行政法规，结合本省实际，制定本条例。

【本条主旨】

本条文是关于《条例》立法目的和立法依据的规定。

【本条释义】

一般认为，所谓目的，是指预先所设想的行为目标，目的的设定直接关系行为的结果，目的的科学设定至关重要。对法律制定而言，亦是如此。任何法律都有其立法目的，立法目的不仅是法律制度构建、法律规则创制的精神指引，而且是确保法律得以准确适用的关键因素。其原因在于，立法目的对法律解释有着重要的指引作用，法律规则只有紧密结合并服务于其立法目的才能够被准确理解，法律条文和法律解释不能与立法目的相背离。当对法律规则的意旨发生认知分歧时，最好的办法就是回溯到该法律的制定目的和实现目标中，以对法律规则的制定和内涵进行更为深入的理解和把握。此外，更为关键的是，立法目的还能起到弥补立法漏洞的重要作用。虽然从立法技术上讲，法律的制定应当具有前瞻性，即对未来经济社会发展和法律适用有一定的预见，但受认识局限、条件欠缺等因素所限，在实践中，法律的制定常常难以做到尽善尽美，不可避免地会出现法律漏洞。当出现法律漏洞后，往往需要从探寻立法者的目的着手，以消除漏洞影响、弥补立法缺陷。

依据立法技术规范要求，关于立法目的的规定一般应当作为法律正文的第一条，并且在内容表述上应当做到直接、具体和明确，《条例》遵循了这一要求。从立法实践来看，某部法律的立法目的可以有多项内容和不同层次。依据本条文规定，《条例》立法目的包含以下内容。

一、贯彻绿色发展理念

2015 年 10 月 29 日，党的十八届五中全会通过了《中共中央关于制定国民经济和社会发展第十三个五年规划的建议》（以下简称《建议》），《建议》正式提出了包括绿色发展理念在内的五大发展理念，即"实现'十三五'时期发展目标，破解发展难题，厚植发展优势，必须牢固树立创新、协调、绿色、开放、共享的发展理念"。五大发展理念不是凭空得来的，是我们在深刻总结国内外发展经验教训的基础上形成的，是针对我国发展中的突出矛盾和问题提出来的，是在深刻分析国内外发展大势的基础上形成的，集中反映了我们党对经济社会发展规律认识的深化。[1] 作为规律性认识的凝练与升华，五大发展理念是理性反思时代问题所得出的科学结论，准确反映了我国经济社会发展的阶段性特征，深刻体现了新阶段我国经济社会发展的根本性规律。其中，绿色发展理念与其他四大发展理念相互贯通、相互促进，是我们党关于生态文明建设、社会主义现代化建设规律性认识的最新成果，具有重大意义。绿色发展理念以人与自然和谐

---

[1]《习近平谈全面建成小康社会：不是一个"数字游戏"》，人民网，http://cpc.people.com.cn/xuexi/n1/2019/0123/c385474-30586379.html，最后访问日期 2019 年 8 月 31 日。

为价值取向，以绿色低碳循环为主要原则，以生态文明建设为基本抓手，是习近平生态文明思想的重要内容之一。绿色发展理念的提出，体现了我们党对我国经济社会发展阶段性特征的科学把握。党的十八大以来，习近平同志立足于推进我国社会主义现代化建设的时代使命，洞悉从工业文明到生态文明跃迁的发展大势和客观规律，就促进人与自然和谐发展提出一系列新思想、新观点、新论断，凝聚形成绿色发展理念，推动了马克思主义生态文明理论在当代中国的创新发展。绿色是生命的象征、大自然的底色，更是代表了人民群众对美好生活的希望和期盼。走绿色低碳循环发展之路，是突破资源环境瓶颈制约、消除党和人民"心头之患"的必然要求，是调整经济结构、转变发展方式、实现可持续发展的必然选择。绿色是中国特色社会主义新时代的鲜亮标志，绿色发展理念、绿色发展方式和绿色发展智慧为建设美丽中国提供不竭动力。[1] 在全国生态环境保护大会上，习近平总书记强调："绿色发展是构建高质量现代化经济体系的必然要求，是解决污染问题的根本之策。"绿色发展理念意蕴深远，促进绿色建筑发展正是贯彻绿色发展理念的具体体现。促进绿色建筑发展，就是要在建筑规划设计、建设改造、运营拆除过程中，贯彻绿色发展理念，科学选择建设材料和有效避免能源浪费，提高资源利用率，减少废弃物排放量，加强废弃物处理，促进生态系统和经济系统的循环链接，实现经济效益、生态效益、社会效益有机统一。

二、推进建筑业高质量发展

2017 年 10 月 18 日，习近平总书记在党的十九大报告中明确指出，"我国经济已由高速增长阶段转向高质量发展阶段，正处在转变发展方式、优化经济结构、转换增长动力的攻关期，建设现代化经济体系是跨越关口的迫切要求和我国发展的战略目标。""必须坚持质量第一、效益优先，以供给侧结构性改革为主线，推动经济发展质量变革、效率变革、动力变革，提高全要素生产率，着力加快建设实体经济、科技创新、现代金融、人力资源协同发展的产业体系，着力构建市场机制有效、微观主体有活

---

〔1〕 潘家华：《绿色发展改变中国》，中国社会科学院官网，http://www.cass.cn/xueshuchengguo/jingjixuebu/201807/t20180730_4514335.html，最后访问日期 2019 年 5 月 20 日。

力、宏观调控有度的经济体制，不断增强我国经济创新力和竞争力"〔1〕
2017年12月18—20日，中央经济工作会议在北京举行，习近平总书记在
会上发表重要讲话。会议认为，"推动高质量发展，是保持经济持续健康
发展的必然要求，是适应我国社会主要矛盾变化和全面建成小康社会、全
面建设社会主义现代化国家的必然要求，是遵循经济规律发展的必然要
求。""推动高质量发展是当前和今后一个时期确定发展思路、制定经济政
策、实施宏观调控的根本要求，必须加快形成推动高质量发展的指标体
系、政策体系、标准体系、统计体系、绩效评价、政绩考核，创建和完善
制度环境，推动我国经济在实现高质量发展上不断取得新进展。"高质量
发展是我国经济发展进入新时代的显著特征，是对新时代经济发展的根本
要求，推进建筑业实现高质量发展也是其题中之意。唯有推进建筑业实现
高质量发展，改善质量供给、提升质量水平，才能妥善解决当前人民群众
想住好房子的客观需求与建筑业发展不平衡不充分的突出矛盾，才能让老
百姓真正住上满意的好房子。

就河北而言，推进建筑业高质量发展的需求更为迫切。建筑业是河北
省的支柱产业，对经济社会发展、城乡建设和民生改善具有重要作用。随
着京津冀协同发展、雄安新区规划建设、2022年冬奥会场馆建设以及"一
带一路"、军民融合发展等重大战略、重大工程的实施，我省建筑业迎来
大发展、大跨越的重大历史机遇。推进河北省建筑业高质量发展需要从实
现"四化"着手，即绿色化、工业化、信息化和标准化。绿色化就是以人
为本，节约资源，保护生态环境，与自然和谐共生，这是最根本的目标；
工业化就是提高质量和效率，减少人力，降低能源资源消耗，这是工业化
也是工业发展的手段和目的；信息化主要是以数字信息技术为手段，在全
产业链上推动建筑产业提质增效，加速传统建筑产业转型升级；标准化就
是建设中国特色、与国际接轨的标准化管理体制和标准体系，为经济全球
化和"一带一路"输出中国技术和中国标准提出了更高的要求〔2〕 其中，

〔1〕 习近平：《决胜全面建成小康社会 夺取新时代中国特色社会主义伟大胜利——在中国共产
党第十九次全国代表大会上的报告》，新华网，http：//www.xinhuanet.com//politics/19cpcnc/
2017 - 10/27/c_ 1121867529.htm，最后访问日期2019年5月20日。
〔2〕 王俊：《落实新发展理念，推进建筑行业高质量发展》，《河南日报》2018年6月15日第1版。

绿色化的关键要求之一,就是推进绿色建筑发展。

三、节约资源

"节约资源是保护生态环境的根本之策。"就生态环境保护而言,节约资源为釜底抽薪之策。若要实现生态环境保护目的,必须从节约资源使用这个源头抓起。2013 年 5 月 24 日,在十八届中央政治局第六次集体学习时,习近平总书记发表重要讲话,强调指出,"生态环境保护是功在当代、利在千秋的事业。""要大力节约集约利用资源,推动资源利用方式根本转变,加强全过程节约管理,大幅降低能源、水、土地消耗强度,大力发展循环经济,促进生产、流通、消费过程的减量化、再利用、资源化。"[1]

党的十九大报告中明确指出,要"推进资源全面节约和循环利用,实施国家节水行动,降低能耗、物耗,实现生产系统和生活系统循环链接",以"推进绿色发展"[2]由人均资源相对匮乏的省情所决定,就河北而言,有效节约资源更是具有十分重要的意义。统计数据显示,河北省人均水资源量 311 立方米,仅为全国平均水平的 1/7,远低于国际公认的 500 立方米严重缺水线;人均矿产资源占有量为全国平均水平的 67%,在全国居中下水平,经济发展中占重要地位的煤、石油、天然气、铁矿、金矿等,开发强度大,储采比例严重失调;全省一次能源生产量仅能满足需求量的 50%,有一半能源须从省外调入解决。资源短缺已经成为我省经济社会发展和实现全面建成小康社会目标的重要制约因素。同时,在经济发展中,还存在利用方式粗放、利用效率低下的问题。例如,万元国内生产总值能耗比全国平均水平高 19%,工业固体废弃物综合利用率、矿产资源综合回采率、工业用水重复利用率、农业灌溉水的利用率等远远低于发达国家水平,资源浪费现象严重。这种高投入、高消耗、高排放的经济增长方

---

〔1〕 习近平:《坚持节约资源和保护环境基本国策 努力走向社会主义生态文明新时代》,人民网,http://cpc.people.com.cn/n/2013/0525/c64094-21611332.html,最后访问日期 2019 年 5 月 20 日。

〔2〕 习近平:《决胜全面建成小康社会 夺取新时代中国特色社会主义伟大胜利——在中国共产党第十九次全国代表大会上的报告》,新华网,http://www.xinhuanet.com//politics/19cpcnc/2017-10/27/c_1121867529.htm,最后访问日期 2019 年 5 月 20 日。

式，不仅加剧了资源短缺的矛盾，造成了严重的环境污染，更制约了经济增长质量和效益的进一步提高。[1]

资源是人类赖以生存和发展的基础，是经济社会可持续发展的重要物质保障。2017年5月26日，中共中央政治局就推动形成绿色发展方式和生活方式进行第四十一次集体学习，习近平总书记就推动形成绿色发展方式和生活方式所提出的六项重点任务之一，就是"要全面促进资源节约集约利用""要树立节约集约循环利用的资源观，用最少的资源环境代价取得最大的经济社会效益"。其原因在于，"生态环境问题，归根到底是资源过度开发、粗放利用、奢侈消费造成的。"[2]"资源开发利用既要支撑当代人过上幸福生活，也要为子孙后代留下生存根基。"对于河北而言，深入开展资源节约活动，是缓解当前资源约束矛盾的重要举措，是走新型工业化道路的必然要求，是实现全面建成小康社会目标的战略选择，是贯彻落实高质量发展要求的具体体现。有效节约资源应当充分发挥市场配置资源的基础性作用，建立促进资源节约活动的激励机制，把资源节约活动与转变经济增长方式、提高经济增长质量和效益相结合，与调整经济结构，推进技术进步，加强宏观调控，缓解经济社会面临的资源瓶颈制约相结合，其关键是要创新机制、依法推进，而促进绿色建筑发展则是有效节约资源的具体要求之一。例如，研究资料显示，建筑所消耗的能源占各种能源消耗总量的39%，电力消费的71%来自建筑消耗，近40%的CO_2排放、36%的温室气体排放产生自建筑的能源消耗，12%的水耗产生自建筑，[3]促进绿色建筑发展则能够极大地降低能源资源消耗。

四、改善人居环境

一般认为，所谓人居环境，是指人类工作劳动、生活居住、休息游乐和社会交往的空间场所。人居环境的形成与社会生产力的发展关系密切，

---

[1] 相关数据来自《河北省人民政府关于印发〈河北省深入开展资源节约活动方案〉的通知》（冀政〔2004〕35号）。

[2] 《习近平主持中共中央政治局第四十一次集体学习》，人民网，http://cpc.people.com.cn/n1/2017/0528/c64094-29305569.html，最后访问日期2019年5月20日。

[3] 陈妍、岳欣：《美国绿色建筑政策体系对我国绿色建筑的启示》，《环境与可持续发展》2010年第4期。

很大程度上是因生产力发展而引致人类生存方式不断变化的结果。在这个过程中，人类经历了从被动地依赖自然到逐步地利用自然，再到主动地改造自然的过程。从发展阶段来看，人居环境经历了从自然环境向人工环境、从次一级人工环境向高一级人工环境的发展演化过程；从聚居形式来看，人居环境又可进一步划分为乡村人居环境、集镇人居环境和城市人居环境等具体类别。随着人口规模的迅速增长，人居环境领域所存在的问题（如过度拥挤、住房不足、设施滞后等）越来越成为影响人们美好生活需求的重要障碍。

改善人居环境是广大人民群众的迫切愿望，是全面建成小康社会的重要内容，对保障改善民生、带动投资增长、稳定经济增长、促进长远转型发展意义重大。就河北而言，基础设施的承载能力弱、居民生活的便利度和舒适度低等问题还比较突出，政府公共服务能力和管理水平仍待提高，改善人居环境的任务较为繁重。切实改善人居环境需要坚持以人为本的基本理念，坚持规划引领，做到狠抓落实，强调统筹推进，尤其是要将绿色低碳的理念贯彻到改善人居环境的每项工作环节中。改善人居环境是一项系统性工程，包括基础设施的加强、地区承载力的提升、环境污染的防治、生活垃圾的治理等。其中，促进绿色建筑发展不仅是改善人居环境的应有之义，而且是改善人居环境的关键所在。

除对立法目的进行规定外，本条文还对《条例》的立法依据进行了规定。一般认为，所谓立法依据，是指某项法律制定所依赖的法律和事实根据。法律根据主要是指某项法律的上位法依据。在我国，除宪法外，各项立法一般都要写明其立法依据。其中，法律的制定要以宪法为根据；行政法规的制定要以宪法、法律为根据；部门行政规章的制定要以法律、行政法规为根据；地方性法规的制定要以本行政区域的具体情况和实际需要为根据，并且不得同宪法、法律、行政法规和上级地方性法规相抵触；地方行政规章的制定要以法律和行政法规为根据[1]。由于本《条例》属于创制性立法，目前尚无直接的上位法作为立法依据，因此，本条文将《条例》的立法依据概括表达为"根据《中华人民共和国建筑法》《中华人民

---

[1] 周旺生：《立法学（第二版）》，法律出版社2009年版，第486页。

共和国节约能源法》等法律、行政法规"。这一技术处理不仅符合当前关于促进绿色建筑发展的立法现状，也为以后法律制度的革新预留了必要空间，即随着对促进绿色建筑发展问题重视程度的提高，当国家层面对促进绿色建筑发展进行专门立法之时，《条例》关于立法依据的规定亦能契合上位法的规定与要求。当然，虽然国家层面尚未对促进绿色建筑发展进行专门立法，但从《中华人民共和国建筑法》《中华人民共和国节约能源法》等法律、行政法规的相关规定来看，亦能找到关于促进绿色建筑发展立法的相关依据，如：（1）《中华人民共和国建筑法》第四条规定，"国家扶持建筑业的发展，支持建筑科学技术研究，提高房屋建筑设计水平，鼓励节约能源和保护环境，提倡采用先进技术、先进设备、先进工艺、新型建筑材料和现代管理方式。"（2）《中华人民共和国节约能源法》第三十五条规定，"建筑工程的建设、设计、施工和监理单位应当遵守建筑节能标准"；"不符合建筑节能标准的建筑工程，建设主管部门不得批准开工建设；已经开工建设的，应当责令停止施工、限期改正；已经建成的，不得销售或者使用"；"建设主管部门应当加强对在建建筑工程执行建筑节能标准情况的监督检查"。（3）《中华人民共和国节约能源法》第四十条规定，"国家鼓励在新建建筑和既有建筑节能改造中使用新型墙体材料等节能建筑材料和节能设备，安装和使用太阳能等可再生能源利用系统。"（4）《中华人民共和国城市房地产管理法》第二十五条规定，"房地产开发必须严格执行城市规划，按照经济效益、社会效益、环境效益相统一的原则，实行全面规划、合理布局、综合开发、配套建设。"此外，旨在加强民用建筑节能管理、降低民用建筑使用过程中的能源消耗、提高能源利用效率的专门立法，国务院于 2008 年颁布的《民用建筑节能条例》更是从多方面对促进绿色建筑发展问题进行了相应规定，亦是本《条例》的重要立法依据所在。

最后，需要补充说明的是，《条例》的直接目的显然是促进绿色建筑发展，而贯彻绿色发展理念、推进建筑业高质量发展、节约资源、改善人居环境等均需要落脚于促进绿色建筑发展这一直接目的之上。2015 年 11月 30 日，习近平总书记在气候变化巴黎大会开幕式上的讲话中指出，"面向未来，中国将把生态文明建设作为'十三五'规划重要内容，落实创新、协调、绿色、开放、共享的发展理念,通过科技创新和体制机制创新,实施优化产业结构、构建低碳能源体系、发展绿色建筑和低碳交通、建立全国碳排放交易市场等一系列政策措施,形成人和自然和谐发展现代化建设格局"。由此可见,绿色建筑代表未来发展方向,是人和自然和谐发展的重要体现,促进绿色建筑发展是落实五大发展理念的必然要求,是推进生态文明建设的应有之义。

同时,由于本《条例》系省级地方性立法,因此,"本省实际"是本《条例》的事实依据。从《条例》其他章节及相关法律条文的设计、主体法律制度的构建来看,确实全面落实了这一要求,即准确定位于我省省情,尤其是立足于我省绿色建筑发展的实际情况,进而极大地增强了法律的可适用性、制度的针对性。

第二条 本省行政区域内从事绿色建筑规划、设计、建设、改造、运营、拆除等活动及其监督管理,适用本条例。

本条例所称绿色建筑,是指在建筑全寿命期内,最大限度地节地、节能、节水、节材,保护环境和减少污染,为人们提供安全、健康、适用、宜居和高效的使用空间,与自然和谐共生的建筑。

绿色建筑按照国家标准由低到高分为一星、二星、三星三个等级。

【本条主旨】

本条文是关于《条例》适用范围和调整对象的规定。

【本条释义】

适用范围是法律的核心要素,也是法律制定所须解决的基本问题之一。本条文即是对《条例》适用范围的规定,其主要解决了两个问题:一是《条例》适用的地域范围;二是《条例》适用的行为范围。依据本条文规定,《条例》适用的地域范围为本省行政区域,这与《条例》作为省级地方性立法的自身属性高度契合;而《条例》适用的行为范围则是指"本省行政区域内从事绿色建筑规划、设计、建设、改造、运营、拆除等活动及其监督管理"。由《条例》对适用行为范围的规定可知,对于绿色建筑发展的促进是一个"全链条"的过程，即涵盖规划、设计、建设、改造、运营、拆除等在内的所有行为。这既有实践的经验所得，也是现实情况的必然之需。其中，作为建设行为的基本依据，规划能够对绿色建筑的发展起到"指南针""定盘星"的作用，唯有在规划环节坚持以人为本、贯彻绿色发展理念、制订绿色建设方案，才能确保之后的建设行为行走在正确的轨道上，实现促进绿色建筑发展的最终目的。又如，由建筑的复杂性所决定，绿色建筑要求在设计上应当秉持整体理念，从建筑整体角度对各部分进行科学设计，使其相互协调、相互呼应，形成一体，而不能因为某块局部、某个细节、某项技术而牺牲整体布局与功能；同时，在进行设计时，应当多考虑低碳理念，结合建筑当地的气候条件提出因地制宜的建设方案，综合利用风、热、水、光等资源，减少能源消耗，实现低碳、节能的目标，走可持续发展道路[1]。此外，改造亦是促进绿色建筑发展的关键环节所在。目前，既有建筑存量面积已达 580 亿 m^2，而随着我国城镇化率稳步提高，大量早期既有建筑由于建筑功能落后、结构安全性与抗震性能不足，已不能满足现代发展需要。对既有建筑进行绿色化改造直接关系到实施资源节约与环境保护，对于建设节约型社会和促进可持续发展具有重大意义。从促进绿色建筑发展的要求来看，既有建筑绿色化改造应当主要集中在节能改造、节水改造、节地改造、室内和外环境改造、运营管理改造以及结构安全改造等方面[2]。总之，唯有实现"全链条式"规制模式，才能真正确保相关法律规定有效发挥其应有作用，才能真正实现促进绿色建筑发展之根本目的。

除对适用范围予以规定外，本条文还对《条例》的规范对象——绿色建筑进行了界定。一般认为，"绿色建筑（生态建筑）"这一概念于 20 世纪 60 年代由美籍意大利建筑师保罗·索勒瑞首次提出。从一定意义上讲，绿色建筑是传统建筑的升级版，其更加注重建筑的环境属性，更加注重建筑全寿命期的绿色、环保和可持续，尽可能减少对环境的破坏和依赖，采用更多的绿色建筑技术。1992 年联合国环境与发展大会的召开，在世界范

---

〔1〕 吕靖：《低碳理念下绿色建筑的发展现状及趋势研究》，《江苏科技信息》2018 年第 24 期。
〔2〕 赵军凯、张然等：《既有建筑绿色化改造过程中难点分析及建议》，《应用能源技术》2016 年第 8 期。

围达成了"可持续发展"这一重要共识，绿色建筑也因此逐步形成体系并在世界各国实践推广，成为当今世界建筑发展的主流方向之一。[1] 从 20 世纪 90 年代开始，绿色建筑这一概念开始引入中国；而 2004 年 9 月住房和城乡建设部"全国绿色建筑创新奖"评选活动的启动则正式掀开了我国的绿色建筑发展序幕。[2] 历经长期理论研究和实践探索，目前对于绿色建筑已经有较为清晰、准确的认识。例如，2014 年 4 月 15 日住房和城乡建设部、国家质量监督检验检疫总局联合发布的《绿色建筑评价标准（GB/T 50378—2014）》就对绿色建筑的概念进行了明确界定。这一概念为《条例》所借鉴。[3] 依据本条文的规定，绿色建筑具有以下特征：（1）最大限度地节约资源，主要涵盖节能、节地、节水、节材等方面。所谓节能，就是指在建筑的规划、设计、建设、改造、运营等活动中加强节能管理，降低建筑建设和使用过程中的能源消耗，提高能源利用效率；[4] 所谓节地，就是指在建筑的规划、设计、建设、改造等活动中加强土地的节约集约利用，包括合理开发利用地下空间、合理设置绿化用地等；所谓节水，就是指在规划、设计、建设、改造、运营、拆除等活动中科学制订水资源利用方案，有效实现水资源节约，包括统筹利用各种水资源、设置完善合理的给排水系统、采用节水器具等；所谓节材，就是指科学选用并有效利用建筑材料，包括合理采用高强度和高耐久性建筑结构材料、使用以废弃物为原料生产的建筑材料、采用可再利用材料和可再循环材料、合理采用

〔1〕 黄文婷、叶昌富：《地方绿色建筑立法的完善路径》，《乐山师范学院学报》2018 年第 3 期。

〔2〕 周海珠、王雯翡等：《我国绿色建筑高品质发展需求分析与展望》，《建筑科学》2018 年第 9 期。

〔3〕 依据 2014 年 4 月 15 日住房和城乡建设部、国家质量监督检验检疫总局联合发布的《绿色建筑评价标准（GB/T 50378—2014）》的规定，所谓绿色建筑，是指在建筑全寿命期内，最大限度地节约资源（节能、节地、节水、节材），保护环境、减少污染，为人们提供健康、适用和高效的适用空间，与自然和谐共生的建筑；2019 年 3 月 13 日，住房和城乡建设部、国家市场监督管理总局联合发布的新《绿色建筑评价标准（GB/T 50378—2019）》对绿色建筑的概念进行了再次完善，依据该《标准》的规定，所谓绿色建筑，是指在全寿命周期内，节约资源、保护环境、减少污染，为人们提供健康、适用、高效的使用空间，最大限度地实现人与自然和谐共生的高质量建筑。

〔4〕 建筑是耗能大户。研究资料显示，我国已建成的建筑多数为高耗能建筑，采用节能设计的少之又少，建筑平均采暖耗能是西方发达国家的 2—3 倍（相关论述参见：郭莉莉，《建筑能耗现状及节能潜力》，《铁道工程学报》2006 年第 4 期）；一采暖住宅在一个采暖季平均用煤约为 2.5 万吨，而如果实现 50% 的节能水平，则每年大约可节省 5000 万吨煤（相关论述参见：李红亚、魏铭呈，《建筑节能在我国的现状及改进措施》，《包钢科技》2010 年第 8 期）。

耐久性好和易维护的装饰装修建筑材料等。〔1〕（2）坚持保护环境和减少污染，这是促进绿色建筑发展的基本要求。其涉及建筑规划、设计、建设、改造、运营、拆除等所有相关活动，体现在节能、节地、节水、节材等方方面面。例如，在建设场地选取上，应确保拟进行开发建设的场地无洪涝、滑坡、泥石流等自然灾害的威胁，无危险化学品、易燃易爆危险源的威胁，无电磁辐射、含氡土壤等危害，场地内无排放超标的污染源。再如，在建设、改造、运营、拆除等活动中，应当确保场地内环境噪声符合现行国家标准。又如，在建筑设计上应当避免产生光污染。另如，在建筑材料选取上，不得采用违反环境保护和污染防治要求的禁止或限制使用的建筑材料及相应制品。保护环境和减少污染的基本要求则是指在建筑建设过程中应当尽可能减少因建筑材料的生产、运输、使用以及建筑的施工、运行和拆除所产生的废气、废水和废旧固体，减少对自然环境的破坏与污染。《条例》对"坚持保护环境和减少污染"的规定十分合理且非常关键，其原因在于，理论和实践均证明，建筑业所产生的污染问题十分严重。例如，研究资料表明，建筑行业产生的环境污染占到环境总体污染的34%，其中，建筑产生的垃圾就占人类活动产生的所有垃圾的40%。〔2〕（3）旨在为人们提供安全、健康、适用、宜居和高效的使用空间，这是绿色建筑发展所追求的直接目标。在绿色建筑中，"绿色"的意蕴深远、内涵丰富，安全、健康、适用、宜居和高效均是其应有之义。以健康要求为例，从使用功能来看，作为人类活动、工作、学习与休息的场所，建筑是构成人类生活的重要环境，其与人类健康息息相关，不合理的设计、建筑施工的粗制滥造、选材不当等均会对建筑室内环境带来负面影响，危害人体健康，而绿色建筑则要求尽可能减少对人类健康的危害。宜居要求则是指绿色建筑应当满足人们的身心健康，使其能够高效工作学习、充分放松休息。"安全、健康、适用、宜居和高效"的规定旨在使在绿色建筑里的人接受并热爱这样的生活和工作环境，促使居住人保持身体健康和激发工作热

---

〔1〕 研究资料显示，与西方发达国家相比，我国建筑材料与其他资源的使用效率也比较低。我国住宅建设用钢平均每平方米55公斤，为西方发达国家的1.1—1.25倍，每一立方米混凝土比西方发达国家要多消耗80公斤水泥（相关论述参见：李红亚、魏铭呈：《建筑节能在我国的现状及改进措施》，《包钢科技》2010年第8期）。

〔2〕 吴莹辉：《迁移建筑与环境》，《林业科技情报》2003年第4期。

情，由此发挥更大的生产潜力和创新潜力。[1]　（4）实现与自然的和谐共生，这是促进绿色建筑发展所追求的最终目标和所应遵循的根本要求。习近平总书记在党的十九大报告中强调指出，要"坚持人与自然和谐共生"，要"像对待生命一样对待生态环境"。[2]　自然是人类生命之源，是人类生存和发展的命脉，人与自然的关系是人类社会最基本的关系。[3]　人生活在天地之间，以天地自然为生存之源、发展之本，在与自然的相互作用中，创造和发展了人类文明。在这个过程中，人与自然关系经历了从依附自然到利用自然、再到人与自然和谐共生的发展过程。今天，人类社会正日益形成这样的普遍共识：人因自然而生，人与自然是一种共生关系，对自然的伤害最终会伤及人类自身。人类必须尊重自然、顺应自然、保护自然，否则就会遭到大自然的报复，这个客观规律谁也无法抗拒。[4]　坚持人与自然和谐共生，是马克思主义生态观在当代中国的最新发展，是以习近平同志为核心的党中央深入把握经济社会发展规律、人与自然发展规律的重要理论创新，彰显了对中华民族永续发展和人类未来的责任担当。党的十九大报告中指出"坚持人与自然和谐共生"，并将其作为新时代坚持和发展中国特色社会主义的基本方略之一，为科学把握、正确处理人与自然关系提供了基本遵循。[5]　生态文明的核心就是坚持人与自然和谐共生，作为建设生态文明的具体体现，促进绿色建筑发展必须定位于追求并实现与自然的和谐共生。（5）绿色理念贯穿于建筑全寿命期。具体来说，建筑规划、设计、建设、改造、运营、拆除等所有相关活动均应符合节能、节地、节水、节材等方面要求，恪守保护环境和减少污染的基本原则，做到安全、健康、适用、宜居和高效，实现与自然的和谐共生。总之，本条文对于绿

〔1〕　仇保兴：《我国绿色建筑发展前景及对策建议》，《经济日报》2011 年 1 月 6 日第 1 版。

〔2〕　习近平：《决胜全面建成小康社会　夺取新时代中国特色社会主义伟大胜利——在中国共产党第十九次全国代表大会上的报告》，新华网，http：//www.xinhuanet.com//politics/19cpcnc/2017-10/27/c_1121867529.htm，最后访问日期 2019 年 5 月 20 日。

〔3〕　李淑梅：《人与自然和谐共生的价值意蕴》，人民网，http：//theory.people.com.cn/n1/2018/0604/c40531-30032843.html，最后访问日期 2019 年 5 月 20 日。

〔4〕　熊辉、吴晓：《坚持人与自然和谐共生》，人民网，http：//cpc.people.com.cn/n1/2017/1205/c415067-29686916.html，最后访问日期 2019 年 5 月 20 日。

〔5〕　熊辉、吴晓：《坚持人与自然和谐共生》，人民网，http：//theory.people.com.cn/n1/2018/0209/c40531-29814582.html，最后访问日期 2019 年 5 月 20 日。

色建筑概念的界定意义重大，其抓住了促进绿色建筑发展的关键，扣紧了促进绿色建筑发展第一颗"扣子"，为本《条例》相关制度的构建、相关规定的创设与适用奠定了坚实基础。因为，按照一般法理，概念是制度构建与规则设定的基础，概念清晰准确不仅是制度科学构建、规则准确设定的前提和基础，而且是法律准确适用的必要保障。

此外，本条文还规定，"绿色建筑按照国家标准由低到高分为一星、二星、三星三个等级"[1] 这一规定与《条例》制定时的"参照系"——2014 年 4 月 15 日住房和城乡建设部、国家质量监督检验检疫总局联合发布的《绿色建筑评价标准（GB/T 50378—2014）》（以下简称《评价标准2014》）的规定保持一致。《评价标准 2014》规定，"绿色建筑分为一星级、二星级、三星级 3 个等级"。依据《评价标准 2014》的规定，绿色建筑评价指标体系由节地与室外环境、节能与能源利用、节水与水资源利用、节材与材料资源利用、室内环境质量、施工管理、运营管理等 7 类指标组成；每类指标均包括控制项和评分项，评价指标体系还统一设置加分项；3 个等级的绿色建筑均应满足本标准所有控制项的要求，且每类指标的评分项得分不应小于 40 分；当绿色建筑总得分分别达到 50 分、60 分、80 分时，绿色建筑等级分别为一星级、二星级、三星级。

需要补充说明的是，2019 年 3 月 13 日住房和城乡建设部、国家市场监督管理总局联合发布了新的国家标准——《绿色建筑评价标准（GB/T 50378—2019）》（以下简称《评价标准 2019》）。依据《评价标准 2019》的规定，绿色建筑划分为基本级、一星级、二星级、三星级 4 个等级；绿色建筑评价指标体系由安全耐久、健康舒适、生活便利、环境宜居 4 类指标组成；每类指标均包括控制项和评分项，评价指标体系还统一设置加分项；当满足全部控制项要求时，绿色建筑等级为基本级；一星级、二星级、三星级 3 个等级的绿色建筑均应满足本标准全部控制项的要求，且每

---

[1] 这与 2014 年 4 月 15 日住房和城乡建设部、国家质量监督检验检疫总局联合发布的《绿色建筑评价标准（GB/T 50378—2014）》的规定保持一致，依据该标准规定，"绿色建筑分为一星级、二星级、三星级 3 个等级"；2019 年 3 月 13 日住房和城乡建设部、国家市场监督管理总局联合发布的《绿色建筑评价标准（GB/T 50378—2019）》对绿色建筑的分级进行了调整，依据新《标准》的规定，绿色建筑划分为基本级、一星级、二星级、三星级 4 个等级。新《标准》进一步规定，"当满足全部控制项要求时，绿色建筑等级为基本级"。

类指标的评分项得分不应小于其他评分项满分值的 30%；一星级、二星级、三星级 3 个等级的绿色建筑均应进行全装修，全装修工程质量、选用材料及产品质量应符合国家现行有关标准的规定；当总得分分别达到 60 分、70 分、85 分且满足前述条件时，绿色建筑等级分别为一星级、二星级、三星级。

第三条 绿色建筑发展应当坚持统筹规划、政府推动、市场引导、全面推进、突出重点的原则。

【本条主旨】

本条文是关于促进绿色建筑发展基本原则的规定。

【本条释义】

一般认为，作为法律的基础性原理，所谓法律原则，是指集中反映法的一定内容的法律活动的指导原理和准则。较之于具体法律规范，法律原则能够更直接地反映出法的内容、法的本质。法律原则的作用体现于不同领域，在法律制定中，其直接决定了法律制度的基本性质、内容和价值取向，是法律制度内部和谐统一的重要保障，对法制改革具有导向作用；在法律实施中，其不仅能够对法律解释和法律推理起到指导作用、对法律漏洞起到补充作用，而且能够成为自由裁量权行使合理范围的确切依据。法律原则是法律纲领之所系，是法律所应坚持的最基本的东西，一部法律，有了原则就有了中心，全法就易于成为一个内在联系的整体。因此，法律原则是法律必须具备的组成部分。[1]

依据本条文规定，促进绿色建筑发展应当坚持如下基本原则：

一、统筹规划

绿色建筑发展涉及领域众多，促进绿色建筑发展是一项系统性工程。因此，要有效实现促进绿色建筑发展的既定目标，必须要坚持统筹协调，

---

〔1〕 周旺生：《立法学（第二版）》，法律出版社 2009 年版，第 487 页。

要与国家能源生产与消费革命、生态文明建设、新型城镇化、应对气候变化、大气污染防治等战略目标相协调、相衔接，统筹建筑节能、绿色建筑、可再生能源应用、装配式建筑、绿色建材推广、建筑文化发展、城市风貌塑造等工作要求，把握机遇，主动作为，凝聚政策合力，提高发展效率。同时，促进绿色建筑发展还应当重视规划引领作用。"思深方益远，谋定而后动"。规划之于经济社会发展具有全局性、综合性、战略性、前瞻性的意义，具有重要的战略引领和导向作用。"规划科学是最大的效益，规划失误是最大的浪费，规划折腾是最大的忌讳。"就促进绿色建筑发展而言，一定要以时代眼光和改革思路，通过创新规划理念、改进规划方法，提高绿色建筑发展规划的科学性、实效性，并切实维护其权威性、严肃性，才能充分发挥规划的战略引领作用，进而实现促进绿色建筑发展的既定目标。

二、政府推动

党的十九大报告中再次强调，要"更好发挥政府作用"。促进绿色建筑发展是一项系统性工程，其需要整合方方面面的力量、需要优化社会资源的配置，因此，在此问题上，政府作用的更好发挥显得尤为必要。正是基于这样的考虑，《条例》将政府推动确立为促进绿色建筑发展所须坚持的基本原则之一。政府推动作用的发挥体现在诸多方面，其关键是要通过财政、税收、金融、土地、规划、产业等方面的体制机制创新，以排除绿色建筑发展中的障碍与困难。例如，在资金保障方面，政府应当建立健全旨在促进绿色建筑发展的事权对等、分级负责的财政资金激励政策体系，应当因地制宜创新财政资金使用方式，放大资金使用效益，充分调动社会资金参与的积极性。又如，在用地保障方面，政府应当探索建立针对超低能耗建筑、高性能绿色建筑项目在土地转让、开工许可等审批环节设置绿色通道。此外，为确保政府推动作用的有效发挥，还应当加强政府目标责任考核。将促进绿色建筑发展事项纳入政府综合考核和绩效评价体系，对目标责任不落实、实施进度落后的地区，进行通报批评；对超额完成、提前完成目标的地区予以表扬奖励。但需要强调的是，政府推动作用的发挥应当秉持"有所为，有所不为"的方针，一个基本的原则就是，市场能够较好解决的问题则政府不宜介入，即确保对促进绿色建筑发展的适度推动。

三、市场引导

2013 年 11 月 12 日党的十八届三中全会通过的《中共中央关于全面深化改革若干重大问题的决定》强调指出，"市场决定资源配置是市场经济的一般规律，健全社会主义市场经济体制必须遵循这条规律"。就促进绿色建筑发展而言，必须要重视市场作用的有效发挥。因此，《条例》将市场引导确立为促进绿色建筑发展所应坚持的基本原则之一。坚持市场引导，关键是要强化市场机制创新，充分发挥市场配置资源的决定性作用。例如，应当积极创新节能与绿色建筑市场运作机制，积极探索节能绿色市场化服务模式，鼓励咨询服务公司为建筑用户提供规划、设计、能耗模拟、用能系统调适、节能及绿色性能诊断、融资、建设、运营等"一站式"服务，提高服务水平。又如，应当推进绿色信贷在建筑节能与绿色建筑领域的应用，鼓励和引导政策性银行、商业银行加大信贷支持，将满足条件的建筑节能与绿色建筑项目纳入绿色信贷支持范围。

四、全面推进

近年来，河北省积极推广发展绿色建筑，并取得了阶段性成效。统计数据显示，2010—2017 年，河北省累计新建绿色建筑 6781 万平方米，占同期新建建筑的 16.1%；2018 年前 10 个月，绿色建筑竣工面积 2200 万平方米，绿色建筑占新建建筑竣工面积达 50% 以上，位列全国前十。但是，受各地重视程度不同、部门职责不清、缺乏有效激励措施、管理不到位等因素所限，河北各地绿色建筑发展水平不一。因此，《条例》将"全面推进"确立为促进绿色建筑发展的基本原则之一。坚持全面推进原则，意味着在促进绿色建筑发展上，要从城镇扩展到农村，从单体建筑扩展到城市街区（社区）等区域单元，从规划、设计、建造扩展到运行管理，从节能绿色建筑扩展到装配式建筑、绿色建材，把节能及绿色发展理念延伸至建筑全领域、全过程及全产业链。

五、突出重点

除发展水平不一外，在我省绿色建筑发展中还存在不少薄弱环节和滞后领域。因此，《条例》确立了突出重点这一促进绿色建筑发展的基本原则。坚持突出重点原则，就是要针对绿色建筑发展薄弱环节和滞后领域，采取有力措施持续推进，务求在建筑整体及门窗等关键部位节能标准提升、高性能绿色建筑发展、既有建筑节能及舒适度改善、可再生能源建筑应用等重点领域实现突破。

需要补充的是，依据 2017 年住房和城乡建设部所组织编制的《建筑节能与绿色建筑发展"十三五"规划》的规定，促进绿色建筑发展还应当坚持以人为本和创新驱动的基本原则。坚持以人为本，就是要促进人民群众从被动到积极主动参与的角色转变，以促进能源资源应用效率的持续提升，满足人民群众对建筑舒适性、健康性不断提高的要求，使广大人民群众切实体验到发展成果，逐步形成全民共建的建筑节能与绿色建筑发展的良性社会环境。坚持创新驱动，就是要加强科技创新，推动建筑节能与绿色建筑技术及产品从被动跟随到自主创新；就是要加强标准创新，强化标准体系研究，充分发挥新形势下各类标准的综合约束与引导作用；就是要加强政策创新，进一步发挥好政府的行政约束与引导作用；就是要加强市场体制创新，充分调动市场主体积极性、自主性，鼓励创新市场化推进模式，全面激发市场活力。

第四条　县级以上人民政府应当推动绿色建筑发展，将其纳入国民经济和社会发展规划，并作为政府目标责任考核制度的内容。

【本条主旨】

本条文是关于促进绿色建筑发展政府职责的规定。

【本条释义】

作为关涉绿色建筑发展的关键主体之一，政府服务质量的高低、权力运行的优劣直接影响绿色建筑发展状况。促进绿色建筑发展需要更好地发挥政府作用，而政府作用更好发挥的关键是职责的明确。本条文就是对促进绿色建筑发展政府职责的明确规定，其以法律形式明确了政府促进绿色建筑发展的职责，有利于督促政府积极作为，全力促进绿色建筑的发展。

《条例》对于促进绿色建筑发展政府法定职责的明确主要体现在以下方面。

一、明确规定县级以上人民政府在促进绿色建筑发展方面的法定职责

"郡县治、天下安"。作为一级行政区划单位，"县"在我国已有上千年的历史，其历史最早可以追溯到春秋时期，当时的秦、晋、魏等诸侯大国在边疆地区新兼并的土地上设县。而自秦始皇统一六国在全国推行郡县制后，历朝历代统治者皆传承沿袭，将"县"作为一级重要的权力层级，上承皇权，下御臣民，实施对天下的统治，[1]一直都相对的稳定，没有发生什么大的变化。[2]中华人民共和国成立，县级行政区划单位被保留下来，几经改革，形成了由省（自治区、直辖市）、设区的市（自治州）、县（县级市、自治县、市辖区）、乡（镇）所构成的四级地方政府结构。"县为国之基"，作为连接设区的市和乡（镇）政府、相对独立的、具有一定管辖区范围的、职能齐全的完整的基层政权组织，县级政府起着承上启下、联结城乡、沟通条块、上下结合的关键作用，承担社会管理、公共服务等职能，[3]主要负责就业、居住、生活、福利、教育等与百姓密切相关的行政事务，是促进经济发展、维护社会稳定的重要力量所在。

2015年1月12日上午，习近平总书记同中央党校第一期县委书记研修班学员进行座谈并发表重要讲话，指出，"在我们党的组织结构和国家政权结构中，县一级也处在承上启下的关键环节，是发展经济、保障民生、维护稳定、促进国家长治久安的重要基础"。[4]《条例》将促进绿色

---

〔1〕 黄捷：《论县级政府法治形象的构成》，《时代法学》2018年第3期。

〔2〕 秦朝之后，汉朝承继了郡县制，并一直延续到东汉末年；魏晋南北朝时期，原先的郡县二级制逐渐演变成州郡县三级制结构，县作为基层的政府机构的状态得到了延续；唐朝之后，县这一级的结构较秦汉时期又有所变化，此时的县多设吏、户、礼、兵、刑、工六房（曹）；元明清时期，政府层级多为三级或四级，县仍旧是最基层的政府部门；到了民国时期，地方政府的变迁可以划分为两个时期：一是北洋政府时期，此时实行省道县三级制；二是国民政府时期实行省县二级制，但是虽然制度有所变化，县作为基层政府部门的传统依然保留了下来。参见：李巍：《新型城镇化视阈下县级政府职能转变的困境与对策》，《行政与法》2018年第12期。

〔3〕 谢庆奎：《当代中国政府与政治》，高等教育出版社2010年版，第171页。

〔4〕 《习近平同中央党校县委书记研修班学员座谈并发表重要讲话》，"新华网"，http://www.xinhuanet.com//politics/2015-01/12/c_127380367.htm，最后访问日期2019年5月20日。

建筑发展的法定职责落实到县级以上人民政府头上是适宜和合理的。一方面，从我国现行四级地方政府结构来看，总体来说，乡（镇）政府与县级政府在促进经济社会发展能力方面还存在不小差距，还无力担当促进绿色建筑发展的法定职责。另一方面，从促进绿色建筑发展的区域来看，一般来说，乡（镇）政府所辖区域并非促进绿色建筑发展的重点区域；同时，将促进绿色建筑发展法定职责履行主体界定为县级以上人民政府，借助统筹规划，实现城乡融合，更有利于促进乡（镇）区域绿色建筑的发展。

此外，将促进绿色建筑发展法定职责履行主体界定为县级以上人民政府也与上位法的相关规定保持一致。例如，《中华人民共和国节约能源法》第五条规定："国务院和县级以上地方各级人民政府应当将节能工作纳入国民经济和社会发展规划、年度计划，并组织编制和实施节能中长期专项规划、年度节能计划。国务院和县级以上地方各级人民政府每年向本级人民代表大会或者其常务委员会报告节能工作。"该法第十一条进一步规定："国务院和县级以上地方各级人民政府应当加强对节能工作的领导，部署、协调、监督、检查、推动节能工作。"

二、明确规定将促进绿色建筑发展纳入国民经济和社会发展规划

一般而言，所谓规划，是指人们为了实现某种目的而对未来行为所作的谋划、安排、部署或展望。[1]"凡事豫则立，不豫则废。"人区别于动物的一个主要标志，就是其行为或多或少、或长或短都有某种预先的安排或谋划，这就是计划或规划。[2] 规划应该是市场经济条件下政府履行宏观调控、经济调节、社会管理和公共服务职责的重要依据；在一定范围和领域内，规划还具有约束社会公众行为的功能。因此，在一定意义上，规划具有仅次于法律的、规范社会行为"第二准则"的功能。[3] 规划这一社会管理方式、经济调控手段在我国应用历史悠久，经济社会效应突出，现已成为我国国家治理中最为重要的工具和支柱之一，在实现国家战略目标、弥补市场失灵、协调利益关系、有效配

---

[1] 根据《现代汉语词典》的解释，作为名词的规划是指比较全面的长远的发展计划。参见中国社会科学院语言研究所词典编辑室，《现代汉语词典》（第5版），商务印书馆2005年版，第643页。
[2] 史际春：《论规划的法治化》，《兰州大学学报（社会科学版）》2006年第4期。
[3] 杨伟民：《规划体制改革的主要任务及方向》，《中国经贸导刊》2004年第20期。

置公共资源等方面发挥十分重要的作用[1] 可以说，在发展规划这一治理工具的应用上，中国已经走在了全球的前列[2] 2009 年 11 月，《时代周刊》在奥巴马访华前夕建言美国应向中国学的五件事，第一件就是确定目标、规划并整合全部力量推动国家发展[3]

通过科学编制规划、全面落实规划，实现经济社会的有序发展，这是我国几十年来所探索和积累的成功经验。目前，我国已经建立起了分级分类、相互分工、相互配合的发展规划体系[4]及其实施机制，有力助推了国家治理体系的完善和国家治理能力的提高。其中，国民经济和社会发展计划是指政府对一定时期内国民经济的主要活动、科学技术、教育事业和社

---

[1] 中国自 1953 年开始编制国家发展计划，"一五"计划主要是对苏联五年计划的学习和模仿，其后在"二五"计划进行了重大突破，但由于"左倾"冒进倾向的存在，导致了"二五"计划的搁浅。而在进入改革开放新时期之后，在"六五"计划期间，中国率先对发展规划进行改革，指令性发展计划逐步向指导性发展规划转变。而在"十一五"规划时期，主体功能区规划的颁布标志着中国发展规划开始全面体系化的进程。从"十一五"开始，"五年计划"更名为"五年规划"，规划理念进一步更新，规划定位更加明确，更加注重对经济社会发展各个方面的统筹安排，使发展规划在把握发展规律、创新发展理念、转变发展方式、破解发展难题、提高发展质量和效益等方面发挥出越来越重要的导向作用。在几十年的规划治理实践中，中国的发展规划根据国家发展需要和经济社会发展，不断调整、变化、革新，逐步由传统的经济指令性计划转变为社会主义市场经济条件下国家管理经济社会发展的指导性规划。相关论述参见：胡鞍钢、唐啸、鄢一龙，《中国发展规划体系：发展现状与改革创新》，《新疆师范大学学报（哲学社会科学版）》2017 年第 3 期。

[2] 胡鞍钢、唐啸、鄢一龙：《中国发展规划体系：发展现状与改革创新》，《新疆师范大学学报（哲学社会科学版）》2017 年第 3 期。

[3] 史际春：《转变经济发展方式的法治保障》，《社会科学家》2011 年第 8 期。

[4] 具体来说，已经形成以国民经济和社会发展总体规划为统领，以主体功能区规划为国土空间规划总控，以专项规划为特定领域延伸细化，以年度计划为重要抓手，各级各类规划层次分明、定位清晰、功能互补、系统完备的发展规划体系。从行政层级看，现行规划体系包括国家级、省（区、市）级、市县级规划。从对象和功能类别看，现行规划体系包括总体规划、专项规划和区域规划。总体规划是国民经济和社会发展的战略性、纲领性、综合性规划，是编制本级和下级专项规划、区域规划以及制订有关政策和年度计划的依据，其他规划要符合总体规划的要求。专项规划是以国民经济和社会发展特定领域为对象编制的规划，是总体规划在特定领域的细化，也是政府指导该领域发展以及审批、核准重大项目，安排政府投资和财政支出预算，制定特定领域相关政策的依据。区域规划是以跨行政区的特定区域国民经济和社会发展为对象编制的规划，是总体规划在特定区域的细化和落实。跨省（区、市）的区域规划是编制区域内省（区、市）级总体规划、专项规划的依据。相关论述参见：胡鞍钢、唐啸、鄢一龙，《中国发展规划体系：发展现状与改革创新》，《新疆师范大学学报（哲学社会科学版）》2017 年第 3 期；徐孟洲，《论经济社会发展规划与规划法制建设》，《法学家》2012 年第 2 期。

会发展所作的规划和安排。国民经济和社会发展规划是全国或者某一地区经济、社会发展的总体纲要，是具有战略意义的指导性文件，是政府加强和改善宏观调控的重要手段，是政府履行经济调节、市场监管、社会管理和公共服务职责的重要依据。国民经济和社会发展规划包括中长期发展规划和年度计划，是宪法赋予中央政府及各级地方政府的职权。其作用主要体现在：一是目标导向作用，二是平衡协调作用，三是资源优化配置的作用，四是政策选择的作用，五是规范约束和激励的作用。[1] 科学编制并组织实施国民经济和社会发展规划，在我国已经有几十年的历史，其有利于合理有效地配置公共资源，引导市场发挥资源配置的基础性作用，促进国民经济持续快速协调健康发展和社会全面进步。特别是改革开放以来，根据社会主义市场经济体制的要求，我国对规划内容、方式和规划体系进行了不断改革，使规划管理成为中国特色社会主义制度的优越性之一。[2]

规划应先，发展为后。为推进国民经济和社会发展规划编制工作的规范化、制度化，提高规划的科学性、民主性，更好地发挥规划在宏观调控、政府管理和资源配置中的作用，2005 年 10 月国务院专门制定了《关于加强国民经济和社会发展规划编制工作的若干意见》，从建立健全规划体系、完善规划编制的协调衔接机制、建立规划编制的社会参与和论证制度、建立规划的评估调整机制等方面对国民经济和社会发展规划编制问题进行了全面系统规定，促进了国民经济和社会发展规划编制的规范化、科学化和现代化。目前，我国处于"十三五"时期，其依据是根据《中共中央关于制定国民经济和社会发展第十三个五年规划的建议》所编制的《中华人民共和国国民经济和社会发展第十三个五年规划纲要》，该纲要于2016 年 3 月 16 日由第十二届全国人民代表大会第四次会议批准，主要阐明了国家战略意图，明确了经济社会发展宏伟目标、主要任务和重大举措，是市场主体的行为导向，是政府履行职责的重要依据，是全国各族人民的共同愿景。

几十年的实践证明，在经济发展的不同时期，国民经济和社会发展规

---

〔1〕 韩仰君：《对城乡规划与土地利用规划、国民经济和社会发展规划——"三规"协调关系的思考》，《城市规划和科学发展——2009 中国城市规划年会论文集》，2009 年。
〔2〕 徐孟洲：《论经济社会发展规划与规划法制建设》，《法学家》2012 年第 2 期。

划的编制和实施在加强农业的基础地位、建立比较完整的工业体系、消除基础设施瓶颈制约、增强综合国力、提高人民生活水平、推动社会进步、促进可持续发展等方面都发挥了十分重要的作用。[1] 由此可见，《条例》明确规定将促进绿色建筑发展纳入国民经济和社会发展规划必然会极大地促进我省绿色建筑的发展。同时，该规定意味着，若县级以上人民政府未依法将推动绿色建筑发展纳入国民经济和社会发展规划，则属于违法，应当承担相应法律责任。

三、明确规定将促进绿色建筑发展作为政府目标责任考核制度内容

一般认为，目标责任制度是目标管理与责任制度的结合。其中，目标管理是参与管理的一种表现形式，[2] 责任制度是问责理论的一种具体表现。[3] 作为政府管理的重要工具之一，目标责任制考核制度在我国至今走过了几十年。实践证明，目标责任考核是考核政府实绩、衡量发展结果、引领发展方向、促进工作落实的有效手段，能够起到"指挥棒"、"风向标"和"助力器"的重要作用，有助于引导各级政府把工作重心放到促进

---

〔1〕 杨伟民：《规划体制改革的主要任务及方向》，《中国经贸导刊》2004 年第 20 期。

〔2〕 目标管理理论在政府部门有着广泛应用，实行目标责任考核是其最普遍的应用形式。理论和实践均证明，目标责任考核是目标管理理论在政府部门的普遍应用形式，其作为一种先进科学的现代管理方法，对于提高行政机关工作质量和效率、促进政府工作目标的实现，起到了十分重要的作用。在现阶段的我国政府管理中，人们将"目标"理解为政府组织绩效，对目标完成情况的考核就是绩效考核。这种管理制度的根本特征是，一级政府或部门在一定时限内（一般为一年）的总体目标任务确定之后，按照行政隶属关系向下层层分解、逐级落实（签订目标责任书），并依据落实的目标任务进行相应的考核，确定和判断一级政府或部门及其人员的工作优劣情况，并按照考核结果实行相应的奖惩。考核结果将作为上级对下级政府激励的依据，因而考核被称为机关绩效管理在目标责任制中的主要体现方式。相关论述参见：李澍帆，《完善政府目标责任考核体系的思路》，《中共山西省委党校学报》2018 年第 3 期；刘佳、阎波、吴建南：《地方政府目标责任制创新：动因、过程与效果——基于西部某县的案例研究》，《第六届中国科技政策与管理学术年会论文集》，2010 年 12 月。

〔3〕 在行政管理领域中，问责理论是伴随着现代有限政府、责任政府的概念而出现的。问责的核心是缔约责任，代理者须解释责任并负责，委托者可以追究其责任。作为问责理论的具体表现形式，一般认为，责任制度是指以提高管理效益为中心，明确规定组织系统内部各个部门及其工作人员职责和权限的一种管理制度。责任制度强调公共权力的代理者须向委托者解释职责履行情况，并为其绩效承担责任，因而也称为绩效责任制度。相关论述参见：刘佳、阎波、吴建南，《地方政府目标责任制创新：动因、过程与效果——基于西部某县的案例研究》，《第六届中国科技政策与管理学术年会论文集》，2010 年 12 月。

经济社会发展、全心全意为人民服务上，有利于增强加快经济发展方式转变、推动转型跨越发展的自觉性和坚定性[1]。由此可见，《条例》明确规定将促进绿色建筑发展作为政府目标责任考核制度内容，必然有助于督促政府在促进绿色建筑发展上有效履行绿色法定职责、投入更多精力物力财力，进而有助于全面实现促进绿色建筑发展的既定目标。

需要补充的是，在将促进绿色建筑发展明确为政府目标责任考核制度的法定内容之一后，还应当在此基础上，进一步建立健全有关促进绿色建筑发展的科学、规范、标准的目标责任考核办法，落实考核工作的奖惩措施、增强考核结果的运用力度，形成"目标体现科学性、方法体现可操作性、结果体现导向性"的促进绿色建筑发展政府考核机制，进而使促进绿色建筑发展目标责任考核更具有针对性、科学性和实效性，真正发挥考核工作的导向、激励和鞭策作用，并助推绿色建筑的深入发展。

此外，2018年12月21日，为全面贯彻落实《条例》，河北省住房和城乡建设厅制订并发布了《河北省推进绿色建筑发展工作方案》。该《方案》对促进绿色建筑发展目标责任考核制度的落实作了进一步明确，不仅再次强调，要"严格目标责任"，而且具体规定："将城镇绿色建筑占新建建筑面积比例等情况，纳入对各市节能、削煤目标考核，纳入对各市县城建设考核，纳入对各市改革考核""住房城乡建设系统各部门要高度重视，落实好绿色建筑发展的各项责任，完善各项考核办法，促进各项目标任务的完成"。

> **第五条** 县级以上人民政府住房城乡建设主管部门负责本行政区域内绿色建筑活动的指导和监督管理。
>
> 县级以上人民政府发展改革、财政、城乡规划、自然资源等有关部门按照各自职责，共同做好绿色建筑相关工作。

【本条主旨】

本条文是关于促进绿色建筑发展部门职责的规定。

---

〔1〕 贾艳：《政府部门目标责任考核管理的运行机制研究》，《科技与创新》2016年第13期。

【本条释义】

《条例》通过后，业内人士认为，《条例》共有九大亮点，其中之一就是不仅确立了住房和城乡建设部门作为促进绿色建筑发展主管部门的法律地位，而且明确了财政、发展改革、自然资源等各部门在促进绿色建筑发展问题上的法定职责，形成各司其职，合理推动绿色建筑发展的良好局面。[1]

首先，本条文明确规定，"县级以上人民政府住房城乡建设主管部门负责本行政区域内绿色建筑活动的指导和监督管理"，据此确立了住房和城乡建设部门作为促进绿色建筑发展主管部门的法律地位。一方面，这一规定与上位法的相关规定保持了一致。例如，《民用建筑节能条例》第五条第一款中明确规定，"县级以上地方人民政府建设主管部门负责本行政区域民用建筑节能的监督管理工作"。此外，《中华人民共和国建筑法》《中华人民共和国城市房地产管理法》也对住房城乡建设主管部门在此方面的职责进行了相应规定。[2] 另一方面，这一规定与新一轮政府机构改革精神和具体安排保持一致。根据党中央、国务院批准的《河北省机构改革方案》规定，除"城乡规划管理职责"划转至自然资源管理部门外，住房和城乡建设部门的其他职责予以保留。以河北省住房和城乡建设厅为例，"负责推进建筑节能减排"是其主要职责之一，具体内容包括：会同有关部门拟订建筑节能的政策、规划并指导实施；制定住房城乡建设的科技发展规划和政策；组织实施重大建筑节能项目；指导和推动建筑节能减排、绿色建筑发展和住房城乡建设行业信息化。

其次，本条文对其他管理部门在促进绿色建筑发展上的法定职责也进行了明确规定，"县级以上人民政府发展改革、财政、城乡规划、自然资源等有关部门按照各自职责，共同做好绿色建筑相关工作"。实践证明，

---

[1] 信贺宁、高京伟等：《推动建筑业转型升级和高质量发展——权威人士解读〈河北省促进绿色建筑发展条例〉》，《河北经济日报》2019年1月28日第3版。

[2] 例如，《中华人民共和国建筑法》第七条第一款、第四十三条、第六十三条分别规定，"建筑工程开工前，建设单位应当按照国家有关规定向工程所在地县级以上人民政府建设行政主管部门申请领取施工许可证；但是，国务院建设行政主管部门确定的限额以下的小型工程除外。""建设行政主管部门负责建筑安全生产的管理，并依法接受劳动行政主管部门对建筑安全生产的指导和监督。""任何单位和个人对建筑工程的质量事故、质量缺陷都有权向建设行政主管部门或者其他有关部门进行检举、控告、投诉。"

促进绿色建筑发展是一项系统性工程，涉及方方面面，从规划制定、计划拟定到土地供应、资金保障，牵涉太多部门。因此，必须在确立住房和城乡建设部门作为促进绿色建筑发展主管部门的同时，明确其他部门在促进绿色建筑发展上的应有职责，唯有如此，才能有效促进绿色建筑发展，顺利实现既定发展目标。例如，依据《条例》第十二条规定，"设区的市、县级人民政府城乡规划主管部门应当将绿色建筑专项规划相关内容纳入控制性详细规划，根据控制性详细规划在建设用地规划条件中明确绿色建筑等级要求和控制指标，并纳入建设工程规划审查和规划条件核实"；再如，《条例》第十三条规定，"县级以上人民政府土地行政主管部门在土地出让或者划拨时，应当将建设用地规划条件确定的绿色建筑等级要求纳入国有土地使用权出让合同或者国有土地划拨决定书"。总之，发展改革、财政、城乡规划、自然资源等有关部门在促进绿色建筑发展问题上责无旁贷。

> **第六条** 县级以上人民政府应当加大促进绿色建筑发展的资金投入，鼓励和引导社会资本投资、运营绿色建筑。
>
> 鼓励和支持绿色建筑技术的研究、开发、示范推广和培训，培育市场导向下的绿色建筑技术创新体系，促进绿色建筑技术进步与创新。
>
> 对在绿色建筑发展中做出显著成绩的单位和个人按照国家有关规定给予表彰和奖励。

【本条主旨】

本条文是关于促进绿色建筑发展资金技术保障和表彰奖励的规定。

【本条释义】

本条文共由三款组成，所涉内容如下：

一、明确规定了促进绿色建筑发展的资金保障机制

从一定意义上讲，绿色建筑是在传统建筑的基础上"做加法"，[1] 由

---

〔1〕 黄文婷、叶昌富：《地方绿色建筑立法的完善路径》，《乐山师范学院学报》2018 年第 3 期。

此导致绿色建筑在规划、设计、建设、改造、运营等方面所投入的经济成本往往会高于传统建筑，而从实践来看，成本的增加是制约绿色建筑推广的重要因素之一，尤其会降低绿色建筑建设方的积极性。总体而言，受价值性体现和体制性障碍等因素所限，在绿色建筑发展上，投融资渠道还不够顺畅，对金融和社会资本的吸引力还不够大。[1] 为解决绿色建筑发展这一现实问题，近年来，我省在促进绿色建筑发展方面不断增强财政资金支持力度。例如，为充分发挥省级建筑节能专项资金的作用，进一步推动建筑节能示范建设与建设科技工作，2017 年 12 月 20 日，河北省住房和城乡建设厅、河北省财政厅联合发布《关于省级建筑节能专项资金使用有关问题的通知》，该通知规定，"被动式低能耗建筑示范补助，由原来的每平方米补助 10 元、最高不超过 80 万元，上调为每平方米补助 100 元、最高不超过 300 万元"。新事物的发展往往都需要必要激励机制以给其提供足够的推动力，我省在促进绿色建筑发展的多年实践经验也证明，财政资金支持对于绿色建筑发展的促进十分必要，其有助于弥补绿色建筑发展中所存在的资金投入不足、有助于彰显绿色建筑发展所带来的生态与社会效益、有助于调动市场主体建设与购买绿色建筑的积极性。但不容回避的是，我省在促进绿色建筑发展财政资金支持方面还存在不足，突出体现为现有措施多停留在政策层面，财政资金支持稳定性不够且力度尚需加强，尤其是与上海、北京、山东、江苏、浙江等先进省市还存在不小差距。由此可见，"县级以上人民政府应当加大促进绿色建筑发展的资金投入"这一规定意义重大：第一，《条例》以法律形式明确了政府在促进绿色建筑发展财政资金投入的法定职责，提高了促进绿色建筑发展财政资金支持的稳定性；第二，《条例》将促进绿色建筑发展财政资金投入的责任主体明确为县级以上人民政府，强化了县级政府的法定职责；第三，《条例》明确规定"应当加大促进绿色建筑发展的资金投入"，有助于确保促进绿色建筑发展财政资金投入的稳定持续增长。

除明确并强化了政府在促进绿色建筑发展财政资金投入的法定职责外，《条例》还规定，应当"鼓励和引导社会资本投资、运营绿色建筑"。

---

[1] 马晓国：《绿色建筑投融资模式探讨》，《生态经济》2013 年第 3 期。

这一规定也十分重要。在促进绿色建筑发展问题上，财政资金投入具有稳定、高效的突出优势，但同时存在规模受限等局限，尤其是对处于经济发展落后地区的县级人民政府而言，更是如此。而与财政资金存在显著不同的是，社会资本规模庞大、实力雄厚，其如果能够顺利进入绿色建筑发展领域，必能极大地弥补绿色建筑发展投入资金不足的问题。但不容回避的是，社会资本有其特殊性，且往往以经济效益为重要考量因素，因此，必须通过政策创新、机制改革等努力以鼓励和引导社会资本进入绿色建筑发展领域。从一定意义上讲，社会资本对绿色建筑发展的参与度将直接决定绿色建筑发展的前景和水平。从绿色建筑发展的实际情况来看，县级以上人民政府据此制定相应的具体办法以"鼓励和引导社会资本投资、运营绿色建筑"十分必要。

二、明确规定了促进绿色建筑发展的技术保障机制

从一定意义上讲，绿色建筑就是先进适用技术的综合和集成，因此，绿色建筑技术的研发与应用是决定绿色建筑发展水平的关键因素所在。自绿色建筑理念引入中国以后，通过不懈努力，在绿色建筑技术研发与应用方面，我们取得了长足进展，自主创新能力不断增强，一大批先进适用技术的落地有力地促进了我国绿色建筑的发展。[1] 但是不容回避的是，从整体上而言，在绿色建筑发展技术保障方面还存在明显不足，技术支撑能力还有待加强，突出表现为关键技术亟待突破，而反映地域特色和契合绿色建筑功能需求的适宜技术体系尚未形成。[2] 由此可见，《条例》对促进绿色建筑发展技术保障机制的明确规定，意义重大。

由本条文的规定来看，促进绿色建筑发展技术保障机制主要具有以下两个显著特点：（1）建立了促进绿色建筑发展技术保障机制的完整体系。

---

[1] 技术研发能力的提高以专业机构的建立与完善为关键支撑。为促进河北省绿色建筑技术的研发，根据河北省在"十二五"期间建设十大产业技术研究院的规划要求，河北省科技厅组织专家对河北省建筑科学研究院与中国建筑科学研究院、天津大学、河北工业大学、河北科技大学共同组建的河北省绿色建筑产业技术研究院进行了可行性论证，并批准组建，研究院主要开展绿色建筑、被动式低能耗建筑、绿色建材、可再生能源利用、建筑智能化等技术研究，将突破一批共性关键技术，形成一批具有自主知识产权的专利，制定技术标准，开发出适应不同地域环境条件下的绿色建筑，提供产业化推广样板和示范工程。

[2] 张建国、谷立静：《我国绿色建筑发展现状、挑战及政策建议》，《中国能源》2012年第12期。

《条例》所建立的促进绿色建筑发展技术保障机制是一个完整体系，包括"绿色建筑技术的研究、开发、示范推广和培训"，并非单纯强调绿色建筑技术的研究与开发，更是看重绿色建筑技术的示范推广和培训，这一立法模式极具实践价值。从绿色建筑发展实践来看，技术支撑能力欠缺体现在很多方面，除技术研发滞后外，绿色建筑建设人员的专业技术能力更是亟待提高。例如，从整体上看，设计人员还缺乏完善理论知识体系和必要实践经验，很多人员仅能考虑到以立体绿化等为代表的建筑项目后期技术应用，系统性思维和整体设计能力不足；而绿色建筑的具体施工人员更是普遍文化程度不高、技术应用能力欠缺，造成绿色建筑设计方案落实不力，导致在实际施工中虽花费巨资但并未达到理想效果[1]。由此可见，《条例》对促进绿色建筑发展技术保障机制的系统规定，尤其是对绿色建筑技术示范推广和培训的明确规定，十分必要，极具实践价值。（2）强调技术保障市场作用的发挥。党的十九大报告中明确指出，要"使市场在资源配置中起决定性作用，更好发挥政府作用"。在促进绿色建筑发展技术保障机制建立健全问题上，政府作用的更好发挥固然至关重要，但更为关键的，是要市场起到决定性作用。这是由促进绿色建筑发展技术保障机制建立健全的本质所决定的，"绿色建筑技术的研究、开发、示范推广和培训"从根本上讲还是属于市场行为范畴。可以说，《条例》对技术保障市场作用发挥的重视与强调把握住了问题的关键，必将有助于促进技术保障机制尽快建立健全、有效发挥作用。

2019 年 4 月 15 日，为强化科技创新引领，加快推进生态文明建设，推动高质量发展，国家发展改革委、科技部联合发布《关于构建市场导向的绿色技术创新体系的指导意见》，该意见不仅明确提出，"绿色技术创新日益成为绿色发展的重要动力，成为打好污染防治攻坚战、推进生态文明建设、推动高质量发展的重要支撑"，而且强调指出，应当"坚持市场导向"，"尊重和把握绿色技术创新的市场规律，充分发挥市场在绿色技术创新领域、技术路线选择及创新资源配置中的决定性作用"。该意见在理念、思路上与《条例》的不谋而合，进一步印证了《条例》在此方面的科学性

---

〔1〕 吕靖：《低碳理念下绿色建筑的发展现状及趋势研究》，《江苏科技信息》2018 年第 24 期。

与前瞻性。结合《关于构建市场导向的绿色技术创新体系的指导意见》的相关规定，在促进绿色建筑发展技术保障问题上，应当从以下方面着手充分发挥市场的作用：（1）培育壮大绿色建筑技术创新主体，包括强化企业的绿色建筑技术创新主体地位，激发高校、科研院所绿色建筑技术创新活力，推进"产学研金介"深度融合，加强绿色建筑技术创新基地平台建设等；（2）强化绿色建筑技术创新导向机制，包括加强绿色建筑技术创新方向引导、强化绿色建筑技术标准引领、建立健全政府绿色建筑采购制度、推进绿色建筑技术创新评价和认证等；（3）推进绿色建筑技术创新成果转化示范应用，包括建立健全绿色建筑技术转移转化市场交易体系、完善绿色建筑技术创新成果转化机制、强化绿色建筑技术创新转移转化综合示范等；（4）优化绿色建筑技术创新环境，包括强化绿色建筑技术知识产权保护与服务、加强绿色建筑技术创新金融支持、推进全社会绿色建筑技术创新等；（5）加强绿色建筑技术创新对外开放与国际合作。

三、明确规定了促进绿色建筑发展的表彰奖励机制

一般认为，作为正激励措施，表彰奖励能够通过焕发特定对象的荣誉感和进取心以充分调动其积极性、最大限度挖掘其潜在能力。表彰奖励机制的作用突出，因此在管理活动中应用较多。对于促进绿色建筑发展而言，表彰奖励机制亦十分必要。唯有给予相应表彰奖励，才能充分调动相关主体积极投身于促进绿色建筑发展工作之中，进而顺利实现促进绿色建筑发展的既定目标。正是基于这样的考虑，《条例》第六条第三款确立了促进绿色建筑发展表彰奖励机制，"对在绿色建筑发展中做出显著成绩的单位和个人按照国家有关规定给予表彰和奖励"。从该规定来看，促进绿色建筑发展的表彰奖励主体为"县级以上人民政府"，表彰奖励对象为"在绿色建筑发展中做出显著成绩的单位和个人"，表彰奖励标准为"按照国家有关规定给予"。需要说明的是，《条例》对促进绿色建筑发展表彰奖励机制的奖励对象和奖励标准所进行的概括性规定更有利于该机制在实际工作中、在具体适用中灵活把握。需要补充的是，《条例》虽未对表彰奖励的具体形式作出明确规定，但依据一般认知和既往经验，应当做广义理解，既包括物质形式的表彰奖励，也包括精神形式

的表彰奖励。作为常用的、有效的正激励措施，表彰奖励既是激励，更是倡导，其有助于激发市场主体投身促进绿色建筑发展的实际工作中，有助于增强促进绿色建筑发展的源动力，进而为促进我省绿色建筑发展夯实坚实社会基础。社会评价认为，建立系统的促进绿色建筑发展激励措施体系是《条例》的立法亮点之一，而表彰奖励机制则是该激励措施体系的重要内容和关键环节所在。

> **第七条** 县级以上人民政府及其有关部门应当采取多种形式，开展绿色建筑相关法律法规宣传，普及绿色建筑科学知识，增强社会公众绿色发展意识。

【本条主旨】

本条文是关于促进绿色建筑发展宣传机制的规定。

【本条释义】

理论与实践均证明，促进绿色建筑发展是一项系统工程，需要走社会共治的道路；同时，绿色建筑还是一个"新事物"，社会公众对其了解、支持还需要一个过程。由此决定，针对促进绿色建筑发展的宣传工作就显得尤为必要。但是，从实践来看，针对促进绿色建筑发展的宣传力度还远远不够。宣传工作不力所造成的负面效应较为明显：绿色建筑的建设者因意识薄弱而更多关注眼前利益，对绿色建筑建设的投入不够、效果不好；绿色建筑的施工者因能力不足，无法有效落实科学合理的技术方案，直接影响绿色建筑应有功能的有效发挥；绿色建筑的购买者因认识滞后，误认绿色建筑是高科技、高成本的奢侈品，对绿色建筑望而却步；绿色建筑的使用者因知识欠缺而未按要求实施规范管理，致使绿色建筑的生态、社会、经济效益无法有效发挥。很多人对绿色建筑及其积极效应知之甚少，对绿色建筑有关技术的性能存在怀疑，对绿色建筑所带来的综合经济社会效益信心不足。[1] 由此导致的后果就是，尽管绿色建筑具有较高的生态效益和社会效益，但因宣传不够、认识有误，使得绿色建筑深入发展受阻，绿色建筑应有效应未能得以充分发挥。

正是基于这样的考虑，《条例》明确规定了促进绿色建筑发展的宣传机制，即"县级以上人民政府及其有关部门应当采取多种形式，开展绿色建筑相关法律法规宣传，普及绿色建筑科学知识，增强社会公众绿色发展意识"。首先，从该规定可知，促进绿色建筑发展的法定宣传主体是"县级以上人民政府及其有关部门"。将"县级以上人民政府及其有关部门"界定为促进绿色建筑发展的法定宣传主体是由政府在促进绿色建筑发展方面的法定职责所决定的，是"更好发挥政府作用"的具体体现。需要强调的是，对于"有关部门"应当做广义理解，其不限于在促进绿色建筑发展上担当主管部门的住房城乡建设部门和肩负法定职责的发展改革、财政、城乡规划、自然资源等相关管理部门，还包括宣传领域的主管部门和有关单位。其次，从该规定可知，促进绿色建筑发展宣传机制的核心内容如下：（1）宣传绿色建筑相关法律法规。以法为盾，重在落实。一部再好的法律，如果将其束之高阁，也等于一纸空文。《条例》的颁布与实施是将促进绿色建筑发展工作纳入法治轨道的标志性事件和重大成果，为使《条例》得到有效实施，我们需要持续推进《条例》的宣传工作，通过科学谋划、强力举措，切实将其作为促进我省绿色建筑发展工作的根本遵循，在本行政区域内一体遵照执行，以最终实现促进绿色建筑发展的既定目标。另外，在《条例》宣传工作中，应当结合《中华人民共和国建筑法》《中华人民共和国节约能源法》《中华人民共和国城市房地产管理法》《民用建筑节能条例》的相关法律规定进行整体解读。（2）普及绿色建筑科学知识。从绿色建筑发展的实际来看，绿色建筑知识的欠缺还是一个突出问题，进而阻碍了绿色建筑的深入发展。为此，《条例》明确规定，应当"普及绿色建筑科学知识"。需要说明的是，这种普及不限于一般社会公众，还应当重点向绿色建筑建设的决策者、开发者、规划者、设计者、建设者和管理者进行专业知识普及。再次，从该规定可知，促进绿色建筑发

---

[1] 张涛、李锦华、闫晓燕：《京津冀协同发展视角下河北绿色建筑建设对策研究》，《建材与装饰》2016 年第 48 期。

展宣传机制的最终目的在于"增强社会公众绿色发展意识"。理论和实践均证明，促进绿色建筑发展是一项系统性工程，需要全社会的参与，唯有形成人人知晓、人人支持、人人参与的良好态势，才能破除绿色建筑发展所面临的诸多障碍、才能推动绿色建筑发展走向深入、才能充分发挥绿色建筑的经济社会效应。最后，需要强调的是，促进绿色建筑发展宣传机制的有效落实，需要充分利用报纸、广播、电视、互联网等多种平台，对绿色建筑发展相关法律法规和相关科学知识进行全方位、立体式的宣传，不断创新宣传形式，持续加大宣传力度，形成良好社会氛围。

第二章 规划、设计与建设

【本章导读】

本章是《条例》第二章的内容，是《条例》的核心章节，对河北省绿色建筑的规划、设计和建设提出了具体的、刚性的要求。本章主要规定了三方面的内容：一是关于河北省绿色建筑的规划和标准问题，解决了绿色建筑发展的宏观层面的问题，包括绿色建筑专项规划的编制、专项规划与控制性详细规划的关系、河北省绿色建筑标准、各类建筑应达到的绿色建筑等级。二是关于绿色建筑的设计问题，从源头上保证了绿色建筑行业的健康发展。三是关于绿色建筑的建设问题，严格按照施工图组织施工、监理、材料购置、验收等施工活动，保证绿色建筑的各项指标落到实处。同时对建设活动的前置问题和后续问题，即土地划拨转让和商品房买卖问题亦有规制。

第八条 省人民政府住房城乡建设主管部门负责制定本省绿色建筑专项规划的编制导则。

设区的市、县级人民政府住房城乡建设主管部门应当会同城乡规划等有关部门组织编制绿色建筑专项规划，并与城市、镇总体规划相衔接，报本级人民政府批准后向社会公布。

绿色建筑专项规划应当确定新建民用建筑的绿色建筑等级及布局要求，包括发展目标、重点发展区域、装配式建筑、超低能耗建筑要求和既有民用建筑绿色改造等内容，明确装配式建筑、超低能耗建筑和绿色建材应用的比例。

【本条主旨】

本条文是关于绿色建筑专项规划编制的规定。

【本条释义】

一、绿色建筑专项规划的编制导则

根据本条规定，河北省住房和城乡建设厅作为省人民政府住房城乡建设主管部门，负责制定本省绿色建筑专项规划的编制导则，其目的在于规范河北省绿色建筑专项规划编制工作，提高专项规划编制水平，确保专项规划的科学性和合理性。为此，2019 年 4 月 20 日，河北省住房和城乡建设厅、河北省自然资源厅联合印发了《河北省绿色建筑专项规划编制导则》，从术语、基本规定、编制内容、编制方法、成果要求、实施要求等方面对河北省绿色建筑专项规划编制工作作了统一规范要求，为河北省绿色建筑专项规划编制工作的开展提供了基本遵循。具体说来：

第一，术语。《河北省绿色建筑专项规划编制导则》对河北省绿色建筑专项规划编制中涉及的术语进行了明确界定，包括绿色建筑、专项规划、目标管理分区、目标单元、控制性指标、引导性指标、潜力分析方法、层次分析法等，明确了上述术语的内涵和外延，为河北省绿色建筑专项规划编制中术语的统一提供了规范依据。

第二，基本规定。《河北省绿色建筑专项规划编制导则》对河北省绿色建筑专项规划编制工作作了基本要求，包括依据、方法、原则、目标等，具体言之：一是专项规划的编制应依据相关法律、法规、城市总体规划和政府制定的绿色建筑发展目标，深入分析规划区域绿色建筑发展水平，妥善处理近期与远期、局部与整体等关系。二是专项规划的编制应在充分调查研究基础上，结合规划区域的气候、环境、能源、经济及产业发展等特点，合理确定绿色建筑的总体发展目标、发展定位、技术路线和规划控制要求等。三是专项规划的编制应科学分析规划区域绿色建筑的技术发展基础、条件和趋势，坚持"被动优先、主动优化，因地制宜、适度超前，统筹兼顾、突出重点"的原则，综合考虑各类绿色建筑技术的协调发展。四是专项规划应当包括发展目标、重点发展区域、装配式建筑和超低能耗建筑要求等内容，明确装配式建筑和超低能耗建筑的比例，并确定新建民用建筑的绿色建筑等级要求。目标时间节点和规划实施期限等相关内容要与上位规划相衔接。五是专项规划的编制宜在节能普查与能耗统计基础上，结合规划区域既有建筑的建成年代、结构形式、室内热环境、建筑类型及用能状况等特点，合理确定既有建筑绿色化改造的总体目标、实施计划、技术路线和保障措施等。六是专项规划应根据规划区域的目标管理分区和目标单元的划分及对应指标要求编制成果文件。七是专项规划应明确绿色建筑发展目标中的近期与远期发展目标，并根据相关上位规划和绿色建筑发展进程进行滚动修编。八是设区的市、县级人民政府住房城乡建设主管部门应当会同有关部门组织编制绿色建筑专项规划，并与上位规划相衔接。专项规划编制过程中应广泛听取有关部门、专家和社会公众的意见，报本级人民政府批准后向社会公布。

第三，编制内容。《河北省绿色建筑专项规划编制导则》对河北省绿色建筑专项规划编制应包含的基本内容作了明确要求，主要包括：一是专项规划应当包括下列内容：绿色建筑（含装配式建筑和超低能耗建筑）既有规划和现状条件评估分析；绿色建筑总体发展目标和重点任务；绿色建筑规划总体思路及技术路线；绿色建筑重要指标确定；绿色建筑分区划定和重点发展区域；潜力分析明确分区控制要求；保障措施；其他落实配套的文件。二是绿色建筑既有规划与现状评估应包括下列内容：区位条件；环境与资源现状（气象、大气、水环境、声环境、生态环境、能源、水资源等）；开发建设现状（土地利用、基础设施）；绿色建筑发展现状（绿色建筑建设现状，绿色建材适宜技术及使用情况，绿色规划、设计、施工、运行要求落实情况，集中规模化推广情况等）；相关规划及政策文件；通过对绿色建筑建设现状条件的综合评估，分析绿色建筑发展优势和存在的问题。三是绿色建筑总体发展目标宜包含以下内容，并明确近期和远期规划目标：新建建筑中绿色建筑等级要求；新建建筑中绿色建筑所占比例与要求；既有建筑绿色改造计划目标与相关要求等；新建建筑中装配式建筑所占比例与要求；新建建筑中超低能耗建筑所占比例与要求；可再生能源建筑应用的要求；新建建筑中全装修所占比例与要求。四是绿色建筑规划总体思路宜包含以下内容：根据绿色建筑总体发展目标，结合规划区所处地区的特点，提出绿色建筑规划目标，筛选绿色建筑指标，明确合理可行的绿色建筑规划实施路径，制定政策保障措施，编制分期实施计划。五是绿色建筑重要指标应包括规划层面绿色指标和建筑层面绿色指标：在区域或用地等规划层面的绿色指标可为绿色建筑实施提供规划条件，一般针对区域规划层面提出；建筑层面绿色指标一般是对绿色建筑目标、装配式建筑比例、超低能耗建筑比例、全装修比例、可再生能源利用比例、既有建筑绿色化改造面积比例等进行表征和控制；各市、县（区）可结合具体情况，并参考《绿色生态城区评价标准》、河北省《绿色建筑评价标准》等，确定不同层面规划编制单元的具体指标类型、指标属性（控制性或引导性）及具体目标要求。六是绿色建筑分区应依据专项规划编制对象范围合理划定目标管理分区和目标单元，确定重点发展区域：规划编制范围可对应若干目标管理分区，一个目标管理分区可由多个目标单元组成；重点发展区域应结合该区域自然环境条件和经济发展水平，制定合理的绿色建筑等级和比例、装配式建筑比例和超低能耗建筑比例。七是通过绿色建筑潜力分析将专项规划指标进行规划落实，将指标分解到目标单元。八是专项规划保障措施应结合当地绿色建筑建设管理条件制定。宜包括政策保障、组织管理、技术支撑、宣传教育、资金与市场引导等方面内容。有条件的地区在专项规划中宜增加绿色建筑运行的政策规划。九是专项规划编制时宜对总体规划的城市形态做环境分析（包括风环境和日照环境等），并为上位规划发展提供建议。十是专项规划应结合项目实际情况编制分期实施计划、绿色建筑设计导则以及绿色建筑适宜技术指南等文件，保障专项规划指标的落实及绿色建筑建设。

第四，编制方法。《河北省绿色建筑专项规划编制导则》对河北省绿色建筑专项规划的编制方法作了明确规定，提供了方法指引。具体言之：

一是基础及现状调研。专项规划应进行充分的调查研究，包括现场调研、资料收集、问题答卷、实地座谈和政策调研等方式。调研资料收集主要包括以下内容：当地城乡总体规划、土地利用规划、地形图等资料；当地绿色建筑发展现状、发展规划、地方标准规定及政府文件等；当地气候、水文、地质情况；可再生能源应用现状、发展规划、地方标准规定及政府文件等，当地能源结构，热电厂等余热废热利用情况和经济性；装配式建筑的现状和发展计划、装配式建筑基地的类型、主要生产规模与产能现状，住宅全装修现状和发展情况；超低能耗建筑发展现状和发展计划、政策文件等；当地供水结构，海绵城市及雨水、中水控制与利用的发展情况与相关政策；既有居住和公共建筑在绿色、节能等方面的质量现状、存在问题与相关政策；既有建筑节能改造的示范案例及相关数据，节能普查与能耗统计基础；当地建筑材料及相关设备发展的现状及相关政策性文件，绿色建筑新材料新技术应用情况及厂家分布；其他相关资料，如建筑产业资料、经济发展资料、交通等基础设施资料、建筑场地与地下空间开发利用资料、环保情况资料、建筑垃圾规模与处置方式等市容环境资料。结合调研资料，编制单位宜通过现状分析、指标分析、示范分析及政策分析等方式，制定近远期绿色建筑目标与任务分解。

二是总体发展目标。绿色建筑总体发展目标应通过对国家及河北省的绿色建筑及绿色生态城区等相关政策标准的分析，结合相关分析方法（如项目的态势分析法）。通过上述分析，明确总体发展目标及定位，以及总体发展战略及技术路线。专项规划应将上一层次专项规划或上一级建设部门确定的绿色建筑发展的目标任务，分解落实到规划区域内各目标单元或地块，并确保专项规划确定的绿色建筑发展目标任务不低于上一层次专项规划和上一级建设部门确定的目标任务。在目标单元潜力分析基础上，应将总体目标逐级分解，目标单元指标可分解为核心单元指标和基础单元指标。目标单元中如有涉及，则应明确以下控制性指标要求：规划层面指标、建筑层面指标。目标单元宜设置绿色建筑引导性指标，包括但不局限于：规划层面指标、建筑层面指标。控制性指标应科学合理地纳入土地出让条件或规划设计条件，并通过纳入设计评审、施工图审查、工程验收条件或其他阶段的后评估检查，加强监督管理。控制性指标及引导性指标的实施要求，宜根据当地具体情况配套绿色建筑设计导则或绿色建筑适宜技术指南、指引。

第五，成果要求。《河北省绿色建筑专项规划编制导则》对河北省绿色建筑专项规划编制的成果形式及内容作了明确要求。具体言之：一是专项规划成果应包括文本、图纸图则、说明书、附件（如设计导则、技术指南）等。成果的表达应当清晰、准确、规范。二是文本是专项规划的主要成果，主要内容包括：规划的目的、原则、依据、范围、期限等；规划区域的绿色建筑总体发展目标及定位、近期重点任务；规划区域的绿色建筑总体发展战略及技术路线；规划区域的装配式建筑、住宅全装修、超低能耗建筑、可再生能源建筑应用、既有建筑绿色改造等（可选）的总体目标、实施计划及技术路线；规划区域的目标管理分区、目标单元划分列表或地块指标分解表，明确对应的控制性指标要求；专项规划保障措施。三是图纸主要包括总区位图、目标管理分区区划图、目标单元区划图；图则是城市规划主管部门对目标单元或地块的绿色建筑建设具体要求作出的详细规定，并列表明确各目标管理分区及目标单元或地块的指标要求。四是说明书是对最终形成的专项规划文本及相关图纸图则的说明性文件，是对文本的补充，主要内容包括：规划范围、规划目的、规划主要依据和原则、规划期限、法律效力及其他事项的说明；规划区域的绿色建筑发展回顾、现状分析；规划区域的既有民用建筑的现状分析；规划区域的绿色建筑总体发展目标、定位、发展战略及技术路线说明；规划区域的既有民用建筑绿色改造的总体目标、实施计划及技术路线说明；目标单元或地块的潜力分析情况，各目标单元或地块内新建民用建筑中不同星级绿色建筑的面积比例要求和技术要求的情况说明（或地块绿色建筑星级分布说明），各目标单元或地块的控制性指标要求的情况说明；表达规划意图的其他资料；政策建议与保障措施说明。

第六，实施要求。为了保证河北省绿色建筑专项规划的良好实施，《河北省绿色建筑专项规划编制导则》要求有关部门在编制或修编相关规划时，必须要注意相关规划与绿色建筑专项规划的衔接与协调。具体言之：一是编制或修编总体规划时，宜参考绿色建筑专项规划对城市形态进行环境分析（风环境、日照环境和被动空间等）得到的建议。二是编制或修编控制性详细规划时，应参考绿色建筑专项规划中确定的重要指标要求，并根据实际情况，落实绿色建筑相关目标、区域或用地层面相关关键性指标等。三是编制或修编城市或区域能源、交通、绿地、水资源、公共服务设施、智慧城市等专项规划时，应与绿色建筑专项规划编制与修编工作充分衔接。

二、绿色建筑专项规划编制主体及要求

《河北省城乡规划条例》第十八条规定:"城市、县人民政府所在地镇的各专项规划,分别由城市、县人民政府有关部门依据总体规划组织编制,经本级人民政府城乡规划主管部门审查后,报城市或者县人民政府审批。其他镇的各专项规划,由镇人民政府组织编制,报城市或者县人民政府审批。法律、行政法规对专项规划编制和审批另有规定的,从其规定。"本条明确规定,绿色建筑专项规划编制主体包括三类,一是绿色建筑专项规划编制的责任主体,即设区的市、县级人民政府住房城乡建设主管部门。二是绿色建筑专项规划编制的参与主体,即设区的市、县级人民政府城乡规划等有关部门,这里主要指的是各设区的市、县的自然资源与规划局。三是绿色建筑专项规划编制的批准主体,即设区的市、县级人民政府。这就意味着,设区的市、县级人民政府住房城乡建设主管部门会同城乡规划等有关部门组织编制的绿色建筑专项规划并不能直接生效,只有报请本级人民政府审查批准后,才具有法定效力。审查批准后的绿色建筑专项规划应向社会公开,以保障公民知情权,接受社会监督。

设区的市、县级人民政府住房城乡建设主管部门会同城乡规划等有关部门组织编制本级绿色建筑专项规划时,应当依据相关法律、法规、城市总体规划和政府制定的绿色建筑发展目标,深入分析规划区域绿色建筑发展水平,妥善处理近期与远期、局部与整体等关系,要严格按照《河北省绿色建筑专项规划编制导则》的上述各项要求进行,特别要注意绿色建筑专项规划与城市、镇总体规划相衔接。之所以如此,是因为专项规划是以国民经济和社会发展特定领域为对象编制的规划,是总体规划在特定领域的细化。所以,绿色建筑专项规划的编制,必须与城市、镇总体规划相衔接。对此,《国务院办公厅关于转发发展改革委住房城乡建设部〈绿色建筑行动方案〉的通知》(国办发〔2013〕1号)要求:"科学做好城乡建设规划。在城镇新区建设、旧城更新和棚户区改造中,以绿色、节能、环保为指导思想,建立包括绿色建筑比例、生态环保、公共交通、可再生能源利用、土地集约利用、再生水利用、废弃物回收利用等内容的指标体系,将其纳入总体规划、控制性详细规划、修建性详细规划和专项规划,并落

实到具体项目。做好城乡建设规划与区域能源规划的衔接，优化能源的系统集成利用。建设用地要优先利用城乡废弃地，积极开发利用地下空间。积极引导建设绿色生态城区，推进绿色建筑规模化发展。"要求设区的市、县级人民政府住房城乡建设主管部门应该会同城乡规划等有关部门收集该地区总体规划资料、市区范围内控制性详细规划资料及其他规划资料、既有建筑资料、已获得绿色建筑标识项目情况、既有建筑改造资料等，以作为编制本地区绿色建筑专项规划时的参考依据资料。此外，绿色建筑专项规划编制时宜对城市、镇总体规划的城市形态做环境分析（包括风环境和日照环境等），并为上位规划发展提供建议。

三、绿色建筑专项规划的内容

本条明确了绿色建筑专项规划的内容，即绿色建筑专项规划应当确定新建民用建筑[1]的绿色建筑等级及布局要求，包括发展目标、重点发展区域、装配式建筑、超低能耗建筑要求和既有民用建筑绿色改造等内容，明确装配式建筑、超低能耗建筑和绿色建材应用的比例。根据《河北省绿色建筑专项规划编制导则》的规定，绿色建筑专项规划的内容应分别按照如下规则确立：

第一，发展目标。根据《河北省绿色建筑专项规划编制导则》的要求，绿色建筑总体发展目标应通过对国家及河北省的绿色建筑及绿色生态城区等相关政策标准的分析，结合相关分析方法（如项目的态势分析法）。通过上述分析，明确总体发展目标及定位，以及总体发展战略及技术路线。另外，专项规划应将上一层次专项规划或上一级建设部门确定的绿色建筑发展的目标任务分解落实到规划区域内各目标单元或地块，并确保专项规划确定的绿色建筑发展目标任务不低于上一层次专项规划和上一级建设部门确定的目标任务。一般说来，绿色建筑总体发展目标宜包含以下内

---

〔1〕　根据国家标准 GB 50137—2011《城市用地分类与规划用地标准》，城镇建设用地不仅包括城镇住宅和公共建筑用地，也包括工矿仓储用地、商服用地和其他特殊用地等。因此，工业用地范围内的民用建筑项目，也执行本条要求。基于以下原因，《条例》未涵盖工业建筑内容：a）绿色建筑的发展源于民用建筑，现阶段绿色建筑的发展也以民用建筑为主；b）工业用地范围内的民用建筑项目，执行本条要求；c）现有的江苏、浙江、深圳绿色建筑条例（或办法），均未涵盖工业建筑内容。

容，并明确近期和远期规划目标：一是新建建筑中绿色建筑等级要求；二是新建建筑中绿色建筑所占比例与要求；三是既有建筑绿色改造计划目标与相关要求等；四是新建建筑中装配式建筑所占比例与要求；五是新建建筑中超低能耗建筑所占比例与要求；六是可再生能源建筑应用的要求；七是新建建筑中全装修所占比例与要求。

第二，重点发展区域。根据《河北省绿色建筑专项规划编制导则》的要求，绿色建筑分区应依据专项规划编制对象范围合理划定目标管理分区和目标单元，确定重点发展区域：一是规划编制范围可对应若干目标管理分区，一个目标管理分区可由多个目标单元组成；二是重点发展区域应结合该区域自然环境条件和经济发展水平，制定合理的绿色建筑等级和比例、装配式建筑比例和超低能耗建筑比例。

第三，新建建筑中装配式建筑所占比例与要求。根据《河北省绿色建筑专项规划编制导则》的规定，绿色建筑专项规划应当明确新建建筑中装配式建筑所占比例与要求。与普通建筑相比，装配式建筑有六大特征：设计标准化、生产工厂化、施工装配化、管理信息化、装修一体化、运营智能化。它的优势可以概括为"两提两减"：提高工程质量，提高工时效率；减少建筑垃圾排放，减少资源消耗。通俗来讲就是，高空的事情地面做、室外的事情室内做、危险的事情机器做。对此，《中共中央　国务院关于进一步加强城市规划建设管理工作的若干意见》明确指出，要"大力推广装配式建筑，减少建筑垃圾和扬尘污染，缩短建造工期，提升工程质量。制定装配式建筑设计、施工和验收规范。完善部品部件标准，实现建筑部品部件工厂化生产。鼓励建筑企业装配式施工，现场装配。建设国家级装配式建筑生产基地。加大政策支持力度，力争用 10 年左右时间，使装配式建筑占新建建筑的比例达到 30%。积极稳妥推广钢结构建筑。在具备条件的地方，倡导发展现代木结构建筑"。《国务院办公厅关于大力发展装配式建筑的指导意见》（国办〔2016〕71 号）也明确指出："以京津冀、长三角、珠三角三大城市群为重点推进地区，常住人口超过 300 万的其他城市为积极推进地区，其余城市为鼓励推进地区，因地制宜发展装配式混凝土结构、钢结构和现代木结构等装配式建筑。力争用 10 年左右的时间，使装配式建筑占新建建筑面积的比例达到 30%。同时，逐步完善法律法规、技术标准和监管体系，推动形成一批设计、施工、部品部件规模化生产企业，具有现代装配建造水平的工程总承包企业以及与之相适应的专业化技能队伍。"

为了加快河北省装配式建筑发展，2017 年 1 月 13 日，河北省人民政府办公厅印发了《河北省人民政府办公厅关于大力发展装配式建筑的实施意见》（冀政办字〔2017〕3 号）（以下简称《实施意见》），对河北省装配式建筑发展进行了总体规划，主要包括以下方面：一是总体要求。《实施意见》明确了河北省装配式建筑发展的指导思想，要求坚持市场主导、政府推动、典型示范、重点推进的原则，把钢结构建筑作为建造方式创新的主攻方向，大力发展装配式混凝土建筑，在具备条件的地方倡导发展现代木结构建筑，不断提高装配式建筑在新建建筑中的比例。并明确了河北省装配式建筑的发展目标，即力争用 10 年左右的时间，使全省装配式建筑占新建建筑面积的比例达到30%以上（2020 年达20%以上），形成适应装配式建筑发展的市场机制和环境，建立完善的法规、标准和监管体系，培育一大批设计、施工、部品部件规模化生产企业、具备现代装配建造技术水平的工程总承包企业以及与之相适应的专业化技能队伍。二是重点任务。《实施意见》明确了河北省装配式建筑发展的十大重点任务，包括加快制定标准、提高设计能力、发展部品部件、提升施工水平、推进建筑全装修、推广绿色建材、培育龙头企业、推行工程总承包、确保质量安全、推动装配式建筑与信息化深度融合等。三是政策支持。《实施意见》明确了河北省装配式建筑发展的六大政策支持，包括用地支持政策、财政支持政策、税费优惠政策、金融支持政策、行业引导政策、优化发展环境等。四是保障措施。《实施意见》明确了河北省装配式建筑发展的五大保障措施，包括加强组织领导、加强工作推动、加强技术攻关、加强队伍建设、加强宣传引导等。

2018 年 7 月 28 日，河北省住房和城乡建设厅印发的《关于进一步推进绿色建筑工作的通知》（冀建科〔2018〕19 号）也明确提出，要积极推进装配式建筑发展，要把装配式建筑作为我省绿色建造的优选方式，在全面推进绿色建筑发展的同时，实现建造方式的重大变革。继续把钢结构建筑作为建造方式创新的主攻方向，大力发展装配式混凝土建筑，在具备条件的地方倡导发展现代木结构建筑，不断提高装配式建筑在新建建筑中的比例。张家口、石家庄、唐山、保定、邯郸、沧州市和环京津县（市、区）率先发展，要划定一定范围全面推行装配式建造方式；其他市、县加快发展，要明确装配式建筑的比例和建造技术。政府投资或以政府投资为主的公共建筑，要采用装配式建造方式。政府投资或以政府投资为主的棚户区改造项目，要安排不低于5%的项目开展钢结构等装配式建筑示范。鼓励房地产开发企业建设装配式特别是钢结构住宅。结合美丽乡村建设、易地扶贫搬迁，在农村地区推广装配式低层建筑。要提升装配式建筑产业发展水平，加强装配式建筑产业基地建设，培育装配式建筑示范城市，逐步扩大示范范围。

第四，新建建筑中超低能耗建筑所占比例与要求。根据《河北省绿色建筑专项规划编制导则》的规定，绿色建筑专项规划应当明确新建建筑中超低能耗建筑所占比例与要求。对此，河北省住房和城乡建设厅印发的《关于进一步推进绿色建筑工作的通知》（冀建科〔2018〕19号）明确指出，要推进超低能耗建筑建设，要把超低能耗建筑建设作为提升建筑能效的重要途径，作为绿色城市建设优选的建筑，在全面推进绿色建筑发展的同时，最大限度地提高建筑节能标准。自2019年开始，全省城镇新建总建筑面积20万平方米（含）以上的项目，在规划条件中要明确建设一定比例的超低能耗建筑。提倡建设超低能耗建筑全覆盖的住宅小区，鼓励超低能耗建筑集中连片建设。目前尚未开工建设超低能耗建筑的市，要把此项工作摆上重要议事日程，力争开工建设。各市要指导所辖县（市）积极开展超低能耗建筑建设。为了推进超低能耗建筑建设，建议在不影响城市规划要求的前提下，由各设区的市政府给予政策支持，如在土地出让阶段，即考虑到超低能耗建筑面积的需求情况，科学确定容积率指标，从而使建成后的超低能耗建筑不突破容积率要求。目前，石家庄市、保定市、张家口市已相继出台了容积率支持政策，其要点分别是：其一，石家庄市在办理规划审批（或验收）时，对于采用被动房方式建设的项目，按其建设被动房的地上建筑面积9%给予奖励，不计入项目容积率。奖励的不计入容积率面积，不再增收土地价款及城建配套费用。其二，保定市对于采用超低能耗建筑方式建设的项目，规划、国土、住建等部门涉及容积率计算时，对其建设超低能耗建筑的地上建筑面积9%不计入项目容积率。非计容面积不计征城市基础设施配套费、不再增收土地价款。其三，张家口市对于采用被动式低能耗绿色建筑技术的商品住宅项目，在办理规划审批手续时，其外墙预制部分或外墙保温层的建筑面积（不超过规划面积的3%）可不计入成交地块的容积率。

第五，既有民用建筑绿色改造。根据《河北省绿色建筑专项规划编制导则》的规定，绿色建筑专项规划应当包括规划区域的既有民用建筑绿色改造的总体目标、实施计划及技术路线说明。对此，河北省住房和城乡建设厅印发的《关于进一步推进绿色建筑工作的通知》（冀建科〔2018〕19号）明确指出，要以节约能源资源、改善人居环境、提升使用功能为目标，对既有建筑进行维护、更新、加固等，积极开展既有建筑绿色改造。为此，2015年12月3日，住房和城乡建设部发布了作为国家标准的《既有建筑绿色改造评价标准》（GB/T 51141—2015），从术语、基本规定、规划与建筑、结构与材料、暖通空调、给水排水、电气、施工管理、运营管理、提高与创新等方面，为既有民用建筑绿色改造提供了国家标准和方向指引。

第六，绿色建材应用的比例。根据《河北省绿色建筑专项规划编制导则》的规定，绿色建筑专项规划应当明确绿色建材应用的比例。为此，《实施意见》明确提出，要大力推广绿色建材，要加快推进绿色建材评价，建立绿色建材评价标识制度，制定各类建材产品的绿色评价技术要求，发布绿色建材产品目录，大力推广节能环保、资源综合利用水平高、功能良好、品质优良的新型绿色建材。构建绿色建材选用机制，提高绿色建材在装配式建筑中的应用比例。《关于进一步推进绿色建筑工作的通知》（冀建科〔2018〕19号）进一步指出，要积极推进绿色建材评价标识工作，及时修订相关工程建设标准，引导设计、施工单位采用新材料和新产品。要实施建筑全产业链绿色供给行动，推广节能门窗、高性能混凝土、高强度钢筋等，减少粉尘污染，延长建筑使用寿命。2020年，绿色建材应用率应超过40%。编制《河北省推广、限制和禁止使用建设工程材料设备产品目录（2018年版）》等。

第九条 省人民政府住房城乡建设主管部门应当会同有关部门依据国家标准，结合本省自然环境条件和经济发展水平，制定绿色建筑相关地方标准，积极培育发展团体标准，引导企业制定更高要求的企业标准。

推进与北京市、天津市绿色建筑地方标准协同工作，加强信息交流共享，促进京津冀绿色建筑产业协同发展。

【本条主旨】

本条文是关于河北省绿色建筑地方标准、团体标准、企业标准及推进与京津绿色建筑地方标准协同的规定。

【本条释义】

一、绿色建筑国家标准

为了贯彻落实绿色发展理念，推进绿色建筑高质量发展，节约资源，保护环境，满足人民日益增长的美好生活需求，根据原建设部建标标函〔2005〕63号（关于请组织开展《绿色建筑评价标准》编制工作函）的要求，由中国建筑科学研究院、上海市建筑科学研究院会同有关单位编制了国家标准《绿色建筑评价标准》（GB/T 50378—2006）。本标准总结了近年来我国绿色建筑方面的实践经验和研究成果，是借鉴国际先进经验制定的第一部多目标、多层次的绿色建筑综合评价标准。本标准的主要内容是：总则、术语、基本规定、住宅建筑、公共建筑。

2014年，根据住房和城乡建设部《关于印发〈2011年工程建设标准规范制订、修订计划〉的通知》（建标〔2011〕17号）的要求，由中国建筑科学研究院和上海市建筑科学研究院（集团）有限公司会同有关单位对原国家标准《绿色建筑评价标准》（GB/T 50378—2006）进行了修订，形成了国家标准《绿色建筑评价标准》（GB/T 50378—2014）。主要修订内容如下：一是将标准适用范围由住宅建筑和公共建筑中的办公建筑、商场建筑和旅馆建筑，扩展至各类民用建筑。二是将评价分为设计评价和运行评价。三是绿色建筑评价指标体系在节地与室外环境、节能与能源利用、节水与水资源利用、节材与材料资源利用、室内环境质量和运行管理六类指标的基础上，增加"施工管理"类评价指标。四是调整评价方法，对各评价指标评分，并以总得分率确定绿色建筑等级。相应地，将旧版标准中的一般项改为评分项，取消优选项。五是增设加分项，鼓励绿色建筑技术、管理的创新和提高。六是明确单体多功能综合性建筑的评价方式与等级确定方法。七是修改部分评价条文，并为所有评分项和加分项条文分配评价分值。

2018 年，根据住房和城乡建设部《住房城乡建设部标准定额司关于开展〈绿色建筑评奖标准〉修订工作的函》（建设标函〔2018〕164 号）的要求，标准编制组经广泛调查研究，认真总结实践经验，参考有关国外标准，并在广泛征求意见的基础上，对国家标准《绿色建筑评价标准》（GB/T 50378—2014）进行了修订，形成了新国家标准《绿色建筑评价标准》（GB/T 50378—2019）。修订的主要内容如下：一是在指标体系上，从"四节一环保"扩充为"安全耐久、健康舒适、生活便利、资源节约、环境宜居"5 个方面。二是在"以人为本"上，提高和新增了全装修、室内空气质量、水质、健身设施、垃圾、全龄友好等要求。三是为保证绿色建筑的性能和质量，明确了建筑工业化、海绵城市、健康建筑、建筑信息模型等方面的技术要求。

新国家标准《绿色建筑评价标准》（GB/T 50378—2019）主要技术内容是：总则；术语；基本规定；安全耐久；健康舒适；生活便利；资源节约；环境宜居；提高与创新[1] 本标准由住房和城乡建设部负责管理，由中国建筑科学研究院有限公司负责具体技术内容的解释。

二、绿色建筑河北标准

河北省作为建筑大省，尽管绿色建筑以及建筑节能的发展取得很大成效，但是城乡建设模式仍然很粗放，规模大但效率低、建设多但管理弱、能源多但消耗高，导致河北省绿色建筑建设水平整体较低，加上河北的煤

---

[1]　具体内容参见《住房和城乡建设部关于发布国家标准〈绿色建筑评价标准〉的公告》，http://www.mohurd.gov.cn/wjfb/201905/t20190530_240717.html，访问日期：2019 年 6 月 10 日。

炭和钢铁产业体量较大，所以环境问题尤其突出，空气质量在全国一直处于较落后的地位，$PM_{2.5}$指标一直在全国属于比较落后的状态。为了改善河北省环境问题，2010年12月16日，河北省住房和城乡建设厅会同有关部门依据国家标准《绿色建筑评价标准》（GB/T 50378—2006），结合本省自然环境条件和经济发展水平，制定了绿色建筑河北标准，即《绿色建筑评价标准》（DB13（J）/T113—2010），对有关国家标准进行了细化和补充，以推动河北省绿色建筑的快速前进。

2015年，根据河北省住房和城乡建设厅《2013年度省工程建设标准和标准设计第一批编制计划》（冀建质〔2013〕43号）要求，依据修订的国家标准《绿色建筑评价标准》（GB/T 50378—2014），河北省住房和城乡建设厅对《绿色建筑评价标准》（DB13（J）/T113—2010）进行了修订，形成了新版绿色建筑河北标准，即《绿色建筑评价标准》（DB13（J）/T113—2015）。本次修订的内容主要如下：一是将标准适用范围由住宅建筑和公共建筑中的办公建筑、商场建筑和旅馆建筑，扩展至各类民用建筑。二是将评价分为设计评价和运行评价。三是将绿色建筑评价指标体系在节地与室外环境、节能与能源利用、节水与水资源利用、节材与材料资源利用、市内环境质量和运行管理六类指标的基础上，增加"施工管理"类评价指标。四是调整评价方法，对各类评价指标评分，并以每类评价指标评分项满足最低得分要求的前提下，以总得分确定绿色建筑等级。相应地，将旧版标准中的一般项和优选项改为评分项。五是增设加分项，鼓励绿色建筑技术、管理的创新和提高。六是明确单体多功能综合性建筑的评价方式与等级确定方法。七是修改部分评价条文，并对所有评分项和加分项赋予评价分值。

《绿色建筑评价标准》（DB13（J）/T113—2015）主要技术内容包括：一是总则。二是术语。三是基本规定。四是节地与室外环境。五是节能与资源利用。六是节水与水资源利用。七是节材与材料资源利用。八是市内环境质量。九是施工管理。十是运营管理。十一是提高与创新。[1] 本标准由河北省建筑科学研究院负责具体技术内容的解释，由河北省工程建设标

---

〔1〕 具体内容参见《河北省绿色建筑评价标准》（DB13（J）/T113—2015），http：//www.gbwindows.cn/news/201806/12098.html，访问日期：2019年6月11日。

准化管理办公室负责管理。由于新国家标准《绿色建筑评价标准》（GB/T 50378—2019）的颁布实施，可以预见的是，《绿色建筑评价标准》（DB13（J）/T113—2015）必将被修订，新的河北省绿色建筑评价标准即将出台。

三、积极培育发展绿色建筑团体标准

团体标准指的是由团体按照团体确立的标准制定程序自主制定发布、由社会自愿采用的标准。根据国务院 2015 年 3 月 11 日印发的《深化标准化工作改革方案》（国发〔2015〕13 号），政府主导制定的标准由 6 类整合精简为 4 类，分别是强制性国家标准、推荐性国家标准、推荐性行业标准、推荐性地方标准。市场自主制定的标准分为团体标准和企业标准。政府主导制定的标准侧重于保基本，市场自主制定的标准侧重于提高竞争力。其目的在于通过改革，把政府单一供给的现行标准体系，转变为由政府主导制定的标准和市场自主制定的标准共同构成的新型标准体系。同时要建立与新型标准体系配套的标准化管理体制。

和政府主导制定的标准不同，团体标准在标准制定主体上，鼓励具备相应能力的学会、协会、商会、联合会等社会组织和产业技术联盟会同相关市场主体共同制定满足市场和创新需要的标准，供市场自愿选用，增加标准的有效供给。在标准管理上，对团体标准不设行政许可，由社会组织和产业技术联盟自主制定发布，通过市场竞争优胜劣汰。国务院标准化主管部门会同国务院有关部门制定团体标准发展指导意见和标准化良好行为规范，对团体标准进行必要的规范、引导和监督。在工作推进上，选择市场化程度高、技术创新活跃、产品类标准较多的领域，先行开展团体标准试点工作。支持专利融入团体标准，推动技术进步。

根据国务院《深化标准化工作改革方案》，国家质检总局、国标委《关于培育和发展团体标准的指导意见》（国质检标联〔2016〕109 号），住房和城乡建设部办公厅《关于培育和发展工程建设团体标准的意见》（建办标〔2016〕57 号）的精神和要求，上海、天津等地已经着手推动绿色建筑团体标准的制定，制定了相关规范依据，如《上海市绿色建筑协会团体标准管理办法（试行）》《上海市绿色建筑协会团体标准编制工作细则（试行）》，明确提出，鼓励工程团体标准制定主体根据本市工程建设行业发展和市场需求，制定工程团体标准，填补政府标准空白，也可细化现行工程建设标准的相关要求，明确具体技术措施，或制定严于现行工程建设标准的工程团体标准，供社会自愿采用。2019 年 6 月 12 日，在 2019 绿色建筑标准化论坛上，上海市绿色建筑协会正式发布《健康建筑评价标准》《非固化橡胶沥青防水涂料应用技术规程》《光伏发电与预制外墙一体化技术规程》《沥青混凝土绿色生产及管理技术规程》等四项团体标准。河北省也应根据国家的有关要求，借鉴上海、天津等地的经验，鼓励有关社会团体主动承接团体标准的制定工作，积极培育发展绿色建筑团体标准。

四、引导企业制定更高要求的绿色建筑企业标准

企业标准是在企业范围内需要协调、统一的技术要求、管理要求和工作要求所制定的标准，是企业组织生产、经营活动的依据。国家鼓励企业自行制定严于国家标准或者行业标准的企业标准。企业标准由企业制定，由企业法人代表或法人代表授权的主管领导批准、发布。企业标准一般以"Q"标准的开头。建立企业产品和服务标准自我声明公开和监督制度，逐步取消政府对企业产品标准的备案管理，落实企业标准化主体责任。鼓励标准化专业机构对企业公开的标准开展比对和评价，强化社会监督。一般说来，企业标准有以下几种：企业生产的产品，没有国家标准、行业标准和地方标准的，制定的企业产品标准。为提高产品质量和技术进步，制定的严于国家标准、行业标准或地方标准的企业产品标准。对国家标准、行业标准的选择或补充的标准。工艺、工装、半成品和方法标准。生产、经营活动中的管理标准和工作标准。

为了引导河北省企业制定更高要求的绿色建筑企业标准，2015 年 2 月 15 日，河北省住房和城乡建设厅印发了《河北省工程建设企业标准监督管理办法》（冀建法〔2015〕4 号）（以下简称《办法》），对企业标准的制定、实施和监督管理活动进行了规范，主要内容如下：第一，企业标准的制定主体。根据该办法的规定，企业是企业标准制定和实施的主体，应当对企业标准的内容及实施结果承担责任。企业标准由企业组织制定，由企业法定代表人或者其授权人批准、发布。第二，企业标准的监督管理。根据该办法的规定，省住房城乡建设主管部门负责全省工程建设企业标准的

监督管理工作，具体工作由省工程建设标准化管理办公室负责。设区市、县（市）住房城乡建设主管部门负责本行政区域内工程建设企业标准的监督管理工作。省、市、县住房城乡建设主管部门，应当有计划、有组织地对工程建设企业制定、发布、实施的企业标准，是否符合有关法律、法规、标准及本《办法》规定情况进行监督检查。第三，企业标准的制定范围和要求。根据该《办法》的规定，对没有国家、行业或者地方标准的，需要在建设工程中应用的各类新技术、新材料、新工艺、新设备，工程建设企业应当制定企业标准，作为组织建设活动的依据，在企业内部适用。对已经有国家、行业或者地方标准的，鼓励企业根据自身情况及工程实际需要，制定优于国家、行业或者地方标准的企业标准。第四，企业标准的备案。根据该《办法》的规定，工程建设企业应当自企业标准发布之日起30日内，向省住房城乡建设行政主管部门备案。工程建设企业标准备案时，应当提交以下材料：企业标准批准发布文件一份；企业标准文本一份，附电子版；专家审查意见；企业法人营业执照复印件（加盖公章）。省住房城乡建设主管部门应当自收到备案材料之日起10个工作日内对经审查符合条件的，出具备案函、备案号，并在河北建设网予以公布；不符合条件的，应当书面说明理由。国家和本省限制或者禁止使用的建筑技术、工艺、材料、设备等，其企业标准备案不予受理。第五，企业标准的复审。根据该办法的规定，工程建设企业应当定期对企业标准进行复审，确定其继续有效、修订或者废止。复审结果应当及时向省住房城乡建设主管部门书面报告。企业标准复审周期三年，未在规定期限内复审或者不报告复审结果的，视为废止标准。当与企业标准相关的国家标准、行业标准、地方标准发布实施后，企业标准应及时复审，进行确认、修订或者废止。工程建设企业标准复审进行修订的，修订后重新备案。第六，企业标准的适用。根据该办法的规定，工程建设企业研制新技术、新材料、新工艺、新设备，应当符合标准化的要求，并按照规定进行标准化审查。未经标准化审查或者审查不合格的，其技术文件和图样不得用于建设活动。

五、推进与北京市、天津市绿色建筑地方标准协同工作

京津冀协同发展是当今中国三大国家战略之一（其他两个是"一带一

路"建设和长江经济带发展），拥有国家政策的大力支持，发展前景光明。京津冀地区同属京畿重地，战略地位十分重要。当前京津冀区域总人口已超过 1 亿人，面临着生态环境持续恶化、城镇体系发展失衡、区域与城乡发展差距不断扩大等突出问题。因而，推进与北京市、天津市绿色建筑地方标准协同工作，加强信息交流共享，促进京津冀绿色建筑产业协同发展，对于打造新型首都经济圈、实现京津冀协同发展具有重要意义。但是，目前无论是河北省的绿色建筑地方标准《绿色建筑评价标准》（DB13（J）/T113—2015），还是北京市的绿色建筑地方标准《绿色建筑评价标准》（DB11/T 825—2015）、天津市的绿色建筑地方标准《绿色建筑评价标准》（DB/T 29-204—2015），均滞后于京津冀三地绿色建筑产业发展需求，且存在评价标准不统一的问题，特别是河北的绿色建筑地方标准低于北京市和天津市的绿色建筑地方标准，严重影响了京津冀绿色建筑产业的协同发展。这就要求，京津冀三地应积极推进绿色建筑地方标准协同工作，建立京津冀绿色建筑地方标准协同机制，加强相关信息交流共享，特别是京津冀三地住房城乡建设主管部门应当依据新国家绿色建筑标准《绿色建筑评价标准》（GB/T 50378—2019），结合京津冀三地绿色建筑发展的实际情况，按照京津冀三地经济技术、资源等条件，吸收相关绿色建筑评估体系的经验，遵循绿色建筑目标切实可行、适度超前的原则，协同制定京津冀三地的绿色建筑地方标准，以促进京津冀绿色建筑产业协同发展。

> **第十条** 城市、镇总体规划确定的城镇建设用地范围内的新建民用建筑，应当按照一星级以上绿色建筑标准进行建设。下列建筑应当按照二星级以上绿色建筑标准进行建设：
>
> （一）政府投资或者以政府投资为主的建筑；
>
> （二）建筑面积大于二万平方米的大型公共建筑；
>
> （三）建筑面积大于十万平方米的住宅小区。
>
> 设区的市人民政府可以结合本地实际提高绿色建筑发展要求，促进绿色建筑规模化发展，推动城市新区、功能园区创建绿色生态城区、街区、住宅小区。

【本条主旨】

本条文是关于绿色建筑标准适用范围以及促进绿色建筑规模化发展的规定。

【本条释义】

一、绿色建筑标准及其适用范围

根据新国家绿色建筑标准《绿色建筑评价标准》（GB/T 50378—2019）的规定，绿色建筑标准划分为基本级、一星级、二星级、三星级 4 个等级。其中，基本级为新国家绿色建筑标准《绿色建筑评价标准》（GB/T 50378—2019）增加的等级，使绿色建筑标准由原来的三级变为四级。当满足全部控制项要求时，绿色建筑标准应为基本级。其他绿色建筑星级标准应按下列规定确定：一星级、二星级、三星级 3 个等级的绿色建筑均应满足本标准全部控制项的要求，且每类指标的评分项得分不应小于其评分项满分值的 30%；一星级、二星级、三星级 3 个等级的绿色建筑均应进行全装修，全装修工程质量、选用材料及产品质量应符合国家现行有关标准的规定；当总得分分别达到 60 分、70 分、85 分且应满足下表的要求时，绿色建筑标准分别为一星级、二星级、三星级。

附表 1　一星级、二星级、三星级绿色建筑的技术要求

	一星级	二星级	三星级
围护结构热工性能的提高比例，或建筑供暖空调负荷降低比例	围护结构提高 5%，或负荷降低 5%	围护结构提高 10%，或负荷降低 10%	围护结构提高 20%，或负荷降低 15%
严寒和寒冷地区住宅建筑外窗传热系数降低比例	5%	10%	20%
节水器具用水效率等级	3 级	2 级	
住宅建筑隔声性能	—	室外与卧室之间、分户墙（楼板）两侧卧室之间的空气声隔声性能以及卧室楼板的撞击声隔声性能达到低限标准限值和高要求标准限值的平均值	室外与卧室之间、分户墙（楼板）两侧卧室之间的空气声隔声性能以及卧室楼板的撞击声隔声性能达到高要求标准限值

续表

	一星级	二星级	三星级
市内主要空气污染物浓度降低比例	10%	20%	
外窗气密性能	符合国家现行相关节能设计标准的规定，且外窗洞口与外窗本体的结合部分应严密		

注：1. 围护结构热工性能的提高基准、严寒和寒冷地区住宅建筑外窗传热系数降低基准均为国家现行相关建筑节能设计标准的要求。
2. 住宅建筑隔声性能对应的标准为现行国家标准《民用建筑隔声设计规范》GB 50118。
3. 市内主要空气污染物包括氨、甲醛、苯、总挥发性有机物、氡、可吸入颗粒物等，其浓度降低基准为现行国家标准《室内空气质量标准》GB/T 18883 的有关要求。

为了规范河北省绿色建筑评价工作，引导河北省绿色建筑健康发展，本《条例》明确要求，河北省新建民用建筑必须要符合绿色建筑标准，达到一定的绿色建筑等级。根据《住房城乡建设部关于印发〈建筑节能与绿色建筑发展"十三五"规划〉的通知》（建科〔2017〕53号）"有条件地区适当提高政府投资公益性建筑、大型公共建筑、绿色生态城区及重点功能区内新建建筑中高性能绿色建筑建设比例"，《国务院办公厅关于转发发展改革委　住房城乡建设部〈绿色建筑行动方案〉的通知》（国办发〔2013〕1号）"全面推进城乡建筑绿色发展，重点推动政府投资建筑、保障性住房以及大型公共建筑率先执行绿色建筑标准"。本《条例》对河北省新建民用建筑要达到的绿色建筑等级分别作了要求，对政府投资或者以政府投资为主的建筑、建筑面积大于2万平方米的大型公共建筑、建筑面积大于10万平方米的住宅小区作了较高的绿色建筑等级要求，即城市、镇总体规划确定的城镇建设用地范围内的新建民用建筑，应当按照一星级以上绿色建筑标准进行建设。政府投资或者以政府投资为主的建筑、建筑面积大于2万平方米的大型公共建筑、建筑面积大于10万平方米的住宅小区应当按照二星级以上绿色建筑标准进行建设。这里需要说明的是，其一，关于"政府投资或者以政府投资为主的建筑"。根据《中华人民共和国审计法实施条例》第二十条的规定，政府投资和以政府投资为主的建设项目，包括：一是全部使用预算内投资资金、专项建设基金、政府举借债务筹措的资金等财政资金的；二是未全部使用财政资金，财政资金占项目总投资的比例超过50%，或者占项目总投资的比例在50%以下，但政府拥有项目建设、运营实际控制权的。其二，关于"建筑面积大于 2 万平方米的大型公共建筑"。根据原建设部、国家发展和改革委员会、财政部、原监察部、审计署印发的《关于加强大型公共建筑工程建设管理的若干意见》（建质〔2007〕1 号），大型公共建筑一般指建筑面积 2 万平方米以上的办公建筑、商业建筑、旅游建筑、科教文卫建筑、通信建筑以及交通运输用房。河北省城镇每年竣工建筑面积约 6000 万平方米，其中约 20% 为公共建筑，计 1200 万平方米。大于 2 万平方米的大型公共建筑约占 1/3，计 400 万平方米。其三，关于"建筑面积大于 10 万平方米的住宅小区"。经河北省政府批准的《河北省住房和城乡建设厅关于印发〈河北省建筑节能与绿色建筑发展"十三五"规划〉的通知》（冀建科〔2017〕12 号）要求全面执行绿色建筑标准。各市（含定州、辛集市）创建一批 20 万平方米以上、各县（市）创建一批 10 万平方米以上高星级绿色建筑品牌小区。河北省城镇每年竣工建筑面积约 6000 万平方米，其中约 80% 为居住建筑，计 4800 万平方米。大于 10 万平方米的居住小区约占 1/2，计 2400 万平方米。

上述建筑将成为引领示范和突破口，带动全省绿色建筑发展。其重点实施范围包括：本省行政区域全部或部分使用财政资金或国有资金占主导的新建民用建筑项目；保障性住房建设项目；绿色建筑集中示范区的新建民用建筑项目；10 万平方米以上新建住宅小区内的居住建筑项目；2 万平方米以上的大型公共建筑项目。上述项目将按照绿色建筑标准进行规划、立项、建设和管理，将严格按《民用建筑绿色设计规范》（JGJ/T 229—2017）进行设计建造，至少达到《绿色建筑评价标准》（GB/T 50378—2019）二星级的要求。在此需要说明的是，由于本《条例》制定通过时，新国家绿色建筑标准《绿色建筑评价标准》（GB/T 50378—2019）尚未颁布实施，因而，本《条例》规定的绿色建筑等级依然是一星级、二星级、三星级 3 个等级，缺少基本级[1] 可以预计的是，未来本《条例》修订时，将会对河北省新建建筑增加"基本级"的绿色建筑标准要求。

---

[1]　对此，河北省人大常委会法工委法规一处处长蒋育良在解读《河北省促进绿色建筑发展条例》时指出："目前国家标准正在修订，征求意见稿中提出增加'基本级'，但是因为是征求意见稿，我们仍然根据现行标准确定为三个等级。"

二、设区的市人民政府应促进绿色建筑规模化发展

2016 年 7 月 6 日，住房和城乡建设部印发的《住房城乡建设事业"十三五"规划纲要》（以下简称《纲要》）提出，到 2020 年，城镇新建建筑中绿色建筑推广比例超过 50%，绿色建材应用比例超过 40%，新建建筑执行标准能效要求比"十二五"期末提高 20%。装配式建筑面积占城镇新建建筑面积的比例达到 15% 以上。北方城镇居住建筑单位面积平均供暖能耗下降 15% 以上，城镇可再生能源在建筑领域消费比重稳步提升。部分地区新建建筑能效水平实现与国际先进水平同步。同时提出，制定实施我国建筑节能标准提升路线图，推动实施更高要求的节能强制性标准。分类制定建筑全生命周期能源消耗标准定额，积极推进工程建设标准化改革工作。加快制定全文强制性标准，逐步用全文强制性标准取代现行标准中分散的强制性条文。适度提高标准对安全、质量、性能、健康、节能等强制性指标的要求。

根据《纲要》的要求，我省十一个设区的市人民政府可以结合本地实际提高绿色建筑发展要求，采取措施，促进本地区绿色建筑规模化发展，推动城市新区、功能园区创建绿色生态城区、街区、住宅小区。具体说来：第一，我省设区的市人民政府可以结合本地实际提高绿色建筑发展要求。由于我省各设区的市经济社会发展程度不同，上述的新建民用建筑的绿色建筑标准要求只是最低限度的要求，各设区的市人民政府可以结合本地实际提高绿色建筑发展要求，对本行政区域内的新建民用建筑的绿色建筑标准做出更高要求，以发挥模范示范作用，促进河北省绿色建筑的跨越式发展。例如，近年来，秦皇岛市通过制定出台管理和技术体系、细化、完善监管体系，推出典型示范工程，加大应用推广等措施，全力推进绿色建筑产业的发展，绿色建筑数量和面积始终保持全省领先。因而，秦皇岛市结合本地实际不断提高绿色建筑发展要求。2013 年，该市制定出台了"1+1+8"管理和技术体系，即《关于大力推进绿色建筑发展的实施意见》+《绿色建筑管理办法》+8 个配套文件，明确了发展绿色建筑的目标任务。同年，城市区部分 2 万平方米以上大型公共建筑、10 万平方米及以上住宅小区、北戴河新区所有建筑率先执行绿色建筑标准。2014 年，城

市区内所有新建建筑全部按照绿色标准进行规划、设计、建设和管理。2015 年，全市行政区内新建建筑全部按照绿色标准进行规划、设计、建设和管理。2016 年，秦皇岛市新建居住建筑全面执行 75% 节能标准。2017 年，该市提出新建 5000 平方米以上的公共建筑和 5 万平方米以上的住宅小区项目按照绿色建筑二星级以上标准进行规划、设计和建设，进一步推进高星级绿色建筑的发展。2018 年，该市又对《关于大力推进建筑产业现代化发展的实施意见》进行了修改，提出到 2022 年，秦皇岛经济技术开发区、北戴河新区装配式建筑占新建建筑面积比例应达到 60% 以上，其他区、县分别达到 40%、30% 以上；到 2025 年，全市装配式建筑占新建建筑面积比例达到 60% 以上。[1]

第二，我省设区的市人民政府要采取措施，促进本地区绿色建筑规模化发展，推动城市新区、功能园区创建绿色生态城区、街区、住宅小区。对此，《河北省建筑节能与绿色建筑发展"十三五"规划》明确提出，要扩大规模，提升品质，即"全面执行绿色建筑标准。各市（含定州、辛集市）创建一批 20 万平方米以上、各县（市）创建一批 10 万平方米以上高星级绿色建筑品牌小区。获得绿色建筑评价标识项目中二星级及以上项目比例超过 80%，并提高获得运行标识项目所占比例。建立第三方评价机制，完善评价监督制度"。但目前绿色建筑推广面临一些难题，如增量成本的制约。由于绿色建筑使用了隔热性能好的门窗材料等新技术、新材料，从建筑的全寿命周期看，绿色建筑投入产出比明显高于传统建筑，在后期使用过程中，节水、节电、节能等方面体现明显优势——5 年到 7 年能收回在建设环节增加的成本。但在建造环节的当期投入增加，使得建设单位考虑到成本的问题，往往不愿意增加投入，甚至一些开发商还会以次充好，以节约成本。鉴于推广绿色建筑面临前期投入成本高等难题，各地公共建筑应当作为绿色建筑推广表率，率先采用装配式建筑，进而带动民用建筑等全面推广绿色建筑。此外，还要严格督促大型公共建筑、保障性安居工程以及政府投资的公共建筑执行绿色建筑标准，严肃查处绿色建筑强制实施范围内未按绿色建筑标准设计建造的项目，引导房地产项目按绿

---

〔1〕《秦皇岛大力推进绿色建筑产业发展》，http://www.gbwindows.cn/news/201810/12324.html。

色建筑标准设计建造，发挥项目示范效应，建设一批高质量绿色建筑，促进绿色建筑规模化发展，在城市新区、功能园区创建一批绿色生态城区、街区、住宅小区。

> **第十一条** 省人民政府住房城乡建设主管部门应当编制本省的农村住房建筑设计规范，引导农村的公共建筑、住宅小区应用装配式建筑技术、墙体保温技术、高性能门窗技术和太阳能、生物质能等可再生能源应用技术，按照绿色建筑标准进行建设和改造。
>
> 鼓励农村个人自建住宅等新建建筑参照绿色建筑标准进行建设。

【本条主旨】

本条文是关于促进农村地区绿色建筑发展的规定。

【本条释义】

一、编制农村住房建筑设计规范

我国绿色建筑领域的设计规范、技术标准主要是面向城市的。尽管这些设计规范和技术标准对新农村建设绿色建筑工作具有指导意义，但是，在许多具体问题上，难以适应农村地区的特殊需求。绿色建筑涉及村镇规划、资金筹措、技术标准等问题，不能生搬硬套现有的建筑节能领域的设计规范和技术标准，而是要结合农村的实际情况，编制相应的农村住房建筑设计规范。为此，2018 年 8 月 31 日，河北省住房和城乡建设厅印发了《河北省农村住房建筑设计导则》（000218069/2018—00931）（以下简称《导则》），主要针对不需要专门进行建筑设计的新建二层及以下农村住房，明确了绿色建筑的相关要求和工程措施。

《导则》共分为场地与规划、建筑设计、结构设计、保温与智能取暖、给排水与电气设计等八部分内容。《导则》综合考虑农村住房的特点、自然条件以及农村生活生产习惯，在提升农村住房安全性能的基础上，重点突出节能措施的应用和智能取暖的要求，提高建筑效能，促进农村气代煤、电代煤的实施。根据模拟测试，在门窗、墙体、屋面、地面等部位，若均按《导则》采用节能措施的新建农村住房，与未采用节能技术的农房比较，采暖期可节约能耗65%左右。在建筑设计方面，根据农村住房安全和节能要求，《导则》对新建农村住房建筑布局、平立面，以及不同地区窗墙比限值等，作出具体规定。既保证新建农村住房建筑设计方案科学合理、具有地方特色，又有利于建筑节能。在保温和智能取暖方面，《导则》结合农村地区清洁取暖实际，就燃气壁挂炉、蓄热式电暖器、空气源热泵、太阳能光热＋辅助热源、生物质、清洁煤取暖等，明确智能控制要求。在散热设备方面，通过并联式取暖系统，达到分时、分区智能控制，满足行为节能要求。此外，为指导新型结构体系在农村住房中的应用，《导则》对低层轻钢结构体系、装配整体式混凝土异型构件建筑体系、CL建筑体系、EPS模块剪力墙体系进行了介绍。

河北省人民政府住房城乡建设主管部门应当按照《导则》的要求，编制本省的农村住房建筑设计规范，应制定完整的农村节能建筑的设计、施工、检测和验收技术规范体系，对各个阶段的技术标准做出全面细致的说明。对即将建设的农村公共建筑、住宅小区的关键部位和节点提出明确的验收标准参数，并且要求项目管理人员严格参照执行。

二、引导农村按照绿色建筑标准进行建设和改造

省人民政府住房城乡建设主管部门编制河北省的农村住房建筑设计规范的目的，在于引导河北省广大农村地区应用绿色建筑技术，按照绿色建筑标准进行建设和改造。但长期以来，河北省农村住宅主要是居民自建自主，缺乏建筑规范设计，超九成农村房屋无抗震措施，很少采取节能措施，建筑物性能较差，面临着以下问题：其一，村镇居住建筑设计水平较低，对节能建筑缺乏理解，对如何发掘和再利用当地传统住宅的合理要素，最大化地利用当地建材，减少居住建筑运行能耗，实现可持续发展缺乏技术支持及示范。其二，农村建筑工匠缺乏节能意识，对相关法规、政策了解不够。村镇居住建筑多由当地小施工队建造，为降低投资，施工方采用一些价格低但热工性能不达标的产品或者随意更改设计，如采用低密度聚苯板、普通阳台木门、去掉阳台窗的一层玻璃等。为方便施工，在不影响结构功能的情况下忽视围护结构保温功能。其三，目前我国对建筑节

能技术的研究和利用主要停留在城市中，对农村住宅节能的研究才刚刚起步，缺乏针对农村住宅建筑热工和建筑节能方面的标准规范依据。其四，农村节能建筑市场上达到节能要求的保温隔热材料种类和数量均较少，即使已有的几种节能产品也很少得到运用，且材料和产品质量难以保证；另外，这些保温材料大多没有结合地方特色，没能挖掘出廉价节能型的农村地方建筑材料。[1]

为此，2017 年 3 月 1 日，住房和城乡建设部根据《国民经济和社会发展第十三个五年规划纲要》和《住房城乡建设事业"十三五"规划纲要》，组织编制了《建筑节能与绿色建筑发展"十三五"规划》（建科〔2017〕53 号），明确提出了积极推进农村建筑节能的任务，具体包括：一要积极引导节能绿色农房建设。鼓励农村新建、改建和扩建的居住建筑按《农村居住建筑节能设计标准》（GB/T 50824）、《绿色农房建设导则（试行）》等进行设计和建造。鼓励政府投资的农村公共建筑、各类示范村镇农房建设项目率先执行节能及绿色建设标准、导则。紧密结合农村实际，总结出符合地域及气候特点、经济发展水平、保持传统文化特色的乡土绿色节能技术，编制技术导则、设计图集及工法等，积极开展试点示范。在有条件的农村地区推广轻型钢结构、现代木结构、现代夯土结构等新型房屋。结合农村危房改造稳步推进农房节能改造。加强农村建筑工匠技能培训，提高农房节能设计和建造能力。二要积极推进农村建筑用能结构调整。积极研究适应农村资源条件、建筑特点的用能体系，引导农村建筑用能清洁化、无煤化进程。积极采用太阳能、生物质能、空气热能等可再生能源解决农房采暖、炊事、生活热水等用能需求。在经济发达地区、大气污染防治任务较重地区农村，结合"煤改电"工作，大力推广可再生能源采暖。《河北省建筑节能与绿色建筑发展"十三五"规划》也明确提出了推进农村建筑节能的任务，并部署了相关工作，即一要推广新型节能结构体系。二要开展新型节能结构体系试点示范，推动建筑保温与结构一体化、装配式建筑等新型结构体系在农村建筑中的应用。三要开展节能改造。结合"美丽乡村"建设，加大农村危房改造建筑节能示范力度，扩大

---

〔1〕《绿色农房建设需要相应的政策引导和支持》，http：//www.shaanxijs.gov.cn/zixun/2014/7/73430.shtml？t=152。

农村建筑节能示范地域及数量，覆盖到每个县。开展农村建筑节能改造示范，带动农村建筑节能改造工作。四要推广新能源和新型建材。开展被动式太阳房试点，推广太阳能、地源热泵、空气源热泵及相互结合采暖和太阳能热水系统，鼓励新能源、可再生能源在农村建筑中的应用。开展新型建材下乡行动，促进新型建材在村镇建设中的应用。

2017 年 4 月，为积极引导河北省村镇绿色建筑的发展，落实国家节能、节地、节水、节材和环境保护的要求，根据河北省住房和城乡建设厅《2016 年度省工程建设标准和标准设计第一批编制计划》（冀建办质〔2016〕19 号）要求，河北省住房和城乡建设厅印发了《村镇绿色建筑评价标准》，为引导农村按照绿色建筑标准进行建设和改造提供了具体的标准依据。《村镇绿色建筑评价标准》适用于河北省行政区域内村庄和集镇、县城、设市城市建成区以外建制镇的 3 层及 3 层以下的住宅建筑和办公建筑、卫生院、幼儿园、学校类公共建筑的评价。《村镇绿色建筑评价标准》共分为 5 章，主要内容包括：总则；术语；基本规定；住宅建筑；公共建筑。其中，本标准的基本规定如下：第一，基本要求。一是村镇绿色建筑的评价应以单栋建筑或建筑群为评价对象。评价单栋建筑时，凡涉及系统性、整体性的指标，应基于该栋建筑所属工程项目的总体进行评价。二是申请评价方应进行建筑全寿命周期技术和经济分析，合理确定建筑规模，选用适当的建筑技术、设备和材料，并提交相应分析报告。三是申请评价方应按本标准的有关要求，对规划、设计与施工阶段进行过程控制，并提交相关资料。第二，评价与等级划分。一是村镇绿色建筑评价指标体系由节地与室外环境、节能与能源利用、节水与水资源利用、节材与材料资源利用、室内环境质量、施工管理和运营管理七类指标组成。每类指标包括控制项、一般项与优选项。二是村镇绿色建筑应满足本标准第 4 章住宅建筑或第 5 章公共建筑中所有控制项的要求，并按满足一般项数和优选项数的数量，划分为一星、二星和三星三个等级，每个星级满足的项数应符合附表 2 和附表 3 的要求。三是当本标准中某条文不适应建筑所在地区、气候与建筑类型等条件时，该条文可不参与评价，参评的总项数相应减少，等级划分时对项数的要求可按原比例调整确定。四是本标准中定性条款的评价结论为通过或不通过。

附表 2　划分绿色建筑等级的项数要求（住宅建筑）

等级	一般项数（共 47 项）		优选项数 （共 11 项）
	应满足的总项数	每类指标至少满足 的项数	
一星	22	1	-
二星	29	2	3
三星	36	3	6

附表 3　划分绿色建筑等级的项数要求（公共建筑）

等级	一般项数（共 38 项）		优选项数 （共 16 项）
	应满足的总项数	每类指标至少满足 的项数	
一星	21	1	—
二星	28	2	6
三星	34	3	10

此外，为了引导河北省广大农村地区按照绿色建筑标准进行建设和改造，河北省出台了政策支持和保障措施。如根据《河北省人民政府办公厅关于大力发展装配式建筑的实施意见》（冀政办字〔2017〕3 号）的规定，一是财政支持政策。在 2020 年底前，对新开工建设的城镇装配式商品住宅和农村居民自建装配式住房项目，由项目所在地政府予以补贴，具体办法由各设区的市（含定州、辛集市）制定。二是加强工作推动。结合美丽乡村建设，在农村居民自建住房项目中大力开展装配式住房试点。张家口、石家庄、唐山、保定、邯郸、沧州市要根据当地情况划定一定范围全面推行装配式建造方式。鼓励其他市、县根据当地情况划定一定范围全面推行装配式建造方式。据省墙材革新和节能管理办公室、省建筑产业现代化促进中心主任郁达飞介绍："现在我们正在农村大力度推广装配式住宅，并择优选定了 22 个试点县，主要推动 PC（预制混凝土构件的简称，在工厂通过标准化、机械化方式加工生产的混凝土制品）、CL（复合混凝土剪力墙结构体系，既能承重又有良好保温性能）、EPS（由可发性聚苯乙烯珠粒加热发泡后，再通过工厂标准化生产设备一次加热聚合成型，制得周边均有插接企口或搭接裁口、内外表面有均匀分布燕尾槽并与建筑结构有机结

合的聚苯乙烯泡沫塑料型材或构件）等建筑体系，还有钢结构、现代木结构、混合结构建筑。我们的目的是按百姓需求，因地制宜、因户制宜，为他们提供适用的房屋建造技术，并且送技术到田间地头。"[1]据统计，截止到 2017 年，保定市有 400 余户农民自建房中使用 CL 体系、混凝土多孔砖和外墙外保温技术。张家口市装配式 CL 集成住宅成规模化试验示范性建设项目在"美丽农村"、新民居项目建设中逐步推广使用。邢台市任县大力推广应用空腔 EPS 模块建造体系，已有 4 个乡镇 7 套农房示范，正不断扩大应用范围。辛集市已应用新墙材建成 600 余套民房，与清华大学联建装配式复合墙结构体系、预制轻混凝土凹槽板技术体系、钢结构体系等六大结构体系示范样板房，让大家看得见、摸得着、用得上，实现从送墙材到建材再到示范房的转变，深受百姓及同行好评。[2]

三、鼓励农村个人自建住宅等新建建筑参照绿色建筑标准进行建设

农房在我国房屋占比中为 50% —60% ，而其中，90% 以上的农房是农民自建。因而，鼓励农村个人自建住宅等新建建筑参照绿色建筑标准进行建设，对于促进河北省绿色建筑发展意义重大。总结省内外经验，为了鼓励农村个人自建住宅等新建建筑参照绿色建筑标准进行建设，河北省各级人民政府及其住房城乡建设主管部门应采取以下措施。

第一，推广绿色农房建设的"河北模式"。"河北模式"是结合河北实际，因地制宜地推广绿色农房建造新理念、新技术，并由此形成发展模式。概括起来，"河北模式"有三大特点：一是立足河北，集成全国技术智库，构建技术标准体系，以点带面，集成示范，通过技术下乡千里行，宣传推广，惠及百姓，形成了绿色农房建造新理念、新技术发展的"星火燎原"之势。二是组织周密。由河北省住建厅牵头，市县住建局及乡镇村层层跟进，形成了全方位推进的态势。层层落实在组织，实实在在看百姓。三是着力发展新技术——装配式绿色农房抗震节能结构体系。"河北

---

〔1〕　郁达飞：《装配式建筑迎来发展春天》，http：//www. qgjgexpo. com/newsdetail. asp？id =1500。

〔2〕　《把新型墙材下乡"千里行"活动引向深入——访省墙材革新和建筑节能管理办公室主任郁达飞》，http：//zhuanti. hebnews. cn/2017-08/02/content_ 6578845. htm。

模式"准确来讲叫作分类别分区域研究,给老百姓提供菜单式服务。这是鉴于我省地形地貌的多样性(沿海、山区、坝上高原及平原)和产业发展具有明显的区域差异,划分为冀东、冀南、冀北和冀中片区,统筹推进装配式混凝土结构(含 CL 建筑体系和 EPS 模块技术)、钢结构、木结构,坚持因地制宜、示范工程引领。在具体推进中,我省坚持一手抓城市,一手抓农村。省委、省政府十分重视在"美丽乡村"建设中推广低层装配式住宅。特别是在 2016 年取缔 2780 座实心粘土砖瓦窑后,为满足百姓建房需求,全省启动了新型建材(技术)下乡宣传千里行活动,采取省、市、县三级联动的模式,省级层面选取 3—5 个县,设区市选取 2 个以上的县,县级层面选取 2—3 个行政村开展系列活动,同时培训乡镇村干部、村民和农村工匠代表,真正让装配式建筑在农村落地生根。千里行活动开展三年来,取得了实实在在的效果,老百姓得到了实实在在的实惠,典型示范作用在发挥引领。[1] 因而,我们应进一步总结并推广绿色农房建设的"河北模式",鼓励农村个人自建住宅等新建建筑参照绿色农房标准进行建设。

第二,开展农村绿色节能房示范与指导活动。一是深入了解农民群众建房需求,本着自愿的原则,精心选择建房农户,要全面考察实施单位,在建造技术、生产质量、施工水平、成本控制等方面把好关。二是在示范建设绿色农房过程中,地方质量安全监管部门要全程参与,切实把好质量关,项目竣工后,要及时组织验收。三是各地要制订宣传计划,编制宣传材料,大力宣传推广绿色节能农房意义,并普及相关知识,提高全社会的认知度。[2]

第三,经济鼓励措施。河北省各级人民政府及其住房城乡建设主管部门应从本区域经济发展状况出发,统筹考虑进行建设资金资助的区域差别及其资助力度。对于经济情况相对落后的地区,政府资助力度应稍强;经济较发达地区的农村居民建房资金本来就比较充裕,再辅之以一定的政府资助和政策引导,可以起到较快的示范和仿效效应。例如,根据河北省住房和城乡建设厅 2018 年 2 月 11 日印发的《关于开展河北省农村住房门窗

---

〔1〕《住建专家畅谈河北民居新模式》,http://www.ecolearn.cn/news/show.asp?bh=2067。
〔2〕郁达飞、刘敬疆:《推广农村绿色节能建筑 开展施工图下乡活动》,载《住宅产业》2018年第 10 期。

节能改造试点申报工作的通知》（冀建村〔2018〕5 号）的规定，2018 年全省安排门窗改造 2500 户左右，平均每户补助 4000 元左右。开展试点工作的县（市、区），可根据当地实施情况，按照农户人口、改造工作量等情况，制定具体分类补助标准，但补助资金必须全部用于门窗节能改造。保定市望都县 2016 年 3 月出台了《关于加快推进住宅产业现代化发展的实施意见（试行）》，县财政结合钢结构住宅开发面积给予购房户每平方米 100—150 元的补贴，在土地出让中对使用钢结构开发建筑面积达到 30% 以上的竞价人予以优先出让。还可以采取经济补贴、税费减免和信用贷款等方式，鼓励研发单位和企业不断加强对高新节能材料的研究，鼓励在现有各种节能材料的基础上进行复合性研究，充分利用太阳能、生物质能等可再生能源，如可利用农村的自然资源条件优势，在空心绿色保温砖中添加空壳稻谷，既可实现废物利用又能在一定程度上提高墙体的保温绿色效果。

第四，加强组织领导和工程监管。在新农村社区建设和农村危房改造中，要把新型墙材和建筑节能工作放到十分重要的位置上。各乡镇是新型农村社区建设的责任主体，各乡镇党委、政府要履行主体责任，确定建设对象，全面展开会战攻坚。各有关部门也要各司其职、密切配合，形成工作合力，确保新型农村社区建设和建筑节能快速推进。要把农房集中建设改造项目纳入工程建设程序，由县级以上建设部门实施全过程监管，并请农民派代表参加监督，确保工程质量和施工安全不出问题。在强化督查考核方面，政府可将新型农村社区建筑节能建设列入县区、乡镇和市直有关部门年度全方位目标考核，与各县区、乡镇和市直有关部门签订年度目标责任书，新型农村社区建设指挥部要建立联席会议、定期调度、专项考核、巡回检查、信息报送等规章制度，对各乡镇实物量完成情况和工程进度进行调度检查、定期通报，确保按时完成建设任务。

第五，移风易俗，加强宣传教育与习惯养成。新农村建设绿色建筑工作本身是一个移风易俗的过程。在这一过程中，非正式制度可以对正式的法律空间做出部分的替代或补充。农村地区的血缘关系浓厚，风俗习惯和生活方式受传统势力影响较大。传统的农民住宅，许多都是农村个体工匠根据自己的经验建造，随意性较强。在一些村庄，存在"三重三轻"的现象，即重住房建设，轻设施和环境配套建设；重房屋的数量和面积，轻使用功能和舒适性；重建筑外观，轻建筑节能。由于缺乏统一的、科学合理的规划标准，出现了农户随心所欲建造楼房的乱象，甚至出现互相攀比，造成建筑高能耗。以上问题，在很大程度上可以归因于落后的观念和习俗。因此，在新农村建设中，有关建筑节能的宣传教育和习惯养成格外重要。具体言之，一要加强舆论引导，增强新农村建设节能建筑的紧迫感。要充分利用报纸刊物、广播电视等多种渠道广泛宣传建设新型农村社区的重大意义和优惠政策，还要向农民推荐节能、节水、节材的新技术、新材料与新产品，形成全社会支持配合的浓厚氛围。二要普及节能知识，树立节能意识，促进行为节能。要编写绿色建筑和建筑节能科普读物，其中电子资料要可以免费下载，要接地气，要让农民群众看得懂宣传资料，要让农民群众听得明白讲解，让农民群众了解节能建筑的特点和要素。要通过算账，让农民意识到按绿色建筑标准进行自建住宅建设在经济上是合算的，一次投入，终生受益，进而提高建筑节能的自觉性。例如，从目前看，装配式建筑实现了 20% 节能，30% 节材，60% 节水，节省 25% 人工。建材可以再利用率达到 50%。三要及时总结推广先进经验，搞好试点，树立典型，以点带面。要对农村绿色建筑制定统一的认定标准，验收房屋时要颁发绿色建筑认定标志。通过典型示范带动新型农村社区建设绿色建筑，让农民群众真正感受到建筑节能带来的好处，激发他们的积极性和主动性。

> **第十二条** 设区的市、县级人民政府城乡规划主管部门应当将绿色建筑专项规划相关内容纳入控制性详细规划，根据控制性详细规划在建设用地规划条件中明确绿色建筑等级要求和控制指标，并纳入建设工程规划审查和规划条件核实。

【本条主旨】

本条文是关于应将绿色建筑专项规划相关内容纳入控制性详细规划的规定。

【本条释义】

20 世纪 90 年代，伴随着城市规划法的颁布实施，原建设部陆续出台了《城市规划编制办法》（原建设部令第 146 号）和《城市规划编制办法实施细则》（建规〔1995〕333 号），提出中国的城市详细规划分为控制性详细规划和修建性详细规划两个层次，并进一步明确了各自的编制内容和成果形式。2007 年，城乡规划法开始实施，对控制性详细规划成果又提出了更加规范和完善的要求。从此，具有中国特色的控制性详细规划作为连接城市总体规划和详细规划之间的"桥"，正式上升为法定规划，成为审批城市土地使用和建设项目的法律依据。控制性详细规划的提出，对于科学使用城市土地、促进城市经济快速发展、加速中国城市化进程起到了积极作用。为积极推动中国特色城市设计实践活动的深入开展，2017 年 3 月，住房和城乡建设部选择了 20 个城市作为新一轮城市设计实践的第一批试点城市，并同时出台了《城市设计管理办法》（住房和城乡建设部令第 35 号），这一举措对于从实务角度探索具有中国特色的城市设计无疑有着积极的意义。设区的市、县级人民政府城乡规划主管部门将绿色建筑专项规划纳入控制性详细规划，给城市制定了一个清晰的绿色城市发展体系，把绿色建筑从设计与建造的实施层面提升并融入城市发展的空间体系和战略层面，这是该规定的重要意义。该规定所带来的积极效应，不仅能影响河北，对于国内其他城市相关工作的开展也能起到极强的借鉴作用。

根据住房和城乡建设部 2010 年 12 月 1 日印发的《城市、镇控制性详细规划编制审批办法》的规定，控制性详细规划（regulatory plan）是城市、乡镇人民政府城乡规划主管部门根据城市、镇总体规划的要求，用以控制建设用地性质、使用强度和空间环境的规划。根据《城市规划编制办法》（原建设部令第 146 号）第二十二条至第二十四条的规定，根据城市规划的深化和管理的需要，一般应当编制控制性详细规划，以控制建设用地性质、使用强度和空间环境，作为城市规划管理的依据，并指导修建性详细规划的编制。控制性详细规划主要以对地块的用地使用控制和环境容量控制、建筑建造控制和城市设计引导、市政工程设施和公共服务设施的配套，以及交通活动控制和环境保护规定为主要内容，并针对不同地块、不同建设项目和不同开发过程，应用指标量化、条文规定、图则标定等方式对各控制要素进行定性、定量、定位和定界的控制和引导。控制性详细规划是城乡规划主管部门作出规划行政许可、实施规划管理的依据，并指导修建性详细规划的编制。经批准后的控制性详细规划具有法定效力，任何单位和个人不得随意修改。因而，将绿色建筑专项规划相关内容纳入控制性详细规划，根据控制性详细规划在建设用地规划条件中明确绿色建筑等级要求和控制指标，并纳入建设工程规划审查和规划条件核实，就有利于发挥规划的引领作用，体现绿色建筑的等级要求，引导各开发地块落实绿色控制指标，建筑工程按绿色建筑标准进行规划设计。另外，设区的市、县级人民政府城乡规划主管部门在编制或修编控制性详细规划时，应参考绿色建筑专项规划中确定的重要指标要求，并根据实际情况，落实绿色建筑相关目标、区域或用地层面相关关键性指标等。此外，根据《河北省人民政府办公厅关于大力发展装配式建筑的实施意见》的要求，设区的市、县级人民政府城乡规划主管部门在编制和修改控制性详细规划时，应增加建造方式的控制内容；在规划实施管理过程中，应将建造方式的控制内容纳入规划条件。国土资源部门应当落实该控制性详细规划，在用地上予以保障。

> **第十三条**　县级以上人民政府土地行政主管部门在土地出让或者划拨时，应当将建设用地规划条件确定的绿色建筑等级要求纳入国有土地使用权出让合同或者国有土地划拨决定书。

【本条主旨】

本条文是关于国有土地出让或者划拨时应落实绿色建筑等级要求的规定。

【本条释义】

一、绿色建筑等级要求纳入国有土地使用权出让合同

我国国有土地出让行为受房地产管理法、土地管理法等法律规制。国

有土地出让指的是国家以土地所有者的身份将土地使用权在一定年限内让与土地使用者，并由土地使用者向国家支付土地使用权出让金的行为。国有土地出让主要包括挂牌、协议出让、招标和拍卖四种形式。根据《城市、镇控制性详细规划编制审批办法》的规定，国有土地使用权的划拨、出让应当符合控制性详细规划。《河北省人民政府办公厅转发省发展改革委省住房城乡建设厅〈关于开展绿色建筑行动创建建筑节能省实施意见〉的通知》也明确要求，"在国有土地使用权依法出让转让时，要明确绿色建筑比例等相关绿色发展指标"。因而，县级以上人民政府土地行政主管部门在土地出让时，应当将建设用地规划条件确定的绿色建筑等级要求纳入国有土地使用权出让合同，这样有利于做到源头管控，落实规划条件和绿色建筑标准要求，将会成为加快绿色建筑发展的一大推动力。该规定有利于绿色建筑从规划设计起步，而不是在完成设计之后进行修补。同时也加强了开发商对绿色建筑的理解，促其从绿色建筑探索迈向了绿色建筑开发，更能体现绿色地产的本质。早在2012年3月召开的第八届国家绿色建筑与建筑节能大会上，时任住房和城乡建设部副部长仇保兴就指出，绿色建筑应该与土地招拍挂环节联系起来，并将出台绿色建筑按星级奖励容积率和补贴政策。

出让的国有土地要达到相应的绿色建筑等级标准，这对开发商自身能力来讲也具有相应的挑战，一些获得国有土地使用权的开发商可能会选择比较大的设计院来共同参与方案的制订。开发商与合作的设计单位在完成设计方案之后，还需要对方案进行评估以确保达到招标标准。绿色建筑发展推进绿建评估咨询驶入快车道的同时，未来单纯的绿色建筑评估咨询服务这种商业模式或将无法继续。一旦设计院、设计事务所将绿色建筑评估咨询业务整合到自己的业务流程中，不仅将为业主节省咨询费用的预算，还基于设计院专业人才齐备，具备天然的整合设计能力，将更加有利于实现高性能的绿色建筑。

二、绿色建筑等级要求纳入国有土地划拨决定书

根据《城市、镇控制性详细规划编制审批办法》的规定，国有土地使用权的划拨、出让应当符合控制性详细规划。因而，县级以上人民政府土地行政主管部门在土地划拨时，应当将建设用地规划条件确定的绿色建

等级要求纳入国有土地划拨决定书。这样不仅有利于做到源头管控，落实规划条件和绿色建筑标准要求，还有利于发挥公共建筑在绿色建筑规划、设计、建设、改造、运营、拆除等方面的示范作用。这是因为在国有划拨土地[1]上建设的公共建筑有更高的绿色建筑等级要求即二星级以上，可以率先开展绿色建筑试点工作，可以全部按绿色建筑标准设计建造，在建筑工程中可大力推广再生能源技术、建筑业 10 项新技术及节能、节地、节水、节材、保护环境的新技术、新工艺、新产品、新材料。可以强化绿色建筑科技支撑，围绕绿色建筑发展中共性技术问题，鼓励设计、施工等单位开展绿色建筑科研攻关和应用示范活动，支持可再生能源建筑应用企业、绿色建材企业、节能服务机构的先进技术和产品在公共建筑中的规模化应用，提升公共建筑绿色建筑技术水平，从而为民用建筑开展绿色建筑规划、设计、建设、改造、运营、拆除等活动提供示范作用。

> **第十四条** 建设单位在新建民用建筑的可行性研究报告或者项目申请报告中，应当明确绿色建筑等级要求和选用的技术；在开展咨询、设计、施工、监理、材料设备购置以及相关招标活动时，应当向相关单位明示建设工程的绿色建筑等级要求并组织实施。

【本条主旨】

本条文是关于建设单位应该贯彻落实绿色建筑等级要求的规定。

【本条释义】

《国务院办公厅关于转发发展改革委　住房城乡建设部〈绿色建筑行

---

[1] 《中华人民共和国土地管理法》第五十四条规定："建设单位使用国有土地，应当以出让等有偿使用方式取得；但是，下列建设用地，经县级以上人民政府依法批准，可以以划拨方式取得：（一）国家机关用地和军事用地；（二）城市基础设施用地和公益事业用地；（三）国家重点扶持的能源、交通、水利等基础设施用地；（四）法律、行政法规规定的其他用地。"《中华人民共和国城市房地产管理法》第二十四条规定："下列建设用地的土地使用权，确属必需的，可以由县级以上人民政府依法批准划拨：（一）国家机关用地和军事用地；（二）城市基础设施用地和公益事业用地；（三）国家重点扶持的能源、交通、水利等项目用地；（四）法律、行政法规规定的其他用地。"

动方案〉的通知》（国办发〔2013〕1 号）明确提出，要"严格建设全过程监督管理。在城镇新区建设、旧城更新、棚户区改造等规划中，地方各级人民政府要建立并严格落实绿色建设指标体系要求，住房城乡建设部门要加强规划审查，国土资源部门要加强土地出让监管。对应执行绿色建筑标准的项目，住房城乡建设部门要在设计方案审查、施工图设计审查中增加绿色建筑相关内容，未通过审查的不得颁发建设工程规划许可证、施工许可证；施工时要加强监管，确保按图施工。对自愿执行绿色建筑标准的项目，在项目立项时要标明绿色星级标准，建设单位应在房屋施工、销售现场明示建筑节能、节水等性能指标"。因而，本条以新建民用建筑全面执行绿色建筑标准为核心，将绿色建筑要求纳入规划审批、设计审查、施工验收等工程建设全过程管理，在基本建设程序各个环节落实绿色建筑要求，实现绿色建筑建设过程的无缝隙监管。

一、建设单位在新建民用建筑的可行性研究报告、项目申请报告中应当载明绿色建筑等级要求和选用的技术

为了从源头上把关，本条明确规定建设单位在新建民用建筑的可行性研究报告或者项目申请报告中，应当明确绿色建筑等级要求和选用的技术。其中，关于绿色建筑等级的要求，可以按照本《条例》第十条的规定执行，即城市、镇总体规划确定的城镇建设用地范围内的新建民用建筑，应当按照一星级以上绿色建筑标准进行建设。政府投资或者以政府投资为主的建筑、建筑面积大于 2 万平方米的大型公共建筑、建筑面积大于 10 万平方米的住宅小区应当按照二星级以上绿色建筑标准进行建设。

关于选用技术的要求，可以按照河北省住房和城乡建设厅 2016 年 2 月 26 日印发的《河北省不同地区绿色建筑技术分类适用目录（2016 版）》（冀建科〔2016〕5 号）（以下简称《目录》）的规定执行。根据不同气候、资源、自然环境等特点，参考《公共建筑节能设计标准》（DB13（J）81—2009）、《居住建筑节能设计标准（75%）》（DB13（J）185—2015）的气候分区，《目录》将河北省区域分为 Ⅰ 区、Ⅱ 区、Ⅲ 区三类（参见附表 4），并分别针对三类地区的不同需求，在节地与室外环境、节能与能源利用、节水与水资源利用、节材与材料资源利用、室内环境质量、运营管

理 6 个方面，列出了适合使用的绿色建筑技术。其中，Ⅰ区共 49 项技术，Ⅱ区共 45 项技术，Ⅲ区共 37 项技术，分别给出了各项技术的适用情况。河北省不同地区绿色建筑技术分类适用情况除参考本《目录》外，尚应符合国家和省的法律法规及现行有关标准的规定。具体说来：

第一，适用于河北省Ⅰ区的绿色建筑技术。在气候方面，河北省Ⅰ区大部分地区属于暖温带大陆性季风气候，年平均气温 13℃ 左右，年平均降水量 500—700mm。在资源方面，该区矿产资源丰富，农业发达，秸秆、粪便等资源丰富；绝大部分地区有较丰富的地热资源；沧州东部沿海地区属于风能资源较丰富区；太阳总辐射年总量 3780MJ/（$m^2 \cdot a$）—5040MJ/（$m^2 \cdot a$），属于太阳能资源丰富区。在自然环境方面，该地区主要以平原为主，坡度较小，地势平坦，且水资源较多；西部以及廊坊北部以中、低山及丘陵地貌为主；部分地区拥有洼地、盆地等地貌。依据对河北省Ⅰ区气候、资源、自然环境的分析，给出河北省Ⅰ区绿色建筑技术适用目录，具体参见附表 5。

第二，适用于河北省Ⅱ区的绿色建筑技术。在气候方面，该地区气候较为复杂，张家口市区及其南部（不含蔚县）、承德市区及其南部属于大陆性季风气候，年平均气温较低，为 5.9℃ ~ 10.3℃；秦皇岛和唐山属于温带半湿润季风气候，年平均气温在 11℃ 左右。张家口市区及其南部（不含蔚县）年平均降水量 400mm 以下，其余地区年平均降水量 400—700mm。在资源方面，该地区矿产资源丰富，且部分地区太阳能、风能、地热能以及生物质能等清洁资源较为丰富；水资源较为匮乏，其中承德市平泉县水资源短缺问题较为突出；太阳总辐射年总量 5040MJ/（$m^2 \cdot a$）—6300MJ/（$m^2 \cdot a$），属于太阳能资源较丰富区。在自然环境方面，张家口市区及其南部（不含蔚县）、承德市区及其南部地形复杂，以山地、丘陵为主；唐山中部为平原，地势平坦，南部及西部为滨海盐碱地和洼地草泊；秦皇岛北高南低，形成北部山区—低山丘陵区—山间盆地区—冲积平原区—沿海区。依据对河北省Ⅱ区气候、资源、自然环境的分析，给出河北省Ⅱ区绿色建筑技术适用目录，具体参见附表 6。

第三，适用于河北省Ⅲ区的绿色建筑技术。在气候方面，河北省Ⅲ区年平均气温较低，一般在 0.8℃ ~ 6.9℃ 之间；张家口北部及蔚县年平均降水量 400mm 以下，承德北部年平均降水量 400—600mm。在资源方面，该地区太阳能资源、矿产资源、森林资源、草场资源及多种清洁能源资源较为丰富；水资源分布不均，其中张家口康保县、张北县和赤城县水资源短缺，较干旱，其余地区水资源丰富；太阳总辐射年总量5040MJ/（m²·a）—6300MJ/（m²·a），属于太阳能资源很丰富区，接近于太阳能资源最丰富区。在自然环境方面，该地区地形复杂，以山地或丘陵为主；围场满族蒙古族自治县北部属于围场高原地区，地势平坦；该地区空气质量良好。依据对河北省Ⅲ区气候、资源、自然环境的分析，给出河北省Ⅲ区绿色建筑技术适用目录，具体参见附表7。

附表4　河北省地区分类

气候分区	分区依据			代表性城镇
	采暖度日数 $HDD18$（℃·d）空调度日数 $CDD26$（℃·d）	太阳总辐射年总量 H [MJ/（m²·a）]	降水量 Q（mm）	
Ⅰ区	$HDD18 < 3800$ $CDD26 > 90$	$3780 \leqslant H < 5040$	$500 \leqslant Q < 600$	邯郸、邢台、衡水、石家庄、沧州、保定全区域，廊坊市区及其南部
			$600 \leqslant Q < 700$	廊坊北部
Ⅱ区	$HDD18 < 3800$ $CDD26 \leqslant 90$	$5040 \leqslant H < 6300$	$300 < Q \leqslant 400$	张家口市区及其南部（不含蔚县）
			$500 \leqslant Q < 700$	唐山、秦皇岛全区域，承德市区及其南部
Ⅲ区	$HDD18 \geqslant 3800$	$5040 \leqslant H < 6300$	$300 < Q \leqslant 400$	张家口北部及蔚县
			$400 \leqslant Q < 600$	承德北部

注：1. 本表中"廊坊市区及其南部"包括：廊坊市区、霸州市、永清县、固安县、文安县和大城县；"廊坊北部"包括：三河市、大厂回族自治县和香河县。

2. 本表中"张家口市区及其南部（不含蔚县）"包括：张家口市区、怀安县、怀来县、万全县、宣化县、阳原县、涿鹿县；"张家口北部及蔚县"包括：康保县、沽源县、尚义县、张北县、崇礼县、赤城县和蔚县。

3. 本表中"承德市区及其南部"包括：承德市区、承德县、宽城满族自治县、滦平县、平泉县、兴隆县；"承德北部"包括：丰宁满族自治县、隆化县和围场满族蒙古族自治县。

4. 太阳能资源丰富程度以太阳总辐射的年总量为指标，依据《太阳能资源评估方法》QX/T 89-2008。

附表5　河北省 I 区绿色建筑技术适用目录

序号	技术分类	技术名称	适用地区	
			城镇	农村
1	节地与室外环境	地下空间开发利用	√	√
2		建筑风环境模拟技术	√	○
3		建筑光环境模拟技术	√	○
4		建筑热环境模拟技术	√	×
5		建筑声环境模拟技术	√	○
6		种植屋面技术	√	○
7		建筑外墙垂直绿化技术	√	√
8		透水地面应用技术	√	○
9	节能与能源利用	建筑能耗模拟技术	√	○
10		超低能耗建筑技术	√	√
11		外墙外保温技术	√	√
12		节能门窗	√	√
13		蓄冷蓄热技术	√	×
14		高效集成冷冻站技术	√（公）	×
15		变频调速技术	√	○
16		排风热回收技术	√	○
17		太阳能热水系统	√	√
18		太阳能采暖技术	√	√
19		太阳能空调技术	○	○
20		太阳能光伏发电技术	√	√
21		土壤源热泵技术	√	√
22		水源热泵技术	○	○
23		空气源热泵技术	○	○
24		深层地热梯级利用技术	○	○
25		生物质能利用技术	○	√
26		智能照明技术	√	○
27		节能光源利用技术	√	√
28		电梯能量回馈技术	√	○
29		分布式能源利用技术	√（公）	×
30		自然通风技术	√	√

序号	技术分类	技术名称	适用地区	
			城镇	农村
31	节水 与 水资源利用	雨水回收利用技术	√	√
32		中水回用技术	√	○
33		分质供水技术	√	○
34		屋面虹吸雨水排水技术	√（公）	×
35		绿化灌溉节水技术	√	√
36		节水型器具应用技术	√	○
37	节材 与 材料资源利用	固体废弃物利用技术	√	√
38		集成房屋技术	√	√
39		建筑保温与结构一体化技术	√	√
40		高强度钢筋技术	√	○
41		高性能混凝土技术	√	○
42		生物质建材	○	√
43	室内 环境质量	新风除霾技术	√	√
44		光导照明技术	√	√
45		室内空气质量智能监控系统	√	○
46		外遮阳技术	√	√
47	运营管理	智能建筑信息集成系统	√（公）	×
48		建筑能耗监测管理系统	√（公）	○
49		远程抄表系统	√	√

附表6 河北省Ⅱ区绿色建筑技术适用目录

序号	技术分类	技术名称	适用地区	
			城镇	农村
1	节地 与 室外环境	地下空间开发利用	√	√
2		建筑风环境模拟技术	√	○
3		建筑光环境模拟技术	√	○
4		建筑热环境模拟技术	√	×
5		建筑声环境模拟技术	√	○
6		透水地面应用技术	√	√
7	节能与 能源利用	建筑能耗模拟技术	√	○
8		超低能耗建筑技术	√	√

续表

序号	技术分类	技术名称	适用地区	
			城镇	农村
9	节能与能源利用	外墙外保温技术	√	√
10		节能门窗	√	√
11		蓄冷蓄热技术	√	×
12		高效集成冷冻站技术	√（公）	×
13		变频调速技术	√	○
14		排风热回收技术	√	○
15		太阳能热水系统	√	√
16		太阳能采暖技术	√	√
17		太阳能光伏发电技术	√	√
18		土壤源热泵技术	√	√
19		水源热泵技术	○	○
20		空气源热泵技术	○	○
21		深层地热梯级利用技术	○	○
22		生物质能利用技术	○	√
23		智能照明技术	√	○
24		节能光源利用技术	√	√
25		电梯能量回馈技术	√	○
26		分布式能源利用技术	√（公）	×
27		自然通风技术	√	√
28	节水与水资源利用	雨水回收利用技术	○	○
29		中水回用技术	√	○
30		分质供水技术	√	○
31		屋面虹吸雨水排水技术	○（公）	×
32		绿化灌溉节水技术	√	√
33		节水型器具应用技术	√	○
34	节材与材料资源利用	固体废弃物利用技术	√	√
35		集成房屋技术	√	√
36		建筑保温与结构一体化技术	√	√
37		高强度钢筋技术	√	○
38		高性能混凝土技术	√	○
39		生物质建材	○	√

序号	技术分类	技术名称	适用地区	
			城镇	农村
40	室内环境质量	新风除霾技术	√	○
41		光导照明技术	√	√
42		室内空气质量智能监控系统	√	○
43	运营管理	智能建筑信息集成系统	√（公）	×
44		建筑能耗监测管理系统	√（公）	○
45		远程抄表系统	√	√

附表7　河北省Ⅲ区绿色建筑技术适用目录

序号	技术分类	技术名称	适用地区	
			城镇	农村
1	节地与室外环境	地下空间开发利用	√	√
2		建筑风环境模拟技术	√	○
3		建筑光环境模拟技术	√	○
4		建筑热环境模拟技术	√	×
5		建筑声环境模拟技术	√	○
6		透水地面应用技术	√	○
7	节能与能源利用	建筑能耗模拟技术	√	○
8		超低能耗建筑技术	√	√
9		外墙外保温技术	√	√
10		节能门窗	√	√
11		蓄冷蓄热技术	√	×
12		高效集成冷冻站技术	√（公）	×
13		变频调速技术	√	○
14		排风热回收技术	√	○
15		太阳能热水系统	√	√
16		太阳能采暖技术	√	√
17		太阳能光伏发电技术	√	√
18		土壤源热泵技术	√	√
19		生物质能利用技术	○	√
20		智能照明技术	√	○
21		节能光源利用技术	√	√

续表

序号	技术分类	技术名称	适用地区	
			城镇	农村
22	节能与能源利用	电梯能量回馈技术	√	○
23		自然通风技术	√	√
24	节水与水资源利用	中水回用技术	√	○
25		绿化灌溉节水技术	√	√
26		节水型器具应用技术	√	○
27	节材与材料资源利用	固体废弃物利用技术	√	√
28		集成房屋技术	√	√
29		建筑保温与结构一体化技术	√	√
30		高强度钢筋技术	√	○
31		高性能混凝土技术	√	○
32		生物质建材	○	√
33	室内环境质量	新风除霾技术	√	○
34		光导照明技术	√	√
35	运营管理	智能建筑信息集成系统	√（公）	×
36		建筑能耗监测管理系统	√（公）	○
37		远程抄表系统	√	√

二、建设单位应按绿色建筑等级要求组织实施相关建设活动

绿色建筑从绿色设计开始，绿色建筑强调节水、节地、节能、室内环境的协调发展，更加注重从设计、施工和运营管理全过程，而非结果控制。因而，我们除了从源头上把关外，在整个建设活动中都应该贯彻落实绿色建筑理念，体现绿色建筑等级要求。只有在整个建设活动的每一个环节都体现绿色建筑等级要求，或者将绿色建筑等级要求分解到整个建设活动的每一个环节，才能保证绿色建筑等级要求的真正贯彻落实。为此，本条明确规定，建设单位除了在新建民用建筑的可行性研究报告或者项目申请报告中明确绿色建筑等级要求和选用的技术外，在组织开展咨询、设计、施工、监理、材料设备购置以及相关招标活动时，应当向相关单位明示建设工程的绿色建筑等级要求，以便相关单位在自己的咨询、设计、施工、监理、材料设备购置以及相关招标活动中可以体现绿色建筑等级要

求，如设计单位按照绿色建筑等级要求进行设计，并编制绿色建筑设计说明或者专篇；施工图设计文件审查机构按照绿色建筑等级要求进行审查；施工单位按照施工图设计文件组织施工；监理单位将绿色建筑等级要求纳入监理范围。这意味着建设单位有向相关单位明示建设工程的绿色建筑等级要求的义务，并负有组织相关单位实施的职责。

第十五条　设计单位应当按照绿色建筑等级要求进行建设工程方案设计和施工图设计，并编制绿色建筑设计说明或者专篇。

施工图设计文件审查机构应当按照绿色建筑等级要求审查施工图设计文件，未经审查或者经审查不符合要求的，不得出具施工图设计文件审查合格证书。

施工图设计文件不符合绿色建筑等级要求的建设工程，建设工程施工许可行政审批部门不得批准开工建设。

【本条主旨】

本条文是关于设计单位应按照绿色建筑等级要求进行建设工程方案设计和施工图设计及其监管的规定。

【本条释义】

一、设计单位应当按照绿色建筑等级要求进行建设工程方案设计和施工图设计

规划设计是源头，源头是否绿色是关系到后期绿色建筑等级要求能否实现的关键。在绿色建筑的建造过程中，建设工程方案设计和施工图设计是非常重要的部分，只有在建设工程方案设计和施工图设计中体现绿色建筑等级要求，并将之作为绿色建筑建设活动依据时，才能实现建设过程的合理化控制，才能实现绿色建筑等级的要求。因而，设计单位在进行建设工程方案设计和施工图设计时，在满足现行相关法律、法规、规范的基础上，还必须要体现绿色建筑等级要求，贯穿绿色建筑理念，满足节地、节能、高效、节约资源和保护环境的相关技术要求，以节约资源、保护环

境、减少污染，为人们提供健康、适用、高效的使用空间，最大限度地实现人与自然和谐共生的目标。为此，本条明确规定，设计单位应当按照绿色建筑等级要求进行建设工程方案设计和施工图设计，并编制绿色建筑设计说明或者专篇。河北省住房和城乡建设厅印发的《关于进一步推进绿色建筑工作的通知》对此也作了明确要求，即设计单位按照绿色建筑等级要求进行设计，并编制绿色建筑设计说明或者专篇。住房和城乡建设部2016年11月17日印发的《建筑工程设计文件编制深度规定（2016版)》不仅明确了设计说明书的一般要求，还明确指出，当项目按绿色建筑要求建设时，要说明绿色建筑设计目标，采用的与结构有关的绿色建筑技术和措施，并应有绿色建筑设计说明，主要包括以下内容：一是设计依据；二是项目绿色建筑设计的目标和定位；三是概述绿色设计的主要策略。

二、施工图设计文件审查机构应当按照绿色建筑等级要求审查施工图设计文件

《建设工程勘察设计管理条例》第三十三条规定："施工图设计文件审查机构应当对房屋建筑工程、市政基础设施工程施工图设计文件中涉及公共利益、公众安全、工程建设强制性标准的内容进行审查。县级以上人民政府交通运输等有关部门应当按照职责对施工图设计文件中涉及公共利益、公众安全、工程建设强制性标准的内容进行审查。施工图设计文件未经审查批准的，不得使用。"为了加强对设计单位的监督制约，保证施工图设计文件能够真正体现绿色建筑等级要求，本条明确规定，施工图设计文件审查机构应当按照绿色建筑等级要求审查施工图设计文件，未经审查或者经审查不符合要求的，不得出具施工图设计文件审查合格证书。住房和城乡建设部2013年4月27日印发的《房屋建筑和市政基础设施工程施工图设计文件审查管理办法》（2018年已修订）明确了审查机构对施工图审查的具体内容：是否符合工程建设强制性标准；地基基础和主体结构的安全性；消防安全性；人防工程（不含人防指挥工程）防护安全性；是否符合民用建筑节能强制性标准，对执行绿色建筑标准的项目，还应当审查是否符合绿色建筑标准；勘察设计企业和注册执业人员以及相关人员是否按规定在施工图上加盖相应的图章和签字；法律、法规、规章规定必须审

查的其他内容。

2016 年 12 月，为了更好地贯彻落实绿色建筑相关技术规定，指导和规范全省绿色建筑施工图审查工作，统一审查内容和标准，提高审查质量，河北省住房和城乡建设厅组织、动员社会力量形成整体开展绿色建筑合力，编制完成了适用于本省的《河北省绿色建筑施工图设计审查要点》，它是依据《河北省绿色建筑评价标准》（DB13（J）/T113—2015）研究制定的配套技术文件，为施工图设计文件审查机构按照绿色建筑等级要求审查施工图设计文件提供了规范依据。

根据《河北省绿色建筑施工图设计审查要点》，施工图设计文件审查机构按照绿色建筑等级要求审查施工图设计文件的一般规定如下：第一，绿色建筑施工图送审时，应当明确所执行的绿色建筑等级，除提交常规审查所需的全套施工图纸等资料外，还应提交以下材料：《绿色建筑设计评价自评估报告》及计算书、模拟报告等相关证明材料，其格式及内容应符合当地住房和城乡建设管理部门的要求。送审项目如涉及工程材料用量及景观、装修、可再生能源利用、非传统水源利用、智能化等相应技术选项，工程预算书（或概算书）及相关专项设计文件应同时送审。第二，绿色建筑施工图审查与常规施工图审查同时进行，审查内容应根据《绿色建筑施工图设计审查备案表》明确的相应选项，审查相对应的条文内容和技术指标执行情况，在《绿色建筑施工图设计审查备案表》中注明是否符合《绿色建筑评价标准》（DB13（J）/T113—2015）设计评价等级要求的审查意见，并向工程所在地住房和城乡建设管理部门备案。第三，各专业施工图设计说明中应有绿色建筑设计说明，主要内容应包括：工程设计的项目特点及绿色建筑等级目标；设计依据中应列入《民用建筑绿色设计规范》（JGJ/T 229—2017）和《绿色建筑评价标准》（DB13（J）/T113—2015）；本专业根据总体目标确定采取的绿色建筑技术选项及措施；绿色建筑评价指标体系中与本专业有关的控制项的达标情况和所选评分项、加分项的实施情况及得分；为确保运行达到绿色建筑设计目标，对项目施工和运营管理提出的技术要求和注意事项。第四，送审项目《绿色建筑设计评价自评估报告》、绿色设计说明、设计图纸与《绿色建筑施工图设计审查备案表》内容应一致。

三、施工图设计文件不符合绿色建筑等级要求的建设工程不得批准开工建设

根据《国务院办公厅关于转发发展改革委 住房城乡建设部〈绿色建筑行动方案〉的通知》，对应执行绿色建筑标准的项目，住房城乡建设部门要在设计方案审查、施工图设计审查中增加绿色建筑相关内容，未通过审查的不得颁发建设工程规划许可证、施工许可证；施工时要加强监管，确保按图施工。对自愿执行绿色建筑标准的项目，在项目立项时要标明绿色星级标准，建设单位应在房屋施工、销售现场明示建筑节能、节水等性能指标。《关于进一步推进绿色建筑工作的通知》也明确要求，施工图设计文件审查机构按照绿色建筑等级要求对施工图设计文件进行审查，在设计方案审查、施工图设计审查中，凡不具备全面、准确、翔实绿色建筑内容的，不得颁发施工许可证。为此，本条明确指出，施工图设计文件不符合绿色建筑等级要求的建设工程，建设工程施工许可行政审批部门不得批准开工建设。在具体实施中，列入绿色建筑重点实施范围的建筑工程项目，施工图不符合绿色建筑等级要求的，未按绿色建筑标准进行规划、设计的，未通过绿色建筑审查备案的，建设工程施工许可行政审批部门一律不予核发施工许可证。此外，建筑工程质量监督机构、建筑节能监管机构将加强对建设、设计施工、监理等单位执行绿色建筑设计文件、专项施工方案及相关标准、规范的情况进行监督检查，发现违反绿色建筑要求的行为，将报请主管部门依据有关规定进行处罚。

> **第十六条** 施工单位应当按照施工图设计文件组织施工，并在施工现场公示建筑项目的绿色建筑等级，不得使用国家和本省禁止使用的建筑材料、建筑构配件和设施设备。
>
> 监理单位应当将绿色建筑等级要求实施情况纳入监理范围。

【本条主旨】

本条文是关于施工单位和监理单位应当贯彻落实绿色建筑等级要求的规定。

【本条释义】

一、施工单位应当按照施工图设计文件组织施工

施工图设计文件是建设工程施工的依据，施工单位要严格按照审查合格的施工图设计文件进行工程建设，严禁使用未经施工图审查机构审查合格或未加盖施工图审查专用章的施工图设计文件进行工程建设。且施工图设计文件一经审查通过，任何单位和个人均不得擅自修改和变更设计内容。确须变更时，建设单位应当委托原设计单位依据相关规范标准进行变更，设计变更不得违反建设工程规划许可的要求，涉及《房屋建筑和市政基础设施工程施工图设计文件审查管理办法》（住房和城乡建设部令第13号）第十一条内容的重大设计变更（即是否符合工程建设强制性标准；地基基础和主体结构的安全性；消防安全性；人防工程（不含人防指挥工程）防护安全性；是否符合民用建筑节能强制性标准，对执行绿色建筑标准的项目，还应当审查是否符合绿色建筑标准；勘察设计企业和注册执业人员以及相关人员是否按规定在施工图上加盖相应的图章和签字；法律、法规、规章规定必须审查的其他内容），应重新委托原审图机构审查，审查合格后方可用于工程建设。严禁擅自、随意变更或重大设计变更未经审查合格即用于工程建设。为此，《国务院办公厅关于转发发展改革委 住房城乡建设部〈绿色建筑行动方案〉的通知》明确要求，"对应执行绿色建筑标准的项目，施工时要加强监管，确保按图施工"。本条也明确要求，施工单位应当按照施工图设计文件组织施工，并在施工现场公示建筑项目的绿色建筑等级。根据《关于进一步推进绿色建筑工作的通知》，施工单位应按照施工图设计文件组织施工。要加强施工监管，确保按图施工。对违规建设高能耗建筑、违反绿色建筑标准、建筑材料不达标、不按规定公示绿色建筑相关信息等行为要严肃查处。只有这样，才能确保施工图设计文件的落实，才能确保绿色建筑等级要求的实现，才能实现"一张蓝图绘到底"。

二、施工单位不得使用国家和河北省禁止使用的建筑材料、建筑构配件和设施设备

为推广节能环保、性能优良的新型绿色建材，支撑建筑节能和绿色建筑发展，促进产业转型升级，根据《河北省民用建筑节能条例》《河北省建筑工程材料设备使用管理规定》，结合河北省实际，河北省住房和城乡建设厅组织编制了《河北省推广、限制和禁止使用建设工程材料设备产品目录（2018 年版）》，于 2018 年 11 月 27 日印发，列出了施工单位禁止使用的建筑材料、建筑构配件和设施设备清单，具体参见附表 8。如果施工单位违规使用国家和河北省禁止使用的建筑材料、建筑构配件和设施设备，将按照本《条例》的规定，承担相应的法律责任。

附表 8　禁止使用的建设工程材料设备清单

序号	类别	名称	禁止原因	禁止依据	实施时间
1	建筑钢筋	热轧光圆钢筋 HPB235	强度低，浪费资源	《住房和城乡建设部工业和信息化部关于加快应用高强钢筋的指导意见》（建标〔2012〕1 号）	2015 年 10 月 1 日
2		冷拔低碳钢丝	延性差，易脆断	《建设部关于发布建设事业"十一五"推广应用和限制禁止使用技术（第一批）的公告》（第 659 号）	
3		HRB335 钢筋	强度低、耗材耗能高	《住房和城乡建设部工业和信息化部关于加快应用高强钢筋的指导意见》（建标〔2012〕1 号）、《钢筋混凝土用钢第 2 部分：热轧带肋钢筋》GB/T 1499.2—2018	2018 年 11 月 27 日
4	混凝土外加剂	氯离子含量 > 0.1% 的混凝土防冻剂	易引起钢筋锈蚀，危害混凝土结构寿命	参照《混凝土防冻泵送剂》JG/T 377—2012	2005 年 3 月 1 日
5		氧化钙类混凝土膨胀剂	生产工艺落后，过烧成分易造成混凝土胀裂	参照《混凝土外加剂应用技术规范》GB 50119—2013	

序号	类别	名称	禁止原因	禁止依据	实施时间
6	墙体材料	厚度为 90mm 以下的隔墙板及 80mm 以下的石膏砌块	隔声和抗冲击性能差	参照《建筑轻质条板隔墙技术规程》JGJ/T 157—2014、《石膏砌块》JC/T 698—2010	隔墙板：2015年10月1日 石膏砌块：2011年3月1日
7		粘土实心砖、粘土多孔砖	毁坏耕地，污染环境	《河北省住房和城乡建设厅关于禁止使用实心粘土砖和粘土制品的通知》（冀建科〔2015〕9号）、《建设部关于发布建设事业"十一五"推广应用和限制禁止使用技术（第一批）的公告》（第659号）	实心粘土砖：2005年7月1日 粘土多孔砖：2015年10月1日
8	保温材料	非耐碱型玻璃纤维网格布	耐碱性差，不能保证砂浆层抗裂性能要求	河北省建筑工程使用情况	2011年3月1日
9		金属面有机材料夹芯板	燃烧性能达不到 A 级，易发生火灾事故	《建筑设计防火规范》GB 50016—2014	
10	门窗幕墙及配套件	普通单层或双层玻璃外窗	达不到建筑节能要求	国务院《促进产业结构调整暂行规定》（国发〔2005〕40号）、国家发展和改革委员会《产业结构调整指导目录（2005年）》（发改委第40号令）	2015年10月1日
11		幕墙 T 型挂件系统	幕墙石材板块不可独立拆装、不便于维修		
12	装饰装修材料	聚醋酸乙烯乳液类（含 EVA 乳液）、聚乙烯醇及聚乙烯醇缩醛类、氯乙烯—偏氯乙烯共聚乳液内外墙涂料	耐老化、耐沾污、耐水性差	河北省建筑工程使用情况	2011年3月1日

续表

序号	类别	名称	禁止原因	禁止依据	实施时间
13	装饰装修材料	瓷釉涂料（外墙）	含二甲苯溶剂，危害人体健康		
14		挥发性有机化合物含量限值超标的建筑类涂料与胶粘剂	挥发有害气体、危害人体健康	《建筑类涂料与胶粘剂挥发性有机化合物含量限值标准》DB13/3005-2017	自本目录发布之日起
15	防水材料	沥青复合胎柔性防水卷材	拉力和低温柔度指标低，耐久性差	河北省建筑工程使用情况	2011年3月1日
16		S型聚氯乙烯防水卷材	产品耐老化性能差，防水功能差	国家发展和改革委员会《产业结构调整指导目录（2011年本）（2013年修正）》（发改委令第21号）	2015年10月1日
17		芯材厚度小于0.5mm的聚乙烯丙纶复合防水卷材			
18	用水器具	非节水器具	浪费水资源	《国务院关于印发水污染防治行动计划的通知》（国发〔2015〕17号）、住房城乡建设部和国家发展改革委《城镇节水工作指南》（建城函〔2016〕251号）	自本目录发布之日起
19	给排水及燃气管材管件	用铅盐作稳定剂的PVC给水用管材、管件	危害人体健康	河北省建筑工程使用情况	
20		直径≤600mm平口混凝土排水管（含钢筋混凝土管）	易泄漏，造成水系和土壤污染		2011年3月1日
21	暖通系统设备	内腔粘砂灰铸铁散热器	内部易结垢，导热性差，内腔结砂影响计量器具的使用	《建设部关于发布建设事业"十一五"推广应用和限制禁止使用技术（第一批）的公告》（第659号）	
22		钢制串片散热器	片与管易松动，导热性差		

续表

序号	类别	名称	禁止原因	禁止依据	实施时间
23	暖通系统设备	非镀锌钢管、冷镀锌钢管	易锈蚀，影响热计量温控器具的使用	《建设部关于发布建设事业"十一五"推广应用和限制禁止使用技术（第一批）的公告》（第659号）	2015年10月1日
24		水暖用内螺纹铸铁阀门	锈蚀严重	河北省建筑工程使用情况	2011年1月1日
25		无安全接地措施的低温辐射电热膜供暖系统	存在安全隐患		2015年10月1日
26	市政与道路施工材料	砖砌检查井	易渗漏，造成水系和土壤污染		2011年3月1日
27		普通水泥步道砖（九格砖）	外观差、强度低、不透水、使用寿命短		2015年10月1日
28		光面混凝土路面砖	影响行人安全，不透水		
29	供水设备	楼房二次供水高位水泥水箱，手工除锈涂漆普通钢板水箱	表面粗糙，易生锈污染水源		2011年3月1日
30	建筑机械设备	QT60、QT80塔式起重机	属于落后生产工艺装备	国家发展和改革委员会《产业结构调整指导目录（2011年本）（2013年修正）》（发改委令第21号）	
31		动圈式和抽头式硅整流弧焊机、磁放大器式弧焊机	控制参数少，调节精度低，效率较低，耗材大	国家发展和改革委员会《产业结构调整指导目录（2011年本）（2013年修正）》（发改委令第21号）、工业和信息化部《高耗能落后机电设备（产品）强制淘汰目录（第二批）》（工信部〔2012〕14号）	2015年10月1日

续表

序号	类别	名称	禁止原因	禁止依据	实施时间
32	建筑机械设备	用摩擦式卷扬机驱动的钢丝绳式物料提升机	摩擦式卷扬机无反转功能，吊笼下降时无动力控制，下降速度易失控，安全隐患大	《建设部关于发布建设事业"十一五"推广应用和限制禁止使用技术（第一批）的公告》（第659号）	2015年10月1日
33	施工周转材料	采用脲醛树脂生产的竹、木胶合板模板	耐水性较差，周转使用次数少，浪费资源	河北省建筑工程使用情况	2011年3月1日
34		脚蹬式吊篮	劳动强度大、施工效率低、存在安全隐患		2015年10月1日
35		大模板悬挂脚手架（包括同类型脚手架）	由于结构缺陷，架体横向稳定性差，抗风荷载能力差，易造成架体倾翻，发生坠落事故	《建设部关于发布建设事业"十一五"推广应用和限制禁止使用技术（第一批）的公告》（第659号）	

三、监理单位应当将绿色建筑等级要求实施情况纳入监理范围

为了认真贯彻《建设工程安全生产管理条例》，指导和督促工程监理单位（以下简称"监理单位"）落实安全生产监理责任，做好建设工程安全生产的监理工作（以下简称"安全监理"），切实加强建设工程安全生产管理，原建设部2006年10月16日印发的《关于落实建设工程安全生产监理责任的若干意见》对建设工程安全监理的主要工作内容进行了明确规定，即监理单位应当按照法律、法规和工程建设强制性标准及监理委托合同实施监理，对所监理工程的施工安全生产进行监督检查，具体内容包括：

第一，施工准备阶段安全监理的主要工作内容。一是监理单位应根据《建设工程安全生产管理条例》的规定，按照工程建设强制性标准、《建设工程监理规范》（GB 50319）和相关行业监理规范的要求，编制包括安全

监理内容的项目监理规划，明确安全监理的范围、内容、工作程序和制度措施，以及人员配备计划和职责等。二是对中型及以上项目和《建设工程安全生产管理条例》第二十六条〔1〕规定的危险性较大的分部分项工程，监理单位应当编制监理实施细则。实施细则应当明确安全监理的方法、措施和控制要点，以及对施工单位安全技术措施的检查方案。三是审查施工单位编制的施工组织设计中的安全技术措施和危险性较大的分部分项工程安全专项施工方案是否符合工程建设强制性标准要求。审查的主要内容应当包括：施工单位编制的地下管线保护措施方案是否符合强制性标准要求；基坑支护与降水、土方开挖与边坡防护、模板、起重吊装、脚手架、拆除、爆破等分部分项工程的专项施工方案是否符合强制性标准要求；施工现场临时用电施工组织设计或者安全用电技术措施和电气防火措施是否符合强制性标准要求；冬季、雨季等季节性施工方案的制订是否符合强制性标准要求；施工总平面布置图是否符合安全生产的要求，办公、宿舍、食堂、道路等临时设施设置以及排水、防火措施是否符合强制性标准要求。四是检查施工单位在工程项目上的安全生产规章制度和安全监管机构的建立、健全及专职安全生产管理人员配备情况，督促施工单位检查各分包单位的安全生产规章制度的建立情况。五是审查施工单位资质和安全生产许可证是否合法有效。六是审查项目经理和专职安全生产管理人员是否具备合法资格，是否与投标文件相一致。七是审核特种作业人员的特种作业操作资格证书是否合法有效。八是审核施工单位应急救援预案和安全防护措施费用使用计划。

第二，施工阶段安全监理的主要工作内容。一是监督施工单位按照施工组织设计中的安全技术措施和专项施工方案组织施工，及时制止违规施

---

〔1〕《建设工程安全生产管理条例》第二十六条规定："施工单位应当在施工组织设计中编制安全技术措施和施工现场临时用电方案，对下列达到一定规模的危险性较大的分部分项工程编制专项施工方案，并附具安全验算结果，经施工单位技术负责人、总监理工程师签字后实施，由专职安全生产管理人员进行现场监督：（一）基坑支护与降水工程；（二）土方开挖工程；（三）模板工程；（四）起重吊装工程；（五）脚手架工程；（六）拆除、爆破工程；（七）国务院建设行政主管部门或者其他有关部门规定的其他危险性较大的工程。对前款所列工程中涉及深基坑、地下暗挖工程、高大模板工程的专项施工方案，施工单位还应当组织专家进行论证、审查。本条第一款规定的达到一定规模的危险性较大工程的标准，由国务院建设行政主管部门会同国务院其他有关部门制定。"

工作业。二是定期巡视检查施工过程中的危险性较大工程作业情况。三是核查施工现场施工起重机械、整体提升脚手架、模板等自升式架设设施和安全设施的验收手续。四是检查施工现场各种安全标志和安全防护措施是否符合强制性标准要求，并检查安全生产费用的使用情况。五是督促施工单位进行安全自查工作，并对施工单位自查情况进行抽查，参加建设单位组织的安全生产专项检查。

本条在上述规定的基础上，增加了"监理单位应当将绿色建筑等级要求实施情况纳入监理范围"的规定，明确了监理单位新的职责和义务，即监理单位除了应当按照法律、法规和工程建设强制性标准及监理委托合同实施监理，对所监理工程的施工安全生产进行监督检查外，还要对建设活动各个环节中绿色建筑等级要求实施情况进行监督检查，确保设计单位按照绿色建筑等级要求进行设计，并编制绿色建筑设计说明或者专篇；确保施工图设计文件审查机构按照绿色建筑等级要求进行审查；确保施工单位按照施工图设计文件组织施工等。如果监理单位违反本条例规定，未将绿色建筑等级要求实施情况纳入监理范围的，将承担相应法律责任。

> 第十七条 建设单位组织设计、施工、监理等单位进行工程竣工验收时，应当对绿色建筑等级要求进行查验。建设工程不符合绿色等级要求的不得通过竣工验收。
>
> 建设单位应当在验收合格的建筑上设置标牌，标明该建筑的绿色建筑等级和主要技术指标。

【本条主旨】

本条文是关于建设工程竣工验收时应符合绿色建筑等级要求的规定。

【本条释义】

为贯彻《建设工程质量管理条例》，规范房屋建筑和市政基础设施工程的竣工验收，保证工程质量，住房和城乡建设部 2013 年 12 月 2 日印发了《房屋建筑和市政基础设施工程竣工验收规定》，明确了建设工程竣工验收的实体条件，即工程符合下列要求方可进行竣工验收：（1）完成工程设计和合同约定的各项内容。（2）施工单位在工程完工后对工程质量进行了检查，确认工程质量符合有关法律、法规和工程建设强制性标准，符合设计文件及合同要求，并提出工程竣工报告。工程竣工报告应经项目经理和施工单位有关负责人审核签字。（3）对于委托监理的工程项目，监理单位对工程进行了质量评估，具有完整的监理资料，并提出工程质量评估报告。工程质量评估报告应经总监理工程师和监理单位有关负责人审核签字。（4）勘察、设计单位对勘察、设计文件及施工过程中由设计单位签署的设计变更通知书进行了检查，并提出质量检查报告。质量检查报告应经该项目勘察、设计负责人和勘察、设计单位有关负责人审核签字。（5）有完整的技术档案和施工管理资料。（6）有工程使用的主要建筑材料、建筑构配件和设备的进场试验报告，以及工程质量检测和功能性试验资料。（7）建设单位已按合同约定支付工程款。（8）有施工单位签署的工程质量保修书。（9）对于住宅工程，进行分户验收并验收合格，建设单位按户出具《住宅工程质量分户验收表》。（10）建设主管部门及工程质量监督机构责令整改的问题全部整改完毕。（11）法律、法规规定的其他条件。而本条规定就属于上述第十一项"法律、法规规定的其他条件"。即建设单位组织设计、施工、监理等单位进行工程竣工验收时，除了要满足上述条件外，还必须对绿色建筑等级要求进行查验，以确保绿色建筑等级要求的最终实现。如果建设工程不符合绿色等级要求的，建设单位不得通过竣工验收。否则，要承担相应的法律责任。《中华人民共和国城乡规划法》第四十五条第一款也明确规定："县级以上地方人民政府城乡规划主管部门按照国务院规定对建设工程是否符合规划条件予以核实。未经核实或者经核实不符合规划条件的，建设单位不得组织竣工验收。"

此外，为了加强对绿色建筑质量的监督管理，保障人民群众的生命财产安全，明确工程质量责任和义务，严格落实建筑工程质量终身责任制，本条还明确要求，建设单位应当在验收合格的绿色建筑上设置标牌，标明该建筑的绿色建筑等级，如一星级、二星级、三星级，以及相应的主要技术指标，具体参见附表1。

第十八条 房地产开发企业销售商品房，应当在商品房买卖合同、质量保证书和使用说明书中载明绿色建筑等级，以及节能措施、节水设施设备的保修期限、保护要求等内容，并对其真实性、准确性负责。

【本条主旨】

本条文是关于房地产开发企业在商品房销售过程中对绿色建筑信息释明义务的规定。

【本条释义】

根据《中华人民共和国城市房地产管理法》《城市房地产开发经营管理条例》《商品房销售管理办法》等规定，房地产开发企业在销售商品房时，有如实向购买者释明商品房相关信息的义务。如《城市房地产开发经营管理条例》第三十一条规定："房地产开发企业应当在商品房交付使用时，向购买人提供住宅质量保证书和住宅使用说明书。住宅质量保证书应当列明工程质量监督部门核验的质量等级、保修范围、保修期和保修单位等内容。房地产开发企业应当按照住宅质量保证书的约定，承担商品房保修责任。保修期内，因房地产开发企业对商品房进行维修，致使房屋原使用功能受到影响，给购买人造成损失的，应当依法承担赔偿责任。"《商品房销售管理办法》第十五条规定："房地产开发企业、房地产中介服务机构发布的商品房销售广告和宣传资料所明示的事项，当事人应当在商品房买卖合同中约定。"第十六条规定："商品房销售时，房地产开发企业和买受人应当订立书面商品房买卖合同。商品房买卖合同应当明确以下主要内容：（一）当事人名称或者姓名和住所；（二）商品房基本状况；（三）商品房的销售方式；（四）商品房价款的确定方式及总价款、付款方式、付款时间；（五）交付使用条件及日期；（六）装饰、设备标准承诺；（七）供水、供电、供热、燃气、通讯、道路、绿化等配套基础设施和公共设施的交付承诺和有关权益、责任；（八）公共配套建筑的产权归属；（九）面积差异的处理方式；（十）办理产权登记有关事宜；（十一）解决争议的方法；（十二）违约责任；（十三）双方约定的其他事项。"《民用建筑供热计量管理办法》第十九条规定："房地产开发企业在销售采用集中供热的房屋时，应当向购买人明示所售房屋供热计量措施等有关信息，在房屋买卖合同、质量保证书和使用说明书中载明，并对其真实性、准确性负责。"本条对上述规定作了进一步细化和补充，明确了房地产开发企业在销售商品房时的绿色建筑相关信息的释明义务，即房地产开发企业销售商品房，应当在商品房买卖合同、质量保证书和使用说明书中载明绿色建筑等级，以及节能措施、节水设施设备的保修期限、保护要求等内容，以保障购买者的知情权，从销售环节保证绿色建筑等级要求的实现。

此外，由于房地产开发企业在销售商品房时，承担的向购买者释明绿色建筑相关信息的义务是一项法定义务，房地产开发企业应对其披露的绿色建筑相关信息的真实性、准确性负责。因而，如果房地产开发企业在销售商品房时，未能在商品房买卖合同、质量保证书和使用说明书中载明绿色建筑等级，以及节能措施、节水设施设备的保修期限、保护要求等内容的，房地产开发企业不仅要承担一般的违约责任，赔偿购买者损失，还要承担其他法律责任。如本《条例》第三十九条明确规定，违反本条例规定，房地产开发企业销售商品房，未在商品房买卖合同、质量保证书和使用说明书中载明绿色建筑等级，以及节能措施、节水设施设备的保修期限、保护要求等内容的，由县级以上人民政府住房城乡建设主管部门责令限期改正，逾期不改正的，处三万元以上五万元以下的罚款；对以上信息作虚假宣传的，责令改正，处五万元以上二十万元以下的罚款。《河北省民用建筑节能条例》第二十九条也明确规定："房地产开发企业在销售商品房时，应当向买受人出示所售商品房的能源消耗指标、节能措施和保护要求、保温工程保修期等文字信息，并在商品房买卖合同、住宅质量保证书和住宅使用说明书中载明上述信息，对其真实性、准确性负责。商品房交付使用后，买受人认为不符合民用建筑节能标准的，可以委托具有相应资质的建设工程质量检测机构进行检测。经检测符合民用建筑节能标准的，检测费用由买受人承担；不符合民用建筑节能标准的，检测费用由房地产开发企业承担，买受人有权要求房地产开发企业返修或者退房；因检测、返修或者退房给买受人造成损失的，房地产开发企业应当予以赔偿。"

第三章 运营、改造与拆除

【本章导读】

绿色建筑运营、改造和拆除是绿色建筑的环境效益、经济效益与社会效益得到长足发展的重要环节。为了实现这一理念，本条例设置"运营、改造与拆除"这一章，旨在对河北省绿色建筑的运营、改造与拆除提出具体和明确的法律要求，主要内容包括：一是关于绿色建筑运营管理的规定；二是对物业服务合同签订内容以及物业服务企业的管理制度中绿色建筑运营内容的规定；三是关于绿色建筑能耗监测数据共享以及运营评估工作的相关规定；四是关于政府鼓励既有建筑绿色改造的规定；五是关于政府指导非绿色节能建筑进行拆除报废的规定。

第十九条 绿色建筑的运营应当符合下列要求：

（一）制定节能、节水、绿化、垃圾处理、维护维修等管理制度；

（二）保障节能、节水设施以及建筑用能分项计量、数据采集传输装置等自动监控设备正常运行；

（三）维护维修外墙、外窗等建筑围护结构以及有关设施设备；

（四）国家和本省规定的其他要求。

【本条主旨】

本条文是关于绿色建筑运营管理的规定。

【本条释义】

绿色建筑运营管理，是指在绿色建筑运营过程中的计划、组织、实施和控制阶段，通过物业的运营过程和运营系统来提高绿色建筑的质量、降低运营成本和管理成本、节省建筑运行中的各项消耗。通过在运营中的不断改进，处理好使用者、建筑和自然三者之间的关系，以达到绿色建筑各项设计指标。本条是关于绿色建筑运营管理的要求，其责任主体包括：绿色建筑的业主方、物业管理部门以及相关部门。具体的职责和义务包括以下四个方面。

一、绿色建筑运营的管理制度

2017 年住建部发布《建筑节能与绿色建筑发展"十三五"规划》明确将"实施绿色建筑全过程质量提升行动"列为主要任务，其中加强运营管理、落实技术措施、保障运营实效，已成为"十三五"期间我国绿色建筑发展的重中之重。绿色建筑运营管理制度，需要绿色建筑的业主方、物业管理部门以及其他相关部门对绿色建筑的管理制度逐步予以完善，将环境保护、节约资源、以人为本、可持续发展等理念融入绿色建筑的运营管理中，优化资源配置和提高管理效率；针对绿色建筑的特殊性，采用高新技术，实现智能化管理。

绿色建筑的运营管理，需要有一个完善的绿色物业管理制度，按照国家环境组织以及国家绿色环保组织的规定，通过对 ISO1400 的标准进行贯彻落实，建立环境管理体系，制定其物业行为的规划，使得每天的能源消耗量以及电能的使用程度等都能得到合理的控制，并且与业主签订承诺，确保居民的入住以及日常行为能有一定的保障，同时对物业管理公司的环保义务也应当有相关规定，对于公司的员工以及区域居民的意识进行改观，使其环保意识和观念能与时俱进，并转化到日常的实际行动当中，进而保证绿色物业管理制度的顺利实施。目前，河北省很多物业企业已经制定了包含节能、节水、绿化、垃圾处理等内容的物业管理制度。[1] 这些物业房地产开发商在物业管理方面为了打造绿色形象而引入了绿色物业管理模式，从而出现了生态住宅、绿色住宅等口号，促进了我省物业管理水平的提高。本条从规范性文件的层面，规定了绿色建筑运营主体制定运营管理制度的职责，主要包括节能、节水、绿化、垃圾处理、维护维修等管理制度。

---

[1] 如石家庄市裕华区国际城四期住宅小区物业管理制度汇编，其中第五部分为"节能、节水、绿化、垃圾处理管理制度"。

（一）节能管理制度

节能，就是应用技术上现实可靠、经济上可行合理、环境和社会都可以接受的方法，高效地利用能源，提高用能设备或工艺的能量利用效率。节能是我国可持续发展的一项长远发展战略，是我国的一项基本国策。而绿色建筑在建筑的全寿命周期内节能，就是要最大限度地节约资源。我国绿色建筑在实现快速规模化发展之后，如何加强运营管理、落实技术措施、保障运营实效，已成为新时期绿色建筑向质量型发展的重要课题。

本条所规定的节能制度属于建筑节能范畴。在建筑节能实施方面，应按照本条例、《中华人民共和国节约能源法》、《民用建筑节能条例》、《国务院关于印发"十三五"节能减排综合工作方案的通知》（国发〔2016〕74号）、《绿色建筑评价标准》（GB/T 50378—2019）、《公共建筑节能设计标准》以及地方相关配套政策法规的规定实施，注重新建建筑执行建筑节能强制性标准、超低能耗建筑建设、既有居住建筑节能改造、公共建筑节能监管体系建设及节能改造、可再生能源建筑应用等工作。

目前，绿色建筑运营中节能制度主要包括以下几个方面：

第一，照明系统节约电能。首先，提高照明系统能效，就是要在节能制度中提倡"绿色照明"，所谓"绿色照明"，是指在不降低照明质量的前提下，通过科学的照明设计，采用光效高、寿命长、安全稳定、节能环保的照明电器；通过改造公共照明系统，节约用电、减少污染，达到高效、舒适、安全、环保的目的。"绿色照明"要注意两个方面，一方面是灯具的选择，另一方面是开关控制设备的选择，并根据物业管理的地域、场所的不同进行合理安排。譬如，花园广场及道路可选择节能灯，用时间继电器开关控制；大堂门厅及会所可选择节能灯，用普通开关控制；楼梯走廊及通道可选择LED灯，用触摸开关或感应开关控制；需要长明灯具的地下室或车库选择LED灯。"绿色照明"也包括改进照明效率和改进照明效率的方式，主要包括更换电源、更换镇流器、自动控制装置、局部开关、照明设计、定期保养，其中最为有效的方法是更换电源，用效率高的电灯代替效率低的电灯，用高效的光源代替标准光源。目前建筑领域很多还在采用传统光源，如T8荧光灯、高压汞灯、金卤灯，这些光源具有功耗高、照度低、显色性差等缺点，且高压汞灯和金卤灯等灯具具有发热量大，灯具玻璃温度高遇水雾容易导致玻璃爆炸，使灯具维护人员疲于更换灯具，费钱费力，而更换灯具过多，临时加装的灯具就很多，导致照明系统线路混乱，照明布局不合理等现象。传统光源不仅耗能高且光衰严重，光通量比安装时明显降低，甚至无法满足有些工作场所的正常生产工作需要。所以，照明系统改造不仅提高工作场所的照度，提高生产工作安全性，还能够节约电能，减少浪费，目前用来替换传统光源的灯具有：高频无极灯、LED 灯、T5 荧光灯。

第二，其他方面节能。在绿色建筑运营中，除了照明系统节能外，还包括遮阳节能措施（在既有公共建筑节能改造中，根据遮阳系数要求和对外立面美观性要求选择合适的遮阳节能技术）、屋面节能改造措施（屋面保温节能技术）、叶轮的改造、HVAC 系统节能改造等。

河北省以 2001 年印发《关于加强建筑节能工作的意见》为起点，开启了建筑节能管理之路。自 2002 年 7 月至 2005 年 7 月，开展了禁止使用粘土实心砖行动。并全面推行建筑节能产品认证制度、建筑节能设计审查和备案工作，打造建筑节能示范工程，对既有建筑进行节能改造，明确公共建筑节能设计标准，推行居住建筑 65% 节能标准。到 2012 年，新建建筑节能管理取得显著成效，全省累计节能建筑约 3.41 亿万平方米，占全省城镇民用建筑总面积的 32.80%。可以说，我国建筑节能改造从河北省开始。2006 年，唐山"河北 1 号住宅小区"，通过中德国际技术合作，在围护结构节能、可再生能源利用等方面进行了改造。改造后室内环境大幅提升，供暖能耗大幅下降。对全国建筑节能改造起到示范引领作用。

随着科学技术的日新月异，绿色建筑的节能模式也始终处于探索和利用阶段。这就要求建筑规划方案、建筑运营主体不仅关注能源节约问题，还要合理运用科技手段，将建筑运行中的生活垃圾和余水进行清理，形成一种良性生态循环，提高建筑空间舒适度和节能效果。坚持不懈地进行科技攻关，实现绿色化和信息化的深度融合，研发绿色建筑运营优化技术和工具方法，挖掘绿色建筑运营中大数据的提效价值，为传统的建筑运行管理模式带来重大变革。同时，为了强化建筑节能效果，还应加大可再生能源的使用，例如，将风能、太阳能通过利用智能电网，为用户日常工作生活提供需要的电能，提高可再生能源利用率，从而建造出性能优良的生态建筑。

（二）节水制度

本条所称的节水制度属于建筑节能范畴，根据国家有关政策文件并结合河北省实际，完善节水制度，主要应采取如下举措：

第一，大力推广节水技术，全面落实节水措施。根据河北省人民政府《关于加强城市供水节水和水污染防治工作的通知》精神，在推广节水技术方面，要充分发挥科研机构、大专院校和专业厂家的作用，加强城市节水技术、工艺和设备研制，加大节水创新力度。要采取有力措施，落实国家有关节水技术政策和节水技术标准，加快新技术、新工艺、新设备、新器具的推广应用步伐，大力推行科技节水。要抓好各项节水管理措施的落实，对新上项目必须做到"三同时、四到位"[1] 的管理。各级建设行政主管部门在进行项目审查时，要加大对节水工艺、技术和措施的审查力度，搞好项目用水和节水评估的审查，凡节水措施不落实的不予审批。

第二，强制推行节水型用水器具。关于城市建筑节水制度和节水工具推广问题，2019 年 4 月，国家发展改革委、水利部联合印发的《国家节水行动方案》规定："全面推进节水型城市建设。提高城市节水工作系统性，将节水落实到城市规划、建设、管理各环节，实现优水优用、循环循序利用。……大力推广绿色建筑，新型公共建筑必须安装节水器具。推动城镇居民家庭节水，普及推广节水型用水器具。到 2022 年，中央国家机关及其所属在京公共机构、省直机关以及 50% 以上的省属事业单位建成节水型单位，建成一批具有典型示范意义的节水型高校。"因此，绿色建筑运营中，应大力推广节水器具的安装，并按照《绿色建筑评价标准》（GB/T 50378—2019）规定进行相应的管理，确保用水器具和设备均满足节水产品的要求。推动建立城镇居民家庭节水和公共建筑中单位节水，将节水落实到绿色建筑管理的各个环节，优水优用、循环循序利用。同时，根据国务院于 2016 年 11 月 24 日发布的《国务院关于印发"十三五"生态环境保护规划的通知》指出："加强城镇节水，公共建筑必须采用节水器具，鼓励居民家庭选用节水器具。"在绿色建筑运营管理中，应鼓励选购节水产品，采取有力措施，坚决禁止使用一次性冲洗水量在 9 升以上的便器、

---

[1] "三同时、四到位"是指节水设施与建设项目的主体工程要同时设计、同时施工、同时投入使用，用水单位必须做到用水设计到位、节水目标到位、节水措施到位、管理制度到位。

螺旋升降式铸铁水嘴等国家明令淘汰的非节水型用水器具；加大 6 升以下的便器、沟槽式厕所自动控制装置和陶瓷片密封水嘴等节水型用水器具的推广使用力度。绿色建筑投入使用后，物业管理部门以及相关部门要积极鼓励业主方选购节水相关产品。目前很多物业企业在此问题上都有相关的规定，即在日常的使用过程中，确保建筑物的节能、节水和环保等绿色要求，选用密闭性能好的阀门、设备，使用耐腐蚀、耐久性好的管材、管件。

第三，绿色建筑节水运营中，积极推广合同节水管理等治理模式。"合同节水管理，是指节水服务企业与用水户以合同形式，为用水户募集资本、集成先进技术、提供节水改造和管理等服务，以分享节水效率方式收回投资、获取收益的节水服务机制。"[1] 2019 年 3 月发布的《第十三届全国人民代表大会第二次会议关于 2018 年国民经济和社会发展计划执行情况与 2019 年国民经济和社会发展计划的决议》规定："积极推广合同能源管理、合同节水管理、环境污染第三方治理模式，加快实施绿色制造工程，促进节能环保等绿色产业发展。"要求在绿色建筑节水环节，探索有利于节水管理的节水服务产业创新发展模式，从交易模式、交易主体、交易客体、交易期限、交易方式、交易定价、交易流程、交易履约、收益分配和风险管理等方面构建合同节水量交易机制，努力探索节水服务产业创新发展模式，促进合同节水管理与水权交易共同发展。

（三）绿化、垃圾处理、维修维护等管理制度

首先，绿色建筑运营中的绿化管理制度，主要是指物业管理制度中花木培植与管理等相关问题。因此，本款规定要求各物业企业认真制定物业绿化相关制度：（1）不断提高花木培植技术和管理水平，认真履行职责、科学管理；（2）熟悉物业管理辖区内的绿化布局，花草树木的品种、数量、名称、特性和培植方法，并在适当的地方公告其植物的名称、产地、种植季节、生长特性和管理办法等，方便业主及租户休闲游览与观赏；（3）加强病虫害的防治工作；（4）贯彻"勤施、薄施"的施肥原则，避免肥料过高造成的肥害。每季度要对花木松土和施肥一次；（5）对花坛、

---

〔1〕 郭晖：《基于合同节水管理的水权交易构建方法》，《水资源保护》2019 年第 3 期。

花篱、行道树、警示牌等应及时检查，发现问题加以整理，使其整齐、美观；（6）不得擅自践踏、占用、损坏绿化地，不得往绿化地排放污水污物或扔垃圾杂物，以保证小区的绿化能得到有效的保护；（7）不准钉拴、刻画、攀折树木；严禁擅自折枝摘花采集种子、果实、割草；禁止损坏花木；（8）保护设施及花台和周边装饰建筑群。发现以上不良现象，要立即制止，并通知上级主管；（9）工作完毕后，要及时收拢所有绿化工具和用品，不得留在现场，以免造成意外损失或事故；（10）要定期对各区域的绿化养护工作进行巡查和监督。

其次，垃圾处理的管理制度。根据《河北省城乡生活垃圾处理设施建设三年行动计划（2018—2020年）》精神，河北省城乡生活垃圾处理目标为三年内推行生活垃圾分类、加快生活垃圾收转运体系建设、提升生活垃圾处理设施能力、推动城乡一体化垃圾处理模式。到2020年基本实现生活垃圾处理设施全覆盖。在此方面，我省不断积极探索有效技术模式，石家庄市研发成功国内首条复杂成分建筑垃圾处理系统[1]、河北省污水和垃圾处理类项目"强制"采用PPP模式等。本条所说的绿色建筑中加强垃圾处理，就是要在制度规范层面，积极开展建筑垃圾综合利用相关技术规范和地方标准的研究，制定产品质量标准、设计图集和施工验收规程，并将建筑垃圾综合利用产品的应用率纳入绿色建筑和绿色小区的评选考核体系。根据本《条例》，以及国务院《城市市容和环境卫生管理条例》及建设部《城市建筑垃圾管理规定》等相关条例，在物业管理条例中需要明确几方主体的权利和义务关系：

1. 物业在垃圾处理方面的权利与义务

小区的垃圾桶摆设需要居民充分了解其分类标准，并不是进行单纯的硬件垃圾桶分类。物业负责垃圾中转站周围的卫生。每天清扫绿化带、道路、人行道等公共场所，保持辖区内无垃圾、纸屑、粪便和积水。定期清理隐蔽夹道，做到无垃圾、无积水、无卫生死角。物业辖区内垃圾箱定期清除。医疗废物严格按照相关制度处理，防止废物对人体健康及环境产生危害。清洁员要每天将垃圾按废品进行分类收集处理，不准在公共场所内

〔1〕《石家庄研发成功国内首条复杂成分建筑垃圾处理系统》，《河北日报》2019年6月24日。

焚烧纸屑、垃圾，防止第二次污染，保洁员有权监督执行。保洁员要定期向管理员汇报工作情况，管理员应结合汇报按相关标准全面检查辖区内的卫生环境情况，做好详细记录，做好物业管理工作。

2. 业主及租户的权利与义务

业主及租户需要充分了解其垃圾分类标准，并不是进行单纯的硬件垃圾桶分类。在小区（大厦）内实行垃圾袋装化，由业主及租户投放到楼外固定垃圾桶内。装修后的瓦砾、砖块、灰渣等工程垃圾应由施工人员负责，严禁倒在垃圾桶内。集中堆放临时垃圾点，统一清运。楼道、过道等公共场所要通畅，无杂物堆放，墙壁上不乱贴乱画，车库内车辆停放整齐，保持整洁。

二、自动监控设备的正常运行

要求对建筑物主要用能设备运行数据进行监控和记录。供暖、通风、空调、照明等设备是建筑物的主要用能设备，对这些设备进行自动监控是实现室内环境舒适度和节能效果的重要保障。通过对绿色建筑的供暖、通风、空调、照明等系统及主要设备进行有效的监测，对主要运行数据进行实时记录，并依据运行数据对各类设备系统进行调节控制，实现不同情况下最佳运行，达到降低能耗的效果，同时保证用能设备的自动监控系统运行正常、记录完整。

较之传统建筑，绿色建筑配备了多种设备，如热能回收设备、地源/水源热泵、太阳能光伏发电设备、太阳能热水设备、遮阳设备、雨水收集处理设备等，这些设备只有在合理、正确的工况（比如地源/水源热泵系统的进出水温差必须满足设备配置要求）下，才能满足节约资源的要求，使绿色建筑设计的预期目标得以实现。因此，绿色建筑应体现智能建筑技术，含有自动化安全管理系统，具有24小时全天连续的安全监控功能，确保绿色建筑时刻处于监控的范围之内。除此之外，根据人体的温湿度标准，自动予以调控，不仅要满足人体舒适要求，而且要实现对能源的节约，从而凸显良好的节能效果。

（一）照明系统的自动监控

照明系统的自动监控，目的是减少照明系统使用时间而建设的能源计量平台，以期实现能耗的实时监测和管理。通过自动控制系统和局部开关对照明系统的使用时间进行更为合理的控制，达到节能的效果，照明系统的自动控制系统包括：房屋空闲时关灯的计时电路、感知房间内的日光量来确定是否开关灯或者调节灯光亮度的光电传感器、工作区域无人时关闭相应电灯的感应传感器。能源计量平台可以根据能源的分类，分区域、分时段、分用户进行管理、计量和监测，在照明改造部分的配电箱内安装计量设备，对照明的用电量进行测量，通过无线传输设备传输到指定的网络平台上，为进行照明改造的单位和节能服务公司提供用电情况。计量平台是实施改造的单位和节能服务公司进行结算的依据，对节能改造有着重要作用。[1] 通过自动监控与计量平台的监督与结算，促进绿色建筑节能目标的实现。

（二）室内空气质量的自动监控

我国颁布了 GB/T 18883—2002《室内空气质量标准》和 GB 50325—2010《民用建筑工程室内环境污染控制规范》及一系列装修材料有害物含量限量标准。由于目前室内空气质量标准有不完善之处，如验收标准和卫生标准之间不尽协调等问题，室内空气污染仍然很严峻。调研显示，70%以上的居住建筑在装修 3 个月后同其室内环境仍不合格。[2] 结合工程实践中室内空气质量的确存在的上述问题，本条款提出的自动监控包括室内空气质量的运行管理，通过交付使用和环境监测中的动态检测和管理，以保证全装修住宅室内环境指标符合国家和本省相关标准，以符合"十三五"节能减排综合工作方案的要求。[3] 因此，绿色建筑在运营过程中，责任主体应保障节能、节水设施以及建筑用能分项计量、数据采集传输装置等自动监控设备正常运行。

---

〔1〕 郁达飞主编：《建筑领域合同能源管理制约因素与对策》，河北科技出版社 2018 年版，第 100 页。

〔2〕 康熙课题组：《河北省全面推行绿色建筑室内全装修可行性研究及评价标准编制》，2019 年 7 月。

〔3〕 《"十三五"节能减排综合工作方案》第十条规定："落实节能减排目标责任"要求："健全节能减排计量、统计、监测和预警体系。健全能源计量体系和消费统计指标体系，完善企业联网直报系统，加大统计数据审核与执法力度，强化统计数据质量管理，确保统计数据基本衔接。完善环境统计体系，补充调整工业、城镇生活、农业等重要污染源调查范围。建立健全能耗在线监测系统和污染源自动在线监测系统，对重点用能单位能源消耗实现实时监测，强化企业污染物排放自行监测和环境信息公开，2020 年污染源自动监控数据有效传输率、企业自行监测结果公布率保持在 90% 以上，污染源监督性监测结果公布率保持在 95% 以上。"

（三）供暖煤锅炉节能的自动监控

在河北省重点启动供暖煤锅炉节能环保综合能耗的测量工作。20 蒸吨及以上燃煤锅炉（包括供暖锅炉与工业锅炉）安装废气排放自动监控设施，增设烟粉尘监控因子，并向环保部门定期上报自动监控数据。[1] 新建建筑执行民用建筑节能强制性标准并进行绿色建筑建造和北方采暖地区供热计量。随着人工智能的发展和绿色建筑的普及，自动监控设备将发挥越来越大的作用。

（四）其他节能设备的自动监控

随着人工智能的不断发展，节能自动监控的范围和领域也在不断扩大，据悉，国外的绿色建筑在方案设计的前期就会引入采暖、通风、照明、智能化等不同领域的参与。我国绿色建筑智能化的实践也在全国逐步展开，天津市首个通过国家绿色建筑二星级设计标识的项目——天津仁恒海河广场项目（住宅部分）就采用了智能化系统，目前运行状态良好。湖南长沙的绿色小学——梅溪湖小学于 2014 年 9 月正式建成，学校的屋顶就采用了智能化的可调节遮阳设备。绿色建筑的智能化离不开各种新技术、新设备的应用，本条款的目的就是在于，发挥自动监控管理优势，提高智能建筑技术广泛应用于实践。

三、设施设备的维护问题

对绿色建筑的日常维护是保障绿色建筑高效运行的关键，故需要定期维护维修外墙、外窗等建筑围护结构以及有关设施设备。只有对绿色建筑围护结构和相关设施设备进行有效的维护和保养，落实绿色技术措施，才能使绿色建筑的环境效益、经济效益和社会效益得到长期发展。

《建筑工程建筑面积计算规范》（GB/T 50353—2013）规定：建筑物的围护结构是指围合建筑空间四周的墙体、门、窗等，建筑物的维护结构必须能抵御风雨、温度变化、太阳辐射等环境不利影响，应具有保温、隔热、隔声、防水、防潮、耐火、耐久等性能。绿色建筑的围护结构同样需要满足保温、隔热、隔声、防水、防潮、耐火、耐久等性能，在此标准下

---

〔1〕 参见《河北省人民政府关于印发河北省燃煤锅炉治理实施方案通知》，http：//info. hebei. gov. cn/hbszfxxgk/329975/329982/6405244/index. html，2019 年 7 月 8 日。

绿色建筑围护结构在材料选择上应立足于资源节约、再利用、回收和开发利用可再生资源等几个方面，选择无害、节约能源的绿色建筑材料。为了保持室内温度，建筑物必须获得或者阻止热量的交换，河北省属于我国北方地区，冬天在北方室内温度相对高于室外温度，要防止或者减少室内热量流于室外，并且要尽量多地获得室外阳光辐射带来的热量，保持室内高温。冬季建筑物获得热量的途径一般包括供暖设备的供热（占 70% ~ 75%），阳光辐射得热（占 15% ~ 20%），建筑物内部得热（包括炊事、照明、家电、人体散热，占 8% ~ 12%），这些热量又通过围护结构（门窗、外墙、屋顶及不供暖地下室顶板）向外散失，建筑物的总失热包括围护结构的传热耗热量（占 70% ~ 80%）和通过门窗缝隙的空气渗透的耗热量（占 20% ~ 30%），因此建筑节能的主要途径：一是减小建筑物外表面积和加强围护结构的保温，以减少传热耗热量；二是提高窗户的气密性，以减少空气渗透耗热量，在减小建筑总失热量的前提下，尽量利用太阳辐射得热和建筑内部得热，最终达到节能的目的[1]。综上可知，在绿色建筑节能运营管理中，建筑围护结构以及有关设施设备，能够起到极其重要的作用。

对于设施设备的维护问题，国务院出台的《民用建筑节能条例》第八条第一款规定："县级以上人民政府应当安排民用建筑节能资金，用于支持民用建筑节能的科学技术研究和标准制定、既有建筑围护结构和供热系统的节能改造、可再生能源的应用，以及民用建筑节能示范工程、节能项目的推广。"第三十一条第一款规定："建筑所有权人或者使用权人应当保证建筑用能系统的正常运行，不得人为损坏建筑围护结构和用能系统。"河北省在结合上位法的基础之上，制定本条款，以促进既有民用建筑阳台的节能改造、既有公共建筑护围节能改造技术（外墙节能改造技术、外窗节能改造技术）等。

关于绿色建筑围护结构的相关责任义务包括两个方面：

第一，县级以上人民政府的职责。县级以上人民政府负有扶持民用建筑的节能义务：做好既有建筑围栏结构的改造和供热系统的改造；在民用

---

[1] 靳丽俊：《居住建筑围护结构的保温节能》，《山西建筑》2008 年第 34 期，第 233—233 页。

建筑节能资金方面加大支持力度，推进民用建筑节能的科学技术研究；推广民用建筑节能示范工程和节能项目；推广既有建筑围护结构的改造和供热系统的改造。

第二，建筑所有权人或者使用权人的义务。应当保证建筑用能系统的正常运行，不得损坏建筑围护结构和用能系统。

此外，根据 2017 年 10 月（原）中华人民共和国质量监督检验检疫总局、中国国家标准化管理委员会联合发布的《建筑围护结构整体节能性能评估方法》制定的关于建筑围护结构整体节能性评估方法，适用于民用建筑的围护结构整体节能性能的评价。为了降低建筑能源消耗，实现绿色建筑的可持续发展，我们必须对建筑物的围护结构进行定期的维护，定期监测建筑外围机构的热工性能，检测结果不符合设计要求时应进行改造；对建筑材料及构建的安全耐久性也应当定期进行检查和维护，当建筑物需要修补、翻新、改造时，不能影响建筑结构的安全性、耐久性，且不应降低外围护结构的保温隔热性能。绿色建筑的相关设备系统包括暖风空调系统、给排水系统、建筑电气系统，对绿色建筑的相关设备系统应当进行日常维护管理，发现隐患应及时排除和维修，使设备保持一定的完好率，在对设备维护前，应当对系统进行专业的分析并确定维护方案，维护时必须严格遵守安全操作规程，维护完毕后对保养的内容和零部件更换情况进行记录。对空调系统的空气过滤器、表面冷却器、加热器、加湿器、冷凝水盘等部位进行定期全面检查和清洗，对空调系统的排风口和排风管也要进行定期的油污处理，以保障空调系统的正常运行，对空调以及供暖水系统的防冻设备进行定期的检查，防止设备因天气原因损坏而不能正常运行。为了保障用水的安全，还应对给排水系统进行定期的检查和维护，定期检查供水管网和阀门等。对电器系统进行定期的检查，及时更换损坏和光衰严重的光源，定期维护自动控制系统的传感器、变送器、调节器和执行器等基本元件。只有对相关设备定期进行系统的维护、检修、监测、保养及更新置换，及时清除系统故障，才能保障系统有效运行。所以，对建筑物的外墙、外窗等建筑围护结构以及有关设施设备进行维护维修是相当有必要的。在绿色建筑发展迅猛的今天，我们必须重视绿色建筑的维护，拒绝高耗能、高运行费用的"绿色建筑"的产生，真正落实节能、环保的理念。

四、国家和本省的规定

绿色建筑的运营还应符合国家和本省规定的其他要求。该项规定属于兜底性条款。绿色建筑运营除了要符合本条中前三项的要求，还应符合国家和本省规定中有关绿色建筑运营的其他相关条款。

兜底条款（Miscellaneous Provisions）作为一项立法技术，它将所有其他条款没有包括的、难以包括的，或者目前预测不到的，都包括在这个条款中。兜底条款是法律文本中常见的法律表述，主要是为了防止法律的不周延性，以及社会情势的变迁。因为法律一经制定出来，法条的稳定性预期，同时也带来了法律相对的滞后性问题，况且法律制定者受主观认识能力等方面的局限，也无法准确预知法律所要规范的所有可能与情形，所以，就有必要通过这些兜底性条款，来尽量减少人类主观认识能力不足所带来的法律缺陷。与之相对的是列举式立法技术，就是指把具体的情况一一列举出来。列举式立法使得法律规范趋于明晰，对人们的行为具有明确的指引作用。法律规范具有稳定性，绝不能朝令夕改，为了保持法律的相对稳定性，执法者可以依据法律的精神和原则，适应社会情势的客观需要，将一些新情况等通过这个兜底性条款来予以适用解决，而无须修改法律，以应对日益变化的社会变迁，于是，法律条文中出现的兜底性条款，以弥补列举式立法模式之不足。

第二十条 建筑物所有权人或者使用权人与物业服务企业签订的服务合同，应当载明符合绿色建筑运营要求的物业管理内容。

物业服务企业应当将绿色建筑运营要求纳入物业管理制度，由技术人员或者委托专业服务企业负责节能、节水等设施设备的维护和保养。

【本条主旨】

本条文是关于绿色建筑运营物业服务合同的约定和物业服务企业义务履行的规定。

【本条释义】

《住房建设部关于印发〈建筑节能与绿色建筑发展〉"十三五"规划的通知》明确规定了"推广绿色物业管理模式"。本条就是关于绿色建筑物业管理模式的相关规定。绿色建筑物业服务除了具有一般物业服务的内容以外，增强了与绿色建筑有关的节能运行、节水设备维护、空气质量监测等服务内容，并应用智能化管理措施，进行数据监测与分析，以保证与绿色建筑有关的各类设备正常运行，降低运行能耗。本条例的具体内容主要包括以下几个方面。

一、物业服务合同签订内容的规定

本条例所称物业管理，是指业主通过选聘物业服务企业，由业主和物业服务企业按照物业服务合同约定，对房屋及配套的设施设备和相关场地进行维修、养护、管理，维护物业管理区域内的环境卫生和相关秩序的活动。2018 年 3 月 19 日修改通过的《物业管理条例》第二十一条规定："在业主、业主大会选聘物业服务企业之前，建设单位选聘物业服务企业的，应当签订书面的前期物业服务合同。"第三十四条规定："业主委员会应当与业主大会选聘的物业服务企业订立书面的物业服务合同。物业服务合同应当对物业管理事项、服务质量、服务费用、双方的权利义务、专项维修资金的管理与使用、物业管理用房、合同期限、违约责任等内容进行约定。"第三十五条第一款规定："物业服务企业应当按照物业服务合同的约定，提供相应的服务。"以上就是对建设单位选聘物业服务企业、签订前期物业服务合同，以及物业服务合同等具体事项作出的规定。

本条是在《物业管理条例》基础上，针对物业管理服务合同内容，结合绿色建筑发展的需要，所作出的细化规定。具体要求如下：建筑物所有人或者使用人与物业服务企业签订的服务合同，应当载明符合绿色建筑运营要求的物业管理内容，从而约束相关主体的权利义务关系。这其中，物业服务企业应当将绿色建筑运营要求纳入物业管理制度，由技术人员或者委托专业服务企业负责节能、节水等设施设备的维护和保养。同时，2017年国务院《公共机构节能条例》第二十七条规定："公共机构选择物业服务企业，应当考虑其节能管理能力。公共机构与物业服务企业订立物业服务合同，应当载明节能管理的目标和要求。"因此，本条例在适用的范围上，既包括民用建筑，也包括公共机构建筑，两者都应该按照本条例的规定，坚持物业管理的市场化方向，规范和发展物业管理，鼓励公平竞争，建立健全质价相符的物业管理价格机制，引导和监督各方履行物业服务合同。

同时，需要指出的是，物业管理合同是委托方和物业服务企业在根据《中华人民共和国合同法》等国家以及地方有关物业管理法律、法规和政策基础上，在平等、自愿、协商一致的私法理念下签订的合同。

依据现行《合同法》，物业管理合同系无名合同之一种，其主要规范的是物业管理关系双方当事人就特定物业的管理事项而合意设定的当事人双方的权利义务关系。该条例中物业管理一方当事人是建筑物所有权人或使用权人，另一方当事人是物业服务企业。

一般而言，物业管理合同的主要条款由以下方面构成：（1）当事人和物业的基本情况（主要是对双方当事人的资格认定以及对物业管理活动中标的物的基本情况作出确认和记载）；（2）双方的权利和义务（主要是物业所有人或使用人支付物业管理费，物业管理公司提供相应服务的条款）；（3）物业管理服务事项和服务质量；（4）物业管理服务费的标准和收取方法；（5）物业管理服务用房的使用、管理和费用分配办法；（6）维修费用的收取和使用条款；（7）合同的有效期限、合同的终止事项及合同终止后相关事宜（主要是物业资料的移转）；（8）违约责任和解决纠纷的途径；（9）当事人根据具体情况约定的其他主要条款。

其中，物业管理的主要内容包括：物业共用部位的维修、养护和管理；物业共用设施设备的运行、维修、养护和管理；物业管理区域内的巡视、检查；物业管理区域内装饰装修管理；供水、供电、供气、电信等单位在物业管理区域内对相关管线、设施维修养护时进行必要的协调和管理。清洁方面的内容是：物业共用部位和相关场地的清洁卫生，垃圾的收集、清运及雨、污水管道的疏通；公共绿化、水景、建筑物的养护和管理。

绿色建筑的物业服务要求贯彻绿色环保理念，将绿色建筑指标体系中的各个分项指标贯彻到物业服务活动中。要求物业服务公司提升自身的专业意识和服务水平，做好节能管理、节水管理、垃圾分类、环境绿化、污染防治等基本的物业管理技术要点。因为绿色建筑平时的运营维护与传统建筑的运营维护存在一定的差异（比如，节能节水等设施设备的维护和保养对技术的要求很高，需要由专业技术人员或者委托专业服务企业来进行），所以，合同双方当事人在签订物业服务合同时应当明确载入符合绿色建筑运营要求的物业管理内容，明确双方当事人的权利义务，避免日后的纠纷。

二、物业服务企业的管理制度中绿色建筑运营内容的规定

本条款规定，物业服务企业将符合绿色建筑运营要求的物业管理内容纳入物业管理制度中，还要求由技术人员或者委托专业服务企业负责节能、节水等设施设备的维护和保养。

随着我国绿色建筑发展速度加快，面对越来越多的绿色建筑建造完成，对传统物业管理公司提出了更多的挑战，特别是物业管理脱节这一亟须解决的问题。符合绿色建筑运营要求的物业管理，是指在保证物业服务质量等基本要求的前提下，从绿色建筑项目的各阶段，凭借科学的管理体系和技术体系，最大限度地节约资源和保护环境，构建节能低碳的生活社区式的物业管理。

物业管理服务活动属于建筑的运营管理阶段范畴，也就是说绿色建筑指标体系中的各个分项指标均涉及物业管理服务活动。因此，绿色物业管理可最大限度地节能、节地、节水、节材，保护环境和减少污染，从每一栋建筑、每一个小区做起，为业主或物业使用人提供健康、适用和高效的使用空间，落实绿色建筑不同星级设计目标，使得在运营阶段凸显绿色建筑的功能。

绿色建筑的物业管理服务与传统的物业管理差异较大。传统的物业管理方法中，物业企业的管理理念、技术、方法、手段等与绿色建筑"四节一环保"的要求存在较大差距。传统物业管理的目标是保值增值，管理范围仅包括保持物业本身的完好，一般在工程竣工以后提供，管理模式主要表现为劳动密集型的管理，以人工劳作为主，以物业企业为中心，业主处

于被动接受地位，业主参与度低，管理技术落后，科技含量低，无法适应绿色建筑物业管理知识密集、技术密集的特点，难以实现物业管理专业化、精益化和规范化的要求。相比较而言，新型绿色建筑中的"四节一环保"是指"节能、节水、节地、节水和环境保护"，也就是以"建筑节能、建筑节地、建筑节水、建筑节材"和"保护环境"等标准对城市功能进行合理安排，以促进城市居住、就业等合理布局，减少交通负荷，降低城市交通的能源消耗等。绿色建筑物业管理是在传统物业管理基础上的提升，它除了具有物业管理的一般特点之外，还具有自身的特点，主要体现在以下四个方面：

第一，实施全寿命周期管理，运用全寿命周期理论，制定绿色建筑物业管理的目标与流程，做到最大限度节约资源和保护环境。绿色建筑物业管理要从物业的全寿命周期出发，即将物业管理活动深入前期策划、设计和规划、施工和运行各个阶段，物业管理人员从前期就开始全面了解绿色建筑所使用的先进设备与技术，为实现后期绿色物业管理节能减排的目标奠定基础。

第二，坚持"以人为本"理念，主要体现在为业主提供服务方面，物业管理企业应考虑不同业主的需求、层次、时间和费用支付能力等的差异，尽可能提供菜单式服务，满足业主的个性化需求，在管理过程中体现人性化服务，物业管理企业应从各方面引导业主主动节能，树立保护环境、节能减排的良好意识，并使业主可以切实体会到主动节能所带来的环境效益与经济效益。

第三，应用节能、智能化技术。传统物业管理主要是劳动密集型，科学技术物业管理过程中应用率较低，日常运作过程中的资源消耗较大，环境保护不到位。绿色建筑物业管理通过应用节能、智能化技术，如供热、通风和空调设备节能技术、能源管理系统、楼宇能源自动管理系统以及建筑设备自动监控系统等，来实现节能降耗的目标。

第四，注重数据监测与分析。绿色建筑相关技术与设备的应用效果需要通过对绿色建筑运行数据的监测来获取，绿色建筑在运营阶段的监测是绿色建筑科学评价和不断优化管理手段的可靠依据。绿色建筑的运营监测可提供大量真实的数据，通过对环境、能源和设施实时监测数据的分析，及时进行设备优化与控制来提高绿色建筑性能,实现真正的节约资源。绿色建筑物业管理对管理人员提出了更高的要求,绿色建筑物业管理人员不仅需要有强烈的社会责任感和环保意识,更重要的是掌握专业技术。例如,可再生能源系统和雨废水回用系统的运行维护技术要求高,这就需要专业技术人员进行维护或者委托专业服务企业。

> **第二十一条** 省人民政府住房城乡建设主管部门应当建立全省统一的民用建筑能源资源消耗统计监测平台,实现与供电、供水、供气、供热等企业的数据共享,并将国家机关、事业单位办公建筑以及大型公共建筑用能数据纳入平台。
>
> 县级以上人民政府住房城乡建设主管部门应当推进绿色建筑运营评估工作。
>
> 统计监测数据和运营评估结果应当作为编制绿色建筑专项规划、制定公共建筑能耗限额、推进既有建筑绿色改造等工作的重要依据。

【本条主旨】

本条文是关于绿色建筑能耗统计、数据监测、运营评估及其应用的规定。

【本条释义】

民用建筑作为全社会能源消耗最大的领域之一,降低民用建筑能耗已经成为河北省能源政策中的重要组成部分。明确河北省民用建筑能源消耗的关键影响因素并采取有效节能对策,对于河北省民用建筑节能事业的发展具有重要的意义。本条为了实现民用建筑的节能目标,对绿色建筑能耗监测数据共享以及运营评估工作作出了具体规定。

一、全省统一的民用建筑能源消耗统计监测平台

《国务院办公厅关于转发发展改革委 住房城乡建设部〈绿色建筑行动方案〉的通知》(国办发〔2013〕1号)要求,"加强公共建筑节能管理。加强公共建筑能耗统计、能源审计和能耗公示工作,推行能耗分项计量和实时监控,推进公共建筑节能、节水监管平台建设"。这几年我国正

在逐步完善建筑能源消耗数据库的建立，2007年在全国建立了"国家机关建筑和公共建筑节能管理体系"，在北京、上海、天津等31个省、市、自治区开展公共建筑能耗统计、能源审计和能效公示，已经积累了大量的数据，河北省建筑能耗监测平台已于2015年底建设完成并开始投入运行，国家机关办公和大型公共建筑、可再生能源项目、节约型校园项目都将进入监测系统，将提供大量基础数据。目前，已陆续完成与10个市级平台对接、10个高效能耗监测平台（其中8个国家示范项目）对接工作。利用近两年已上传的数据，立项了《河北省公共建筑能耗定额研究》课题，对数据进行初步分析，分类研究办公、商场、宾馆等公共建筑的能耗定额。

建筑能耗统计，是指对民用建筑能耗状况进行的收集、整理、分析、公布的活动，具有三个作用：第一，开展公共建筑节能情况普查，对建筑面积、结构形式、用能系统等基本信息进行调查摸底，从而掌握本地区建筑用能的基本状况，为确定重点用能建筑提供依据；第二，选择重点用能建筑深入调查，对其用能系统进行分类分项计量监测，为能源审计、能效公示和用能限额的确定提供基础数据；第三，通过定期（通常每年一次）的能耗统计，结合各类建筑能耗限额，筛选出超限额建筑，作为政府监管重点对象。本条第一款要求，河北省人民政府住房城乡建设主管部门应当建立全省统一的民用建筑能源资源消耗统计监测平台，实现与供电、供水、供气、供热等企业的数据共享，并将国家机关、事业单位办公建筑以及大型公共建筑用能数据纳入平台。其主要内容表现在以下几个方面：

（一）民用建筑能源资源消耗统计监测平台的建立主体

河北省人民政府住房城乡建设主管部门负有建立全省统一的民用建筑能源资源消耗统计监测平台的职责和义务。绿色建筑能源资源消耗监测的主要目标是提高能效管理，可以根据建筑能耗的实际情况，通过系统监测深入分析资源利用效率和节能潜力，及时发现问题并优化控制，最大限度地提高能源利用率，从而达到全面节能降耗的目的。

为了更好地实现降低能耗、提高资源利用率的目的，河北省建立全省统一的民用建筑能源消耗统计监测平台，实现数据共享，使已有数据资源得到充分利用，减少资料收集、数据采集等重复劳动和相应费用。数据平台的建立旨在建立全面、协调、持续发展的基础数据环境，并通过统一的综合数据平台，快速构建全面、合理、科学的绿色建筑分析评价体系。数据平台在对建筑基础信息、能源消耗信息、能耗统计分析等方面对能耗统计工作起到了重要作用。

（二）民用建筑能源资源消耗统计监测平台的功能

2007年8月26日发布的《国务院关于节约能源保护环境工作情况的报告》中，对于绿色建筑能耗数据平台的建立作出了如下的规定："抓好重点领域节能……在大型公共建筑集中的城市建立建筑能耗监测平台，对一批重点建筑设分项计量装置……加强对节能减排工作的监督检查。"为了贯彻落实国务院关于建筑能耗监测平台的规定，本《条例》规定了全省统一的民用建筑能源资源消耗统计监测平台的作用。即通过建立绿色建筑能耗数据平台，监测相关数据，可以实现以下几个方面的重要作用：第一，可以实现与供电、供水、供气、供热等企业的数据共享。第二，民用建筑能源资源消耗统计监测平台也可以将国家机关、事业单位办公建筑以及大型公共建筑用能数据纳入平台。通过监测平台的建立，提高建筑节能运行管理与改造水平，推动绿色建筑节能运行与管理。通过监测所得数据指导各地分类制定绿色建筑能耗限额标准，研究建立基于能耗限额的绿色建筑节能管理制度，从而加快推行合同能源管理，积极探索能效交易等节能新机制。同时，建立绿色建筑能耗数据平台，有利于国家了解各地区内绿色建筑的能源消耗信息，对于政府制定节能目标及部署节能工作提供有效的信息依据。党的十八大召开之后，河北省出台了《河北省供热用热办法》，建立省级公共建筑能耗监测平台，进一步加大建筑节能推进力度。到2016年，城镇民用节能建筑累计达5.069亿平方米。自2017年5月起，河北省城镇新建居住建筑全面执行75%节能标准。为落实节能要求，河北省先后印发了《河北省建筑节能与绿色建筑发展"十三五"规划》，出台了《河北省绿色建筑促进条例》，编制了《河北省被动式低能耗建筑施工及验收规程》《河北省被动式公共建筑节能设计标准》等相关标准、规程70余个。到2018年，全省累计城镇节能建筑达6.367亿平方米，占全省城镇民用建筑总面积的49.03%。河北省在加快公共建筑能耗监管平台建设方面取得了重大进步。目前，河北省公共建筑能耗监测平台和10个市级能耗监测平台已经建成，1 个平台正在建设中；建成能耗监测终端采集点 220 个，并实现了数据传输。[1]

二、运营评估工作的规定

建筑的运行使用和维护阶段在建筑全寿命期中所占时间最长，对绿色建筑的运行使用情况进行运营评估，既可查验绿色建筑实际落实情况，展现绿色建筑实施效果，又可为绿色建筑业主、物业单位和开放单位在运行期间诊断和提升建筑性能和品质提供依据，并指导同类新建建筑在规划、设计方面的持续化改进。本条规定了县级以上人民政府住房城乡建设主管部门的作为和义务，即县级以上人民政府住房城乡建设主管部门应当推进绿色建筑运营评估工作。本条包含以下几个方面的内容：

（一）绿色建筑运营评估的含义

2017 年住建部制定发布了《绿色建筑后评估技术指南》（办公和商店建筑版），2018 年 9 月发布的《绿色建筑运营后评估标准（征求意见稿）》规定："绿色建筑运营后评估是对绿色建筑投入使用后的效果评价，包括建筑提供的室内外环境品质与能源资源消耗量的控制，以及建筑使用者主观反馈的评价。"具体而言，绿色建筑从规划设计、建造竣工，随即进入建筑寿命周期中占时间最长的运行使用和维护阶段。绿色建筑运营后评估是对绿色建筑运行、维护阶段的实施效果、建成使用满意度及其他影响因素进行主客观的综合评估。绿色建筑运营后评估重在评价各项绿色技术与措施的综合实施效果，即包括能耗、水耗、建筑使用者反馈等级评价指标，而非单项技术（屋顶绿化、热回收技术的应用与否等评价指标）的落实评价，更好地体现了建筑作为一个有机集成系统在节能环保方面的作用。这些都有助于建筑管理优化、运行实效提高，同时为健全后评估体系提供重要的数据支撑和反馈。

（二）绿色建筑运营评估工作的作用

绿色建筑运营评估工作，可以真实反映绿色建筑在规划设计、管理控

---

[1]《我省去年竣工 75% 节能居住建筑 4080.29 万平方米》，《河北省住房和城乡建设厅政府信息公开》，http：//zfcxjst. hebei. gov. cn/Mobile/zfxxgk/xxgkml/gzdt/201901/t20190128_ 243848. html，2019 年 7 月 8 日。

制等环节的实际状况。其具体作用如下：一方面，有利于提高社会各界对绿色建筑的了解；另一方面，能够建立良性反馈机制，为建设方、设计方、施工方、物业方、使用者之间的信息互通提供渠道，促进绿色建筑的设计实施水平不断改进和优化，提升使用者和社会公众参与绿色实践的积极性，引导绿色建筑行业持续发展。只有通过运营测试评估，才能反馈规划设计阶段技术路线的科学性，才能反映建设过程中对绿色建筑理念的执行程度，才能评价运营管理阶段机制制度的合理性。对绿色建筑来说，只有全面了解以上各阶段的提升改进空间，才能更好地贯彻绿色生态理念，深化落实可持续发展观，建设真正节能减排的绿色项目，更好地体现建筑作为一个有机集成系统在节能环保方面的作用。当前绿色建筑的评价主要停留在设计阶段，部分绿色建筑技术实施效果并不好，需要根据运营情况对设计进行反馈。绿色建筑应该加强设计与竣工验收的联动，确保相关技术措施的落地，为绿色运营创造硬件基础。绿色建筑应加强精细化运营能力，针对绿色建筑目标编制具体的绿色运营管理手册，及时根据运营效果进行方案修正。

（三）绿色建筑运营评估工作要求

如何保障运营评估工作的顺利进行，要求县级以上人民政府住房城乡建设主管部门积极推进绿色建筑运营评估工作，保障城市设施安全有序运营：第一，坚持政企分开、管养分离，完善维护机制，保障资金投入等，实现城市维护的常态长效管理。加强基础设施运营监测，形成日常检查、定期检测、运营评估的维护机制。发挥各级政府的积极性，建立基础设施运营维护的财政保障机制，建立基础设施运营维护投入的运营评估机制。具体评估应做到准确性、完整性、透明性。第二，平台运行维护费用纳入同级财政预算，财政部门对建筑能耗监测平台的运行维护经费应当给予必要保障。省和设区的市建设主管部门应认真落实《条例》要求，安排专人或委托专业机构（单位）对建筑能耗监测平台进行维护管理，实现能耗监测平台的长期稳定运行，发挥平台承担的"建筑能耗管家"作用，为政府制定建筑能耗限额、强化高能耗建筑的监督管理、推动建筑节能服务市场奠定基础。

（四）绿色建筑运营后评估的基本规定

县级以上人民政府住房城乡建设主管部门在推行绿色建筑运营评估工

作中，应该遵循《绿色建筑运营后评估标准（征求意见稿）》的相关规定，其中包括：第一，环境保护方面。建筑运营过程中对于各类污染物加以有效控制，使其达标排放和处理；进行建筑碳排放计算分析和展示，采取措施降低单位面积碳排放强度。第二，能源资源方面。建筑运营期间能耗强度达到现行国家标准《民用建筑能耗标准》GB/T 51161 的对应气候分区同类型建筑的指标要求；采取有效节水措施，提高水资源循环利用，减少水资源消耗量，实际建筑平均日用水量满足现行国家标准《民用建筑节水设计标准》GB 50555 中的节水用水定额的要求。第三，建筑品质方面。室内空气中的氨、甲醛、苯、总挥发性有机物、氡、可吸入颗粒物等污染物浓度满足室内环境健康要求；建筑运营过程中采取有效水质控制措施，使得生活饮用水、直饮水、集中生活热水等水质符合国家或行业现行相关标准的规定，并采取定期检测和在线检测各类用水的水质，及时掌握各类用水的水质安全情况；建筑运营过程中对主要功能房间的噪声级、天然采光及人工照明、热舒适等建筑物理性能指标进行测试评估。

三、统计监测数据和运营评估结果的应用

统计监测数据和运营评估结果应当作为编制绿色建筑专项规划、制定公共建筑能耗限额、推进既有建筑绿色改造等工作的重要依据。

（一）在绿色建筑专项规划中的应用

绿色建筑专项规划，包括绿色建筑空间的布局规划、绿色设计、绿色施工和绿色运营等内容。尽管国家及地方政府鼓励并推动绿色建筑的发展，但是由于规划、设计、施工等技术水平的限制，在具体实施中难免存在绿色建筑评价标准解读与应用实施的差异，给项目设计及实施带来不便，如延长施工图出图时间、延误施工等问题。为使城区建筑的建设在规划阶段就能合理采用绿色建筑技术，需要制定合理的绿色建筑专项规划，指导城区绿色建筑技术指标的合理落实，因地制宜、经济合理地采用绿色建筑技术实现绿色建筑星级达标要求。绿色建筑的运营评估结果真实反馈了绿色建筑投入运营后所产生的问题。将运营评估结果作为编制绿色建筑专项规划的重要依据，可以使绿色建筑专项规划的设计更为合理。

（二）在公共建筑能耗限额中的应用

建筑是当前社会能源消耗的大户，由于城镇化和人们生活理念的改变，节能减排和可持续、绿色化发展理念被人们日益重视，建筑节能工作遇到了前所未有的挑战。随着经济的发展和城镇化建设的推进，全国建筑数量和面积不断增加，其能耗也相应地节节高升，建筑特别是公共建筑消耗的能源数量在社会所有的能耗中占比趋向逐年增长，但是建筑数量的增加，并不影响人们对舒适度更高的追求，这就要求我们对公共建筑进行能量限额和对既有的一些建筑进行绿色改造。

公共建筑是指供人们开展各类公共性活动的建筑，包括宾馆、酒店、学校、商场、医院、体育场所等类型。其能耗一般包括维持公共建筑日常的使用和运行消耗的各种能源总量，如采暖空调系统、生活热水系统、照明插座系统、信息机房的能耗。公共建筑由于与居住建筑在结构、用途、运行上的不同特性，使公共建筑的能效水平与节能意识较差，且随着大型的公共建筑比例不断加大，其耗能更是居高不下。对公共建筑能耗限额，提高公共建筑的节能运行管理水平，对公共建筑用能实现量化控制与管理，抑制奢侈性用能行为，促进高耗能公共建筑采取多种节能措施进行节能改造很有必要。自 20 世纪 90 年代以来，国家建筑节能标准不断完善和发展，从新建建筑节能逐步推进到既有建筑节能，从居住建筑节能扩大到公共建筑节能。但是，随着节能工作的开展，建筑特别是公共建筑的能耗不止与建筑物本身有关，还与其运行方式、业主的使用习惯相关，对比相似的不同个体公共建筑，其真实能源消耗数量可能相差几倍。因此，公共建筑节能管理方面不容懈怠，要确立能耗限额（又名：能耗定额）制度，利用公共建筑在运营过程中的监测数据为能耗限额标准的制定提供支持。既有建筑面广量大、能源消耗巨大、环境污染严重，所以对既有建筑的绿色改造也势在必行，而绿色建筑的统计监测数据和运营评估结果对既有建筑的绿色改造具有很好的借鉴意义。

（三）推进既有建筑绿色改造等工作的重要依据

河北省通过能源资源消耗统计监测平台所得的数据，以及绿色建筑运营后评估所得结果，可以得到十分宝贵的数据资源，对于解决既有建筑节能性和环境性偏低等症结都具有重要意义。

第二十二条　设区的市、县级人民政府应当按照绿色建筑标准，有序推动既有民用建筑绿色改造。

具备条件的国家机关、事业单位、社会团体办公建筑应当优先采用合同能源管理方式进行绿色改造。

【本条主旨】

本条文是关于既有建筑绿色改造的规定。

【本条释义】

当前，许多建筑的运营并不能达到节能、节水、环保等绿色要求，但将这类建筑全部拆除重建并不现实，因此，在既有建筑的基础上进行绿色改造是可行途径。因此，制定本条目的在于规定设区的市、县级人民政府，以及具有条件的国家机关、事业单位、社会团体等主体稳步推进既有民用建筑节能改造。

一、既有民用建筑的绿色改造

本条第一款要求，设区的市、县级人民政府按照绿色建筑标准，有序推动既有民用建筑绿色改造，促进绿色建筑稳步发展。

（一）设区的市、县级人民政府负有有序推动的职责和义务

根据本《条例》规定，设区的市、县级人民政府的扶持保障义务。《中华人民共和国节约能源法》第五条规定："国务院和县级以上地方各级人民政府应当将节能工作纳入国民经济和社会发展规划、年度计划，并组织编制和实施节能中长期专项规划、年度节能计划。国务院和县级以上地方各级人民政府每年向本级人民代表大会或者其常务委员会报告节能工作。"第六条规定："国家实行节能目标责任制和节能考核评价制度，将节能目标完成情况作为对地方人民政府及其负责人考核评价的内容。省、自治区、直辖市人民政府每年向国务院报告节能目标责任的履行情况。"政府部门应将节能工作纳入国民经济和社会发展规划、年度计划，并组织编制和实施节能中长期专项规划、年度节能计划，并且将节能目标完成情况

作为对地方人民政府及其负责人考核评价的内容。本条规定在上位法的基础上进行具体化、细节化，以绩效评估作为"抓手"有利于推动地方政府将建筑绿色改造落到实处。

（二）改造评价标准

主要适用 2016 年 8 月 1 日最新实施的国家标准《既有建筑绿色改造评价标准》，主要技术内容包括：规划与建筑、结构与材料、暖通空调、给水排水、电气、施工管理、运营管理、提高与创新等内容。

（三）核心内容

既有建筑绿色改造，即节能改造，是指对不符合民用建筑节能强制性标准的既有建筑的围护结构、供热系统、采暖制冷系统、照明设备和热水供应设施等实施节能改造的活动。民用建筑以城镇住房和农村住房为主，城镇既有建筑绿色改造可以结合老旧小区整治改造，鼓励有条件的小区按照绿色建筑标准实施既有居住建筑节能改造，不断改善室内居住热环境，稳步推进既有居住建筑节能改造；农村住房绿色改造可以引导农村村民使用新的节能技术及节能材料，以科技力量助力节能改造。既有绿色建筑具体改造内容包括：

第一，既有建筑的围护结构改造。就建筑的围护结构，主要以墙体材料方面而言，《中华人民共和国节约能源法》第四十条规定："国家鼓励在新建建筑和既有建筑节能改造中使用新型墙体材料等节能建筑材料和节能设备，安装和使用太阳能等可再生能源利用系统。"在改造城镇民用既有建筑时，优先使用可再生资源，优化能源系统。农村住房节能可以大力推广太阳能等可再生能源利用、围护结构保温等节能技术，切实推进秸秆、沼气等可再生物质能利用。

第二，既有建筑的供暖改造。就供暖方面来说，可以因地制宜推广天然气、电、地热能、生物质能、太阳能、工业余热等清洁供暖方式，促进供暖方式清洁化、多元化发展。实施城镇供热系统节能改造，提高热源效率和管网保温性能，优化系统调节能力，改善管网热平衡，提高供热质量。加大供热老旧管网、换热站改造，积极推广热源优化、热网自动控制系统、管网水力平衡改造、无人值守热力站等技术措施，推动供热企业加快供热系统智能化改造。运用供热大数据和热力云平台以及"互联网＋智慧热力"等先进技术,对热网系统进行运行调节、控制和管理。就照明设备来说,可以鼓励利用可再生能源,如太阳能,并且进行节能设计,比如楼道灯采用声控方式,路灯采用光控方式,既能保障居民的正常生活,又能最大程度上实现节能。

二、既有公共建筑的绿色改造

(一)具备条件的公共机构办公建筑应当优先采用合同能源管理方式

本条款所指的具备条件的公共机构,在我国是指全部或部分使用财政资金的国家机关、事业单位和团体组织。主要有党政机关(党的机关、人大机关、行政机关、政协机关、公检法机关等)、教育科技、文化、医疗卫生、体育等相关公益性机构以及邮局、文化宫、文化馆、展览馆、图书馆、国有宾馆、工青等社会团体、救助慈善机构(如福利院、孤儿院救助站)、公益中介机构、职业机构、公益培训机构和商业协会等。目前,公共机构耗能呈现出快速增长的趋势,公共建筑运行中可能产生的能耗,主要是指建筑物采暖、照明、空调、给排水和电梯等设备运行的能耗,这些能耗是在建筑物的使用过程中发生的。在建筑的生命周期中,建筑材料和建造过程中所消耗的能源一般只占其总能源消耗的20%左右,大部分能源消耗发生在建筑物运行过程中。由此可知,建筑运行能耗是建筑节能任务中最重要的关键点,也最具有节能潜力。2017年国务院修订的《公共机构节能条例》第二十六条规定,公共机构可以采用合同能源管理方式,委托节能服务机构进行节能诊断、设计、融资、改造和运行管理。根据《公共机构节能条例》和本条款的规定,合同能源管理应当成为用能单位实施节能改造的主要方式之一。2016年3月5日上午,在第十二届全国人民代表大会第四次会议上,李克强总理在政府工作报告中就明确提出要求"加大建筑节能改造力度""广泛开展合同能源管理",建筑能耗所占比重不断加大,占据全社会终端总能耗的1/3以上,而且随着经济发展和人民生活水平的提高,建筑能耗所占比重总体趋势不断上升。

我国政府越来越重视公用事业领域的节能,并陆续出台了一系列政策鼓励政府部门节能。2008年8月1日,国务院(531号令)颁布《公共机构节能条例》；2010 年 4 月，国务院办公厅转发了国家发改委等部门《关于加强推行合同能源管理促进节能服务产业发展意见的通知》，通知中明确要求，"政府机构要带头采用合同能源管理模式实施节能改造，发挥模范表率作用""对合同能源管理的发展目标、资金补助、税收优惠、示范项目等做了详细说明。"明确指出，到 2012 年，扶持培育一批专业化节能服务公司，发展壮大一批综合性大型节能服务公司，到 2015 年，建立比较完善的节能服务体系，使合同能源管理成为用能单位实施节能改造的主要方式之一。2010 年 6 月初，财政部、国家发改委又联合出台了《关于印发合同能源管理财政奖励资金管理暂行办法的通知》，中央财政决定安排 20 亿元支持合同能源管理，打破了耗能企业缺乏节能动力和不够重视节能的局面。相对而言，公共机构的信誉度较高，而且节能项目的融资资源少，因此采用合同能源管理机制实施节能项目的积极性也较高。这些政策的出台，在实际操作和政策支持细化落实方面还有很多工作要做，但表明了国家对于合同能源管理的推行力度和对节能服务产业的扶持决心。为了加快推进合同能源管理机制，促进河北省节能服务产业的快速发展，省发展改革委、省财政厅、省金融办、人行石家庄中心支行、省国税局、省地税局颁布了《河北省关于加快推行合同能源管理促进节能服务产业发展的实施意见》，旨在充分发挥市场机制的作用，积极推进合同能源管理模式，加强政府政策扶持引导，提高行业创新能力，完善行业监管自律，规范节能技术服务市场，加快节能新技术、新产品的推广应用，促进河北省节能服务产业健康迅速发展。

河北是工业大省，重化工企业较多，能源消耗大，利用率低，环境污染严重，因此，节能减排任务艰巨。河北省政府非常重视合同能源管理工作，出台了一系列推进和管理措施。比如，2010 年出台《关于加快推行合同能源管理促进我省节能服务产业发展的实施意见》，2011 年颁布《河北省合同能源管理项目财政奖励资金管理暂行办法》等，近几年，有五十余家节能服务公司在河北省开展合同能源管理业务。其中，大多数是采取节能效益分享的形式。节能效益分享的比例由节能服务公司与用能单位在合同中约定，合同期间，节能服务公司对节能设备保留其所有权；合同结束后，节能设备无偿移交给用能单位，同时由节能服务公司承担节能效果风险和信用风险。此外，有的节能服务公司采取保证节能量或节能效益的方式，如果未达到合同中所承诺的节能量或节能效益，节能服务公司须向用能单位支付承诺节能量与实际节能量的差额；如果超过所承诺的节能量，则由双方共同分享效益，合同结束后节能设备无偿交给用能单位使用，可以预见节能服务业将会成为未来发展的重点产业之一。

（二）合同能源管理

根据《中华人民共和国节约能源法》规定，国家运用财税、价格等政策，支持推广电力需求侧管理、合同能源管理、节能自愿协议等节能办法。把合同能源管理作为一种重要的节能管理方式，已经成为绿色建筑有效管理运用的重要手段。本条第二款要求，具备条件的国家机关、事业单位、社会团体办公建筑优先采用合同能源管理方式进行绿色改造。根据2011年3月14日发布的《第十一届全国人民代表大会第四次会议关于2010年国民经济和社会发展计划执行情况与2011年国民经济和社会发展计划的决议》中对合同能源管理作出过相关界定："合同能源管理：是指节能服务公司与用能单位签订能源管理合同，为用能单位提供节能诊断、融资、改造等服务，并以节能效益分享方式回收投资和合理利润。"

合同能源管理方式是一种以节省的能源费用来支付节能项目全部成本的节能投资方式，这种节能投资方式允许用户使用未来的节能收益为工厂和设备升级，降低目前的运行成本，提高能源的利用效率；节能服务公司为实现节能目标向用能单位提供必要的服务，用能单位以节能效益支付节能服务公司的投入及其合理利润的节能服务机制。这种节能投资方式允许客户用未来的节能收益为工厂和设备升级，以降低运行成本，有时节能服务公司以承诺节能项目的节能效益，或承包整体能源费用的方式为客户提供节能服务。合同能源管理涉及的主体主要有：政府相关部门、建筑用能单位或业主、节能服务业主或公司、第三方能源检测审计公司、标准制定科研单位、金融服务机构、节能服务协会、设备运用合同能源管理"产学研一体化"研发中心等多主体。

结合本《条例》，采用合同能源管理的具体方式包括如下：

第一，政府的领头作用。节能服务行业是市场的新生事物，在市场各方面都还欠缺足够的帮助和支持，和市场中的其他行业相比，竞争力弱，因此要克服各种困难和阻碍。把建筑领域合同能源管理机制推入市场后，必须得到各级政府及各相关部门的大力支持和帮助，各级政府要从各方面加强推动产业发展，带头实施节能政策、提倡环境标志产品以及采购节能产品，有效规避设备制造商开发创新及销售节能新产品的风险，激励开发商投入更多资金去开发高效能产品，鼓励各级政府加大对合同能源管理的支持力度。根据《国务院关于印发"十三五"节能减排综合工作方案的通知》的要求，积极推行合同能源管理模式，实施合同能源管理推广工程，鼓励节能服务公司创新服务模式，为用户提供节能咨询、诊断、设计、融资、改造、托管等"一站式"合同能源管理综合服务，取消节能服务公司审核备案制度，给服务公司税收提供优惠政策，鼓励各级政府加大对合同能源管理的支持力度，政府机构按照能源管理合同支付给节能服务公司的支出，视同能源费用支出。研究显示，能源消耗大户在大多数国家都是政府部门，能源使用支出在政府行政预算中占很大一部分，国家应认识到政府节能的重要性，更多地在政府机构中实施节能项目，这不仅节约能源、减少政府开支，最重要的是起到示范和带头作用，提高全社会的节能意识和积极性，推广节能产品和技术，同时在此过程中增加政府能源管理的主导作用。

第二，公共机构原则上按系统由主管部门组织实施合同能源管理项目。政府机关本级由省（市）机关事务管理部门组织实施合同能源管理项目，教育、科技、文化、卫生、体育、交通、税务、公安、城管及其他各系统的主管部门，要统一制定规划，指导本系统内公共机构实施合同能源管理工作。公共机构采用合同能源管理方式开展节能改造，原则上应采取以下程序实施：（1）项目业主单位根据本单位的实际情况制定整体节能改造项目申请书，申请书内容包括单位能耗基本情况、节能改造的范围、效果及可行性报告等。（2）项目申请书应向项目业主单位的主管部门申报，由主管部门汇总后报省（市）机关事务管理部门审核并确认。（3）确认后，项目业主单位向省（市）财政部门申报采购计划，并根据采购计划，向省（市）政府采购中心申报采购。（4）原则上，项目评审方式以综合评分法选取最优节能改造方案，最优方案的制订单位即为节能改造项目实施单位。（5）项目业主单位与中标节能服务公司签订合同，并按照合同实施节能改造，签订合同后，应将项目（含合同）报省（市）发改委部门、财政部门、政府采购中心和机关事务管理部门备案。（6）项目业主单位应积极协调物业管理公司和节能服务公司的关系，并为项目的顺利实施提供便利条件，确保顺利完成节能改造。

第三，成立专门的节能监管机构或部门。在公共机构内部设立专门的监管机构或部门，在其带领之下，制定合理的管理体制及管理模式，正确地引导节能产业的走向，更好地监督及激励社会公民的节能行为。在河北省各个县市区成立独立的节能监管部门，负责宣传与实施国家制定并下发的相关节能政策，还可以监督各级政府及节能产业负责部门的工作行为。不具备建立独立节能监管部门的地区，可以由省政府负责节能的部门进行管理，还可以委托相关中介机构以及相关协会履行节能监管的职能。

第四，委托节能服务机构进行节能诊断、设计、融资、改造和运行管理。国务院《公共机构节能条例》第二十六条规定："公共机构可以采用合同能源管理方式，委托节能服务机构进行节能诊断、设计、融资、改造和运行管理。"委托节能服务机构，要选择信誉佳、专业强的市场化组织，采用合同能源管理市场化的节能服务模式，为国家机关、事业单位、社会团体办公建筑提供优质、高效、规范的节能诊断服务。

第五，加大培训、教育及宣传力度。在制定强制性节能政策及多样的经济激励政策的同时，各级政府和负责部门应制订有关技能方面的培训计划，组织节能服务公司展开以需求民众为目标的相关专业的信息培训和节能技术及经验的活动并进行充分地交流认识；还应通过多条渠道对建筑节能产业进行宣传，充分带动节能公司及用户的积极性。政府职能部门还可以利用电视、网络、广播、资料宣传等渠道来引导和指点用户深刻了解建筑合同能源管理，集中传播有关节能产业的技术措施及能耗技术的应用，向社会广泛宣传建筑合同能源管理更深层次的理念。

第六，培育以合同能源管理资产交易为特色的资产交易平台。合同能源管理，就是要鼓励与节能服务公司拓展合同能源管理模式，研究节能量交易机制。国家机关、事业单位、社会团体的办公建筑应当积极采用合同能源管理方式加快节能改造项目实施，重点抓好空调、采暖、照明、信息机房等耗能设施设备的节能改造。鼓励社会资本建立节能服务产业投资基金，支持节能服务公司发行绿色债券，创新投债贷结合等方式促进合同能源管理业务发展。拓展资金渠道，探索应用绿色金融模式；完善支持政策，发挥节能服务企业专业优势，培育公共机构节能市场意识，发挥公共机构的社会责任作用。

第二十三条　县级以上人民政府住房城乡建设主管部门应当做好建筑拆除报废的指导工作。

政府投资或者以政府投资为主的建筑物，未达到设计使用年限的，不得拆除。因公共利益需要，确需提前拆除的，应当向社会公示征求意见，接受社会监督。

【本条主旨】

本条文是关于建筑拆除报废管理的规定。

【本条释义】

2013年1月1日发布了《国务院办公厅关于转发发展改革委、住房城乡建设部绿色建筑行动方案的通知》，为了加强城市规划管理，维护规划的严肃性和稳定性，住房城乡建设部门负有一定的指导性义务，包括：研究建筑拆除的相关管理制度；探索实行建筑报废拆除审核制度；对违规拆除行为要依法依规追究有关单位和人员的责任等。为了促进绿色建筑发展，提高资源利用效率，保护和改善环境，实现可持续发展，将不符合国家节能绿色规定的建筑进行拆除报废，本《条例》规定，县级以上人民政府住房城乡建设主管部门负有做好建筑拆除报废的指导性义务。

一、建筑拆除报废的指导工作

本《条例》规定，建筑拆除报废的指导工作，是县级以上人民政府住房城乡建设主管部门的职责和义务。不符合节能绿色的建筑的拆除报废与既有建筑绿色改造一样，都是促进绿色建筑发展的重点，拆除过程也应该注重绿色节能，将能源消耗、环境污染降到最低，而拆除的过程需要县级以上人民政府住房城乡建设主管部门对建筑的拆除报废进行专业的指导，建筑的拆除报废为住房城乡建设主管部门主要职责之一。

指导工作中，要明确建筑拆除报废的标准和范围，重点明确哪些属于不能拆除报废的既有建筑。2018年9月28日发布的《住房城乡建设部关于进一步做好城市既有建筑保留利用和更新改造工作的通知》，规定了既有建筑保留利用的范围，即哪些既有建筑属于不能拆除报废的注意规定：第一，做好城市既有建筑基本状况调查。对不同时期的重要公共建筑、工业建筑、住宅建筑和其他各类具有一定历史意义的既有建筑进行认真梳理，客观评价其历史、文化、技术和艺术价值，按照建筑的功能、结构和风格等分类建立名录，对存在质量等问题的既有建筑建立台账。第二，制定引导和规范既有建筑保留和利用的政策。建立既有建筑定期维护制度，指导既有建筑所有者或使用者加强经常性维护工作，保持建筑的良好状态，保障建筑正常使用；建立既有建筑安全管理制度，指导和监督既有建筑所有者或使用者定期开展建筑结构检测和安全性评价，及时加固建筑，维护设施设备，延长建筑使用寿命。第三，加强既有建筑的更新改造管理。鼓励按照绿色、节能要求，对既有建筑进行改造，增强既有建筑的实用性和舒适性，提高建筑能效；对确实不适宜继续使用的建筑，通过更新改造加以持续利用；按照尊重历史文化的原则，做好既有建筑特色形象的维护，传承城市历史文脉；支持通过拓展地下空间、加装电梯、优化建筑结构等，提高既有建筑的适用性、实用性和舒适性。第四，建立既有建筑的拆除管理制度。对体现城市特定发展阶段、反映重要历史事件、凝聚社会公众情感记忆的既有建筑，尽可能更新改造利用；对符合城市规划和工程建设标准，在合理使用寿命内的公共建筑，除公共利益需要外，不得随意拆除；对拟拆除的既有建筑，拆除前应严格遵守相关规定并履行报批程序，要充分听取社会公众意见，保障公众的知情权、参与权和监督权；对不得不拆除的重要既有建筑，应坚持先评估、后公示、再决策的程序，组织城市规划、建筑、艺术等领域专家对拟拆除的建筑进行评估论证，广泛听取民众意见。

二、政府投资或者政府投资为主的建筑，未达到设计使用年限，不得拆除

《中华人民共和国循环经济促进法》第二十五条第二款规定："城市人

民政府和建筑物的所有者或者使用者，应当采取措施，加强建筑物维护管理，延长建筑物使用寿命。对符合城市规划和工程建设标准，在合理使用寿命内的建筑物，除为了公共利益的需要外，城市人民政府不得决定拆除。"同时，《国务院办公厅关于转发发展改革委、住房城乡建设部绿色建筑行动方案的通知》（国办发〔2013〕1号）第三节第九条规定："严格建筑拆除管理程序。加强城市规划管理，维护规划的严肃性和稳定性。城市人民政府以及建筑的所有者和使用者要加强建筑维护管理，对符合城市规划和工程建设标准、在正常使用寿命内的建筑，除基本的公共利益需要外，不得随意拆除。拆除大型公共建筑的，要按有关程序提前向社会公示征求意见，接受社会监督。住房城乡建设部门要研究完善建筑拆除的相关管理制度，探索实行建筑报废拆除审核制度。对违规拆除行为，要依法依规追究有关单位和人员的责任。"以上法律法规规定说明了如下问题。

政府投资或者以政府投资为主的建筑物，未达到设计使用年限的，不得拆除。政府投资或者以政府投资为主的建筑物一般属于公共事业、基础设施等方面。政府投资对履行政府职能，引导和带动全社会投资发挥了重要作用，这些建筑物对于人们的生活至关重要，因此，拆除此类建筑时需要考虑到节能与经济效益、公共利益等因素。设计使用年限是设计规定的一个时期，在这一规定的时期内，只需要进行正常的维护而不需要进行大修就能按预期目的使用，完成预定的功能，即房屋建筑在正常设计、正常施工、正常使用和维护下所应达到的使用年限，故依据本条规定，在一般情况下，未达到设计使用年限的，不得拆除。

三、因公共利益需要，确需提前拆除的规定

以设计使用年限为建筑拆除报废的一个标准，是参考了《国务院办公厅关于转发发展改革委、住房城乡建设部绿色建筑行动方案的通知》第二节第三条第四款的规定："立足当前，着眼长远。树立建筑全寿命期理念，综合考虑投入产出效益，选择合理的规划、建设方案和技术措施，切实避免盲目的高投入和资源消耗。"本条是为了兼顾节能与经济效益、公共利益，促进循环经济发展，提高资源利用效率，保护和改善环境，实现可持续发展。《中华人民共和国循环经济促进法》第二十五条也作出了相关的

规定："国家机关及使用财政性资金的其他组织应当厉行节约、杜绝浪费，带头使用节能、节水、节地、节材和有利于保护环境的产品、设备和设施，节约使用办公用品。国务院和县级以上地方人民政府管理机关事务工作的机构会同本级人民政府有关部门制定本级国家机关等机构的用能、用水定额指标，财政部门根据该定额指标制定支出标准。城市人民政府和建筑物的所有者或者使用者，应当采取措施，加强建筑物维护管理，延长建筑物使用寿命。对符合城市规划和工程建设标准，在合理使用寿命内的建筑物，除为了公共利益的需要外，城市人民政府不得决定拆除。"

　　同时，因公共利益需要确需拆除时应注意：因公共利益需要，确需提前拆除的，应当向社会公示征求意见，接受社会监督，兼顾节能与经济效益、公共利益。为了更好地推行绿色建筑发展，使政府能更好地掌握民众所需、民众所想，保障人民民主专政的权利，保障人民治理国家的民主权利，本《条例》第二十三条第二款规定：因公共利益需要，确需提前拆除的，应当向社会公示征求意见，接受社会监督。公众有着充分的知情权和参与权，公众参与有利于保障公众对政府决策的知情权、参与权、表达权和监督权。故这项规定既符合公民政治参与的有序性，又能够通过政府与民众的沟通协商，尽最大可能提高政府决策的科学性和公众认同度。正如《住房城乡建设部办公厅关于学习贯彻习近平总书记广东考察时重要讲话精神进一步加强历史文化保护工作的通知》中指出，要指导各城市做好城市既有建筑基本状况调查，制定引导和规范既有建筑保留和利用的政策，加强既有建筑更新改造管理，建立既有建筑拆除管理制度。要加强宣传引导，构建全社会共同重视既有建筑保留利用和更新改造的氛围，对于不得不拆除的重要既有建筑，应充分听取社会公众意见，广泛论证，科学决策。但同时也要注意，为了制止城市的大拆大建，对于绿色公共建筑的管理，应当抓紧建立公共建筑拆除管理程序和评估机制。

第四章　技术发展与激励措施

【本章导读】

绿色建筑技术是绿色建筑的重要支撑。绿色建筑技术的发展不仅需要企业、高等院校、科研机构和行业协会等社会主体的共同参与，还需要政府的大力推动。对于绿色建筑技术发展的推动，政府既要通过制定法律法规、技术标准等作出强制性要求，也应规定合理的奖励、扶持等激励措施。本章共十条，规定了政府对绿色建筑发展的引导和激励政策，主要内容包括：一是将绿色建筑产业纳入本省战略性新兴产业发展规划，给予财政资金支持以及其他扶持政策；二是鼓励绿色建筑技术的研发、推广与应用；三是推进绿色建材、装配式建筑和全装修方式的发展；四是发展智能供热、集中供热和清洁能源供热和集中热水供应系统；五是实行并规范绿色建筑评价标识。

第二十四条　省人民政府应当将绿色建筑产业纳入本省战略性新兴产业发展规划。

县级以上人民政府应当根据绿色建筑专项规划，安排资金重点支持下列活动：

（一）高等院校、科研机构和企业研发和推广与绿色建筑相关的新技术、新工艺、新材料、新设备、新服务；

（二）三星级绿色建筑、超低能耗建筑、既有建筑绿色改造等示范项目建设；

（三）推广装配式建筑、商品房全装修等建设方式；

（四）宣传培训、标准制定、统计监测和运营评估。

【本条主旨】

本条文是关于将绿色建筑产业纳入战略性新兴产业发展规划和对绿色建筑发展给予财政资金支持的规定。

【本条释义】

2018 年 2 月，河北省人民政府印发了《河北省战略性新兴产业发展三年行动计划》，确定了十大重点领域，作为未来三年主攻方向。其中，新能源与智能电网、新材料、先进环保、大数据与物联网、高端装备制造、未来产业等专项行动与绿色建筑产业的发展有着紧密联系。绿色建筑产业涵盖从绿色建筑规划设计、绿色建筑材料研发与生产、绿色建筑施工、绿色建筑装饰到绿色建筑智能化运用管理的全过程。绿色建筑产业的全面发展需要依托新材料、新能源、新型环保技术、信息化技术的支撑。在此次战略性新兴产业发展专项行动方案实施过程中强化绿色建筑产品或技术创新，或是在新一轮战略性新兴产业发展规划中明确纳入绿色建筑产业，有助于进一步提高河北省绿色建筑产业发展水平，带动绿色建筑整体发展。

根据本《条例》第八条，县级以上人民政府住房城乡建设主管部门应当组织编制绿色建筑专项规划，确定新建民用建筑的绿色建筑等级及布局要求，包括发展目标、重点发展区域、装配式建筑、超低能耗建筑要求和既有民用建筑绿色改造等内容，明确装配式建筑、超低能耗建筑和绿色建材应用的比例。其中，河北省人民政府住房城乡建设主管部门负责制定本省绿色建筑专项规划的编制导则。设区的市、县级人民政府住房城乡建设主管部门应当会同城乡规划等有关部门组织编制绿色建筑专项规划，并与城市、镇总体规划相衔接，报本级人民政府批准后向社会公布。

现阶段绿色建筑的发展仍离不开政府财政资金的支持。《国务院办公厅关于转发发展改革委、住房城乡建设部绿色建筑行动方案的通知》（国办发〔2013〕1 号）将"财政支持政策"作为开展绿色建筑行动的保障措施，要求各地方"研究完善财政支持政策，继续支持绿色建筑及绿色生态城区建设、既有建筑节能改造、供热系统节能改造、可再生能源建筑应用等，研究制定支持绿色建材发展、建筑垃圾资源化利用、建筑工业化、基础能力建设等工作的政策措施。对达到国家绿色建筑评价标准二星级及以上的建筑给予财政资金奖励"。2017 年，住房和城乡建设部根据《国民经济和社会发展第十三个五年规划纲要》和《住房城乡建设事业"十三五"规划纲要》，组织编制并印发了《建筑节能与绿色建筑发展"十三五"规划》，其中再次强调"各地应因地制宜创新财政资金使用方式，放大资金使用效益"。在此背景下，各地方纷纷制定了相应的财政资金支持政策，以促进绿色建筑发展。河北省每年安排省级建筑节能专项资金 5500 万元。2018 年支持老旧小区改造和农村节能门窗改造各 1000 万元，其余 3500 万元用于支持超低能耗建筑、既有居住建筑供热计量及节能改造、空气源热泵技术应用示范、绿色建筑高星级补助、公共建筑安装分类和分项能耗计量装置在线监测等。但与江苏、山东等其他省份相比，河北省目前的财政资金支持力度尚待提高。江苏、山东两省每年安排省级建筑节能专项资金约 4.5 亿元，深圳市每年安排市级建筑节能专项资金约 6000 万元。

基于住房城乡建设主管部门编制的绿色建筑专项规划，县级以上人民政府应当安排资金促进绿色建筑产业发展。本《条例》第二十四条明确了财政资金的重点支持方向，主要包括如下四个方面。

一、与绿色建筑相关的新技术、新工艺、新材料、新设备、新服务的研发与推广活动

绿色建筑新技术、新工艺、新材料、新设备、新服务是全力推进绿色建筑发展的基础。国家在"十五""十一五""十二五"期间就启动了有关绿色建筑发展方面的基础研究工作，住房和城乡建设部科技计划项目近年来也特别开辟了针对绿色建筑的研究方向。[1] 通过一系列课题研究工作的开展，有力推动了绿色建筑新技术、新工艺、新材料、新设备、新服务的进步与应用，为绿色建筑的发展奠定了基础。但总体而言，我国绿色建筑发展起步相对较晚，目前与绿色建筑相关的新技术、新工艺、新材料、新设备、新服务的研发与推广尚处于初级阶段。一方面，绿色建筑技术自主创新能力有待提升；另一方面，在引入国外技术以及相关产品中缺乏专

---

〔1〕 宋凌、宫玮：《我国绿色建筑发展现状与存在的主要问题》，《建筑科技》2016 年第 10 期。

利技术与核心技术，导致实际应用中技术成本大大增加，阻碍绿色建筑技术的推广与应用。研发与推广资金投入不足是制约我国绿色建筑技术发展的主要原因之一。县级以上人民政府应当加大财政支持，加快建立以企业为主体、市场为导向、产学研用相结合的技术创新体系，加强绿色建筑关键共性技术研究，推动与绿色建筑发展相关的科技成果转化。围绕绿色建筑评价指标体系，大力发展和推广节地与室外环境技术、节能与能源利用技术、节水与水资源利用技术、节材与材料资源利用技术、改善室内环境质量技术、施工管理技术、运营管理技术等绿色建筑技术。

二、三星级绿色建筑、超低能耗建筑、既有建筑绿色改造等示范项目建设

通过安排财政资金支持绿色建筑示范项目建设，产生由点到面的示范效果，这是我国前期推动绿色建筑发展所积累的经验，也是今后需要长期关注和扶持的重点，是绿色建筑发展实现从建筑单体到区域整体的必由之路。自 20 世纪 90 年代以来，国家相关部门在全国范围内开展了一系列与绿色建筑有关的示范工程，如建筑业新技术应用示范工程、建筑节能试点示范工程、绿色建筑双百工程、建筑遮阳推广技术和科技示范工程等。在推进绿色建筑发展的新阶段，三星级绿色建筑、超低能耗建筑、既有建筑绿色改造等示范项目的建设尤为关键。

三星级绿色建筑，指的是在全寿命周期内最大限度地节能、节地、节水、节材，保护环境和减少污染，满足《绿色建筑评价标准》所列节地与室外环境、节能与能源利用、节水与水资源利用、节材与材料资源利用、室内环境质量、施工管理、运营管理七大指标体系的所有控制项要求，且总得分达到 80 分的绿色建筑。

超低能耗建筑，指的是通过在围护结构、能源和设备系统、照明、智能控制、可再生能源利用等方面综合选用各项节能技术，使得建筑能耗水平远低于常规建筑的建筑物，是一种不用或者尽量少用一次能源，而使用可再生能源的建筑。

既有建筑绿色改造则是以节约能源资源、改善人居环境、提升使用功能等为目标，对既有建筑进行维护、更新、加固等活动。我国既有居住建

筑改造存量依然很大，目前的改造主要是围护结构及末端改造。旨在进一步推动既有建筑绿色改造，有必要通过示范工程推广同步提升供热系统能效的最优化改造模式。

为了强化对绿色建筑示范项目建设的财政资金支持，提高财政资金使用效益，河北省财政厅、住房和城乡建设厅于 2014 年制定了《河北省建筑节能专项资金管理暂行办法》，规定省级专项资金补助范围包括：高星级绿色建筑；既有居住建筑供热计量及节能改造；各类建筑节能示范项目，包括政府间及省部建筑节能合作项目、绿色生态城区、超低能耗建筑、公共建筑节能改造、可再生能源建筑规模化应用等；能耗监测系统建设；建设科技研究计划项目（建工新产品试制费项目）。河北省在通过财政资金支持三星级绿色建筑、超低能耗建筑、既有建筑绿色改造等示范项目建设方面，已经取得了一定的成效。河北省超低能耗绿色建筑竣工及在建面积居全国首位，对此，政策引导和财政资金支持收到了一定的积极效果。河北省从省级建筑节能专项资金中，专门安排资金用于奖补超低能耗建筑示范项目。根据河北省住房和城乡建设厅、河北省财政厅 2017 年下发的《关于省级建筑节能专项资金使用有关问题的通知》，针对被动式低能耗建筑示范项目的补助标准，由原来的每平方米补助 10 元、最高不超过 80 万元，上调为每平方米补助 100 元、最高不超过 300 万元。据统计，自 2014 年至今，河北省省级财政累计给予超低能耗绿色建筑建设补助资金超过 4400 万元。除了省级财政资金支持，石家庄、保定等市也相继针对绿色建筑示范项目建设出台了相关资金支持政策。同时，河北省绿色建筑示范项目还积极争取国家资金支持，秦皇岛"在水一方"项目被列为国家"煤炭、电力、建筑、建材行业低碳技术创新及产业化示范工程项目"，获得支持资金 3000 万元，该项目已顺利通过国家有关部门验收。[1]

三、装配式建筑、商品房全装修等建设方式的推广活动

装配式建筑是用预制部品部件在工地装配而成的建筑。与现场浇筑等传统施工方式相比，装配式建筑更有助于实现节能、节水、节材、节省人

---

〔1〕《河北省超低能耗绿色建筑竣工及在建面积居全国首位》，河北新闻网，http：//hebei. hebnews. cn/2018-05/31/content_ 6901616. htm，最后访问日期 2019 年 5 月 1 日。

工、大幅减少建筑垃圾和扬尘、环保的目的。发展装配式建筑不仅是建造方式的重大变革，也是推进供给侧结构性改革以及新型城镇化发展的重要举措，有利于节约资源能源、减少施工污染、提升劳动生产效率和质量安全水平，有利于促进建筑业与信息化、工业化深度融合，培育新产业、新动能，推动化解过剩产能。

2017 年，河北省人民政府办公厅发布的《关于大力发展装配式建筑的实施意见》指出："符合条件的装配式建筑企业享受战略性新兴产业、高新技术企业和创新性企业扶持政策。政府投资或主导的项目采用装配式建造方式的，增量成本纳入建设成本。在 2020 年底前，对新开工建设的城镇装配式商品住宅和农村居民自建装配式住房项目，由项目所在地政府予以补贴，具体办法由各市（含定州、辛集市）制定。"基于此，各地方对装配式建筑的财政资金补贴作出了具体规定。如保定市人民政府办公厅发布《关于加快推进保定市装配式建筑发展的实施意见》，其中要求"各县（市、区）政府、开发区管委会建立专项资金制度，根据当地财政实际，对装配式住房项目予以补贴。对 2020 年底前新开工建设的城镇装配式商品房项目（以取得施工手续时间为准），由项目所在县（市、区）、开发区参照 50—100 元/平方米标准予以补贴，单个项目补贴不超过 100 万元，具体办法由各县（市、区）、开发区制定"。

商品房全装修，指的是房屋交付时，所有功能空间的固定面全部铺装或装饰，管线及终端安装完成，厨房和卫生间的基本设备全部安装完成。推广商品房全装修与建设资源节约型、环境友好型社会息息相关，有利于规范住宅装修行为和提高住宅装修集约化水平，有利于更切实地保障住宅质量安全和使用寿命，有利于减少乃至杜绝野蛮装修，更好地保障人民群众的生命财产安全，更有利于带动相关产业发展，从而拉动和扩大内需，促进经济社会发展。商品房全装修建设方式推广工作是一项贯彻节约资源和保护环境基本国策的重要举措，对于促进住房建设品质、推进住宅产业现代化、提升城镇化质量和水平，具有重要意义。

四、与发展绿色建筑相关的宣传培训、标准制定、统计监测和运营评估活动

宣传培训是为绿色建筑发展营造社会氛围的有力工具。县级以上人民

政府有必要安排资金重点支持与发展绿色建筑相关的宣传培训。推进绿色建筑发展的宣传培训形式多元，如举办节能展，发放宣传品，利用电视、报纸、网络等渠道普及绿色建筑知识，开办相关教育课程，提供免费培训和免费咨询服务，等等。这些宣传培训工作不仅有助于促进开发商正确认识绿色建筑，提高开发绿色建筑的积极性，还能够提高公众对绿色建筑的认识与认同，提升公众的节能意识，为绿色建筑的购买和使用创造内在动力。此外，还可以在一定程度上提升绿色建筑相关从业人员的能力，为发展绿色建筑提供人才支撑。

绿色建筑产业化的核心是标准化。绿色建筑产业涉及规划、设计、施工、运营等多个阶段，关乎节地与室外环境、节能与能源利用、节水与水资源利用、节材与材料资源利用、室内环境质量、施工管理、运营管理等多方面的内容。因此，绿色建筑产业相关标准制定工作纷繁复杂。县级以上人民政府应当安排财政资金重点支持与绿色建筑产业相关的标准制定工作，以确保各地能够适应绿色建筑发展新形势要求，研究制定、修改完善绿色建筑、超低能耗建筑、装配式建筑标准规程，构建各环节、全覆盖的标准体系，并强化建材标准、设计标准、施工标准、验收标准、评价标准的衔接。

对于与绿色建筑相关的统计监测和运营评估，本《条例》第二十一条规定，省人民政府住房城乡建设主管部门应当建立全省统一的民用建筑能源资源消耗统计监测平台，实现与供电、供水、供气、供热等企业的数据共享，并将国家机关、事业单位办公建筑以及大型公共建筑用能数据纳入平台。县级以上人民政府住房城乡建设主管部门应当推进绿色建筑运营评估工作。统计监测数据和运营评估结果应当作为编制绿色建筑专项规划、制定公共建筑能耗限额、推进既有建筑绿色改造等工作的重要依据。由此可见，统计监测和运营评估工作不仅是对当前绿色建筑发展状况的总结，也为进一步推动绿色建筑发展提供了明确的方向。县级以上人民政府有必要安排资金重点支持与绿色建筑相关的统计监测和运营评估工作，实现统计监测和运营评估工作的常态化。

第二十五条　省人民政府及其有关部门应当鼓励高等院校、科研机构和企业开展绿色建筑技术研发与应用示范，推动与绿色建筑发展相关的科技成果转化、公共技术服务平台和企业研发机构的建设。

鼓励行业协会开展绿色建筑技术交流、专业技能培训、绿色建材推广和运营评估等活动。

【本条主旨】

本条文是关于加强绿色建筑技术支撑的规定。

【本条释义】

绿色建筑技术是绿色建筑发展的重要支撑，没有技术的不断进步与创新，绿色建筑的普及和发展也不可能实现。绿色建筑技术水平直接关乎绿色建筑整体发展水平。绿色建筑发展水平较高的国家往往具备较好的技术储备和研发实力，在发展绿色建筑过程中也更为注重相关技术的创新。为了全面推进绿色建筑发展，加强绿色建筑技术支撑，实现绿色建筑可持续发展，省人民政府及其相关部门应当正确引导并进一步加大扶持力度，加强产、学、研资源整合，调动高等院校、科研机构、企业、行业协会等各方主体的积极性和主动性，从总体上提升绿色建筑技术支撑能力。

在绿色建筑技术研发与应用示范，与绿色建筑发展相关的科技成果转化，公共技术服务平台以及企业研发机构的建设等方面，高等院校、科研机构以及企业具有如下优势：第一，高等院校是培养高层次创新人才的重要基地，并且具有学科综合的特点，在展开绿色建筑技术基础研究或者前沿高科技研究过程中，有可能形成具有原始创新或集成创新的绿色建筑核心技术。第二，科研院所通常处在本行业科研领域的最前沿，能够为绿色建筑技术的研发提供智力资源。第三，企业是市场活动的直接参与者，能够从绿色建筑市场需求变化过程中灵敏捕捉市场信息，以明确绿色建筑技术创新方向。高等院校、科研机构以及企业等主体的合作可以起到资源聚合效应，提高绿色建筑技术创新能力。例如，经河北省科技厅批准，由河北省建筑科学研究院、中国建筑科学研究院、天津大学、河北工业大学、河北科技大学共同组建了河北省绿色建筑产业技术研究院。该研究院主要开展绿色建筑、被动式低能耗建筑、绿色建材、可再生能源利用、建筑智能化等技术研究，将突破一批共性关键技术，形成一批具有自主知识产权的专利，制定技术标准，开发出适应不同地域环境条件下的绿色建筑，提供产业化推广样板和示范工程。

对于强化绿色建筑技术支撑的具体鼓励措施，住房和城乡建设部在《"十二五"绿色建筑和绿色生态城区发展规划》中作出了明确的规定，主要包括如下几项：一是国家设立绿色建筑领域的重大研究专项，组织实施绿色建筑国家科技重点项目和国家科技支撑计划项目。二是加大绿色建筑领域科技平台建设，同时建立华南、华东、华北和西南地区的国家级绿色建筑重点实验室和国家工程技术研究中心，鼓励开展绿色建筑重点和难点技术的重大科技攻关。三是加快绿色建筑技术支撑服务平台建设，积极鼓励相关行业协会和中介服务机构开展绿色建筑技术研发、设计、咨询、检测、评估与展示等方面的专业服务，开发绿色建筑设计、检测软件，协助政府主管部门制定技术标准、从事技术研究和推广、实施国际合作、组织培训等技术研究和推广工作。四是建立以企业为主，产、学、研结合的创新体制，国家采取财政补贴、贷款贴息等政策支持以绿色建筑相关企业为主体，研究单位和高校积极参与的技术创新体系，推动技术进步，占领技术与产业的制高点。五是加快绿色建筑核心技术体系研究，推动规模化技术集成与示范，包括突破建筑节能核心技术，推动可再生能源建筑规模化应用；开展住区环境质量控制和关键技术，改善提升室内外环境品质；发展节水关键技术，提升绿色建筑节水与水资源综合利用品质；建立节能改造性能与施工协同技术，推动建筑可持续改造；加强适用绿色技术集成研究，推动低成本绿色建筑技术示范；加快绿色施工、预制装配技术研发，推动绿色建造发展。六是加大高强钢筋、高性能混凝土、防火与保温性能优良的建筑保温材料等绿色建材的推广力度。建设绿色建筑材料、产品、设备等产业化基地，带动绿色建材、节能环保和可再生能源等行业的发展。七是定期发布技术、产品推广、限制和禁止使用目录，促进绿色建筑技术和产品的优化和升级。八是金融机构要加大对绿色环保产业的资金支持，对于生产绿色环保产品的企业实施贷款贴息等政策。

在促进绿色建筑发展方面，行业协会的作用也不容忽视。作为政府、企业、高等院校、科研机构以及公众等各方主体之间的沟通桥梁，行业协会可以通过展开如下活动，推进绿色建筑发展：第一，绿色建筑技术交流。行业协会可以围绕与绿色建筑相关的新技术、新材料、新产品、新工艺、新服务定期组织交流活动，加强会员单位之间的沟通与合作。例如，河北省绿色产业协会主办了 2019 年中国（天津）国际绿色建筑产业博览会，以"坚持绿色发展，构建绿色家园"为主题，以"低碳、环保、绿色"为理念，设置了智慧城市建设、装配式建筑、建筑节能及新型建材、建筑门窗幕墙、绿色建筑涂料及防水、整体家居卫浴等六大展区，以充分展开绿色建筑技术交流。第二，专业技能培训。根据会员单位需要，组织绿色建筑产业市场拓展，发布绿色建筑产业信息，开展绿色建筑先进技术与产品的推介和展示，帮助会员单位提高企业品牌和知名度，组织业务和技能培训，提供绿色建筑相关咨询服务。例如，为了切实提高我国从事建筑节能、被动式超低能耗绿色建筑管理和技术人员的业务能力，促进我国被动式超低能耗绿色建筑技术进步和工程应用水平提升，中国建筑节能协会分期举办了"被动式超低能耗绿色建筑技术培训交流会"，由业内资深专家、行业优秀企业代表就被动式超低能耗绿色建筑设计技术、施工技术以及质量检测技术与方法等内容作专题阐述。第三，绿色建材推广。宣传关于节能减排及生态文明建设的法规、方针和政策，推广绿色建筑的先进理念、技术和经验，提高公众意识，普及绿色建筑相关知识，促进绿色建筑新技术、新产品、新材料、新工艺的应用。第四，运营评估。绿色建筑从规划设计、建造竣工，随即进入了建筑全寿命期中所占时间最长的运行使用和维护阶段，因而绿色建筑的绿色程度关键要看其运行效果。绿色建筑运营后评估即对绿色建筑运维阶段的实施效果、建成使用满意度以及人行为影响因素进行主客观的综合评估。伴随绿色建筑发展的推进，运营评估工作逐渐受到重视。行业协会可以加强对会员单位的管理，提升绿色建筑运行实效，推进绿色建筑后评估发展。此外，行业协会还可以组织或参与绿色建筑相关技术标准规范的编制，组织制定发布团体标准，规范相关绿色建筑市场行为，组织开展绿色建筑专业领域内科技研究和专题研究，提出有关政策和立法方面的建议和意见，为政府主管部门提供决策依据，促进绿色建筑技术进步和健康发展。

　　第二十六条 省人民政府及其有关部门应当推动建材工业转型升级，支持企业开展绿色建材生产和应用技术改造，促进绿色建材和绿色建筑产业融合发展。

　　省人民政府住房城乡建设主管部门应当制定并公布本省推广、限制和禁止使用的建设工程材料设备产品目录。

【本条主旨】

本条文是关于绿色建材的规定。

【本条释义】

一、推动建材工业转型升级

　　建材和建筑密不可分，建材工业是建筑业的基础，建筑的节能程度与环保程度主要取决于所使用的建材。因此，发展绿色建筑必须从建材工业转型升级做起。我国传统建材工业面临资源能源消耗高、污染物排放总量大、产能严重过剩等困境。近年来，虽然我国建材工业规模不断扩大，结构逐步优化，创新、绿色和可持续发展能力明显增强，对经济社会发展和民生改善发挥了一定的积极作用。但受经济增速回落、市场需求不足等因素影响，建材工业增速放缓、效益下降、分化加剧，水泥、平板玻璃等行业产能严重过剩，部分适应生产消费升级需要的产品缺乏，一些长期积累的结构性矛盾日益凸显。在此背景下，国务院办公厅于 2016 年发布《关于促进建材工业稳增长调结构增效益的指导意见》，提出要通过严禁新增产能、淘汰落后产能、推进联合重组、推行错峰生产来压减水泥、平板玻璃行业的过剩产能，同时以提升水泥制品、发展高端玻璃、提高陶瓷品质、推广新型墙材、开发新型材料、改善技术装备为着力点加快建材工业转型升级。基于此，工业和信息化部制定了《建材工业发展规划（2016—2020 年）》，进一步强调"十三五"时期是全面建成小康社会决胜阶段，也是加快从制造大国转向制造强国的重要阶段，我国经济发展将保持中高速，迈向中高端。建材工业发展机遇和挑战并存，既有投资和消费结构变化带来的深刻影响，也有发展方式转变提出的紧迫要求，建材工业必须加快转型升级步伐，加速优化产业体系，拓展发展空间，注重提质增效，由高速增长转向中高速平稳发展。

就河北省而言，省人民政府办公厅于 2016 年发布《关于促进建材工业稳增长调结构增效益的实施意见》，明确推进建材工业（主要指水泥和平板玻璃）加快供给侧结构性改革步伐，实现转型升级、健康发展。为贯彻落实省人民政府下达的任务，各地方人民政府也制定了具体实施意见。例如，石家庄市人民政府办公厅发布的《关于促进建材工业稳增长调结构增效益的实施意见》提出，"在提前完成省下达我市化解水泥过剩产能任务的基础上，到 2020 年，再压减一批水泥（含熟料、粉磨）产能，产能利用率保持合理区间。水泥行业兼并重组取得实质性进展。建材产业结构得到优化，建材产品深加工水平明显提升，绿色建材产品比重稳步提高，高端产品供给能力显著增强，节能减排和资源综合利用水平进一步提升。建材工业效益好转，全行业利润总额实现正增长"。

二、支持企业开展绿色建材生产和应用技术改造

所谓绿色建材，指的是在全生命期内减少对自然资源消耗和生态环境影响，具有"节能、减排、安全、便利和可循环"特征的建材产品。绿色建材并非单纯的建材品种，而是对建材品性的评价，需要对建材整个生命周期包括原料采取、生产过程、施工过程、使用过程及废弃物处理等方面展开综合评价。支持企业开展绿色建材生产和应用技术改造，促进绿色建材和绿色建筑产业融合发展，是加快建材工业转型升级的必由之路。

为了支持企业开展绿色建材生产和应用技术改造，工业和信息化部、住房和城乡建设部于 2015 年联合发布《促进绿色建材生产和应用行动方案》，以"加快绿色建材生产和应用"为核心目标，明确了如下十大行动方案：第一，建材工业绿色制造行动。具体包括：全面推行清洁生产；推广新型耐火材料；强化综合利用，发展循环经济；推进两化融合，发展智能制造。第二，绿色建材评价标识行动。具体包括：开展绿色建材评价；构建绿色建材信息系统；扩大绿色建材的应用范围。第三，水泥与制品性能提升行动。具体包括：发展高品质和专用水泥；推广应用高性能混凝

土；大力发展装配式混凝土建筑及构配件。第四，钢结构和木结构建筑推广行动。具体包括：发展钢结构建筑和金属建材；发展木结构建筑；大力发展生物质建材。第五，平板玻璃和节能门窗推广行动。具体包括：大力推广节能门窗；严格使用安全玻璃；发展新型和深加工玻璃产品。第六，新型墙体和节能保温材料革新行动。具体包括：新型墙体材料革新；发展高效节能保温材料。第七，陶瓷和化学建材消费升级行动。具体包括：推广陶瓷薄砖和节水洁具；提升管材和型材品质；推广环境友好型涂料、防水和密封材料。第八，绿色建材下乡行动。具体包括：支持绿色农房建设；支持现代设施农业发展。第九，试点示范引领行动。具体包括：工程应用示范；产业园区示范；协同处置示范。第十，强化组织实施行动。具体包括：加强组织领导；研究制定配套政策；完善标准规范；搭建创新平台；开展宣传教育和检查。

作为"十三五"时期推进建材工业转型升级、促进建材工业由大变强、实现可持续发展的指导性文件，《建材工业发展规划（2016—2020年)》也明确将"绿色建材生产和应用"列为重点工程，并强调"强化建材工业与建筑业等上下游产业跨界互动，加快建材工业由生产型制造向服务型制造转变"，提出"到2020年，新建建筑中绿色建材应用比例达到40%以上"的目标，规定"选择典型城市和工程项目，开展各类建筑应用绿色建材试点示范。以绿色建材推广应用为着力点，以绿色建筑、绿色农房、建筑节能和设施农业需要为导向，优先从节能门窗、节水洁具、保温材料等产品切入，开展绿色建材评价标识，引导生产企业推进绿色生产，发布绿色建材产品目录。完善绿色建材数据库和第三方信息发布平台，利用二维码、射频识别等技术构建绿色建材可追溯信息系统。发挥消费者组织和社会中介力量，倡导绿色消费。在基础好的地区，建设以绿色建材为特色的产业园区"。

三、促进绿色建材和绿色建筑产业融合发展

建材与建筑是一个联合体，但过去囿于传统发展经验，绿色建材与绿色建筑长期以来各自独立发展，缺乏有效衔接，导致绿色建筑选材难和绿色建材应用难等问题。一方面，开发商、建筑师对建筑材料特别是新材料的性能了解不够，面对绿色建筑节能、节水、节材等目标，特别是随着定

量化目标的提出，开发商、建筑师对建筑材料的选用显得无所适从；另一方面，建材生产者对绿色建筑的功能目标不够了解，在选择项目和产品规格上忽视了绿色建筑的需求，产品与绿色建筑的适应性和配套性差。[1]

绿色建材与绿色建筑产业融合，是绿色建筑发展的驱动力。产业融合主要是指不同产业或同一产业不同行业相互渗透、相互交叉，最终融合为一体，逐步形成新产业的动态发展过程。绿色建材与绿色建筑产业原本就属于一个共生体。广义的绿色建筑产业涵盖绿色建筑材料的生产和与生产有关的所有服务内容，包括勘察、规划、设计、检测、认证、研发、建筑设备成品、半成品的生产、建筑施工与安装、建成环境的运营与管理以及相关的咨询与服务。绿色建材与绿色建筑产业的深度融合不仅有助于提高绿色建筑产业的竞争力，还能够促进传统绿色建筑产业创新，推动绿色建材工业转型升级。为了推动绿色建材与绿色建筑产业的深度融合，一方面需要绿色建材产业确立主动融入绿色建筑产业的发展理念，以实现最终应用为目的的创新产业链，确保建筑材料性能与绿色建筑物功能有效链接；另一方面，政府的鼓励和支持也至关重要。以光伏产业与建筑产业的融合为例，二者的融合使得光伏建筑一体化从概念走向落地。据统计，未来四年，我国城市中光伏建筑一体化可应用面积将达 17.9 亿平方米，预计每年可发电约 615 亿度，可减少二氧化碳排放量 5200 万吨，相当于减少 1600 万辆汽车的尾气排放或多种植 29 亿棵树。[2] 光伏产业与建筑产业跨界融合的实现与持续推进离不开政府的鼓励与支持。根据财政部、科技部、住房和城乡建设部、国家能源局印发的《关于加强金太阳示范工程和太阳能光电建筑应用示范工程建设管理的通知》（财建〔2010〕662 号），财政部办公厅、住房和城乡建设部办公厅于 2011 年发布《关于组织实施太阳能光电建筑应用一体化示范的通知》，明确由中央财政对光电建筑一体化示范项目建设所用关键设备和工程安装等其他费用分别给予补贴，同时还规定"省级住房城乡建设部门应积极研究制定本地太阳能光电技术在建筑领

---

〔1〕 毕德鹏：《"用"字当头，"绿"字着笔》，来源于"中国建材报网"，http：//www.cbmd.cn/index.php? r=post/show&id=2322，最后访问时间 2019 年 5 月 1 日。

〔2〕 高长安：《光伏建筑一体化助力绿色发展研讨会在雄安举行》，来源于"科学网"，http：//guangfu.bjx.com.cn/news/20180510/896936.shtml，最后访问时间 2019 年 5 月 1 日。

域应用的设计、施工、验收标准、规程及工法、图集。各地应积极引导和支持太阳能光电建筑应用技术的集成、开发和应用示范，优先支持一体化水平较高、技术适用性较强、示范作用显著的太阳能光伏建筑构件产品的研究开发"。就河北省而言，目前光伏产业已形成规模化、专业化发展的良好态势。加强太阳能光电建筑应用工作，不仅有利于拓展省内应用市场，促进河北省光伏产业实现较大较快发展，而且有助于加快节能减排，促进大气污染防治工作，推进绿色建筑发展。在此背景下，河北省住房和城乡建设厅于2015年发布《关于加强太阳能光电建筑应用推广工作的通知》，规定"加大规划引导力度、扩大太阳能光电建筑应用范围、选择太阳能光电建筑应用适用技术、鼓励太阳能光电建筑的一体化建设、加快推进光伏屋顶发电、大力推进光伏照明"六项重点工作。

四、制定并公布推广、限制和禁止使用的建设工程材料设备产品目录

为了使监督管理部门以及建设单位、设计单位、施工单位等各方主体及时了解推广、限制和禁止使用的建筑工程材料设备产品，积极采用绿色建材、设备和产品，根据《民用建筑节能条例》和《建设领域推广应用新技术管理规定》的要求，省人民政府住房城乡建设主管部门应当及时制定、公布并定期更新推广、限制和禁止使用建设工程材料设备产品目录。具体而言，目录制定主体为省人民政府住房城乡建设主管部门。自1998年起，河北省开始对建设工程材料设备的使用实行推广、限制和禁止使用制度。截至目前，共发布了九批"推广、限制和禁止使用产品目录"，向建设工程推荐优质材料设备，对落后的材料设备及时限制或禁止使用，为提升工程质量水平提供了有力保障，促进了全省建筑节能和绿色建筑的持续发展。2018年，河北省住房和城乡建设厅综合前八批"推广、限制和淘汰使用建设工程材料设备产品目录"内容，发布了《河北省推广、限制和禁止使用建设工程材料设备产品目录（2018年版）》（以下简称《目录》）。《目录》主要包括三部分内容：

一是推广使用的建设工程材料设备。列入推广部分的材料设备，主要是对建筑节能和绿色建筑具有支撑作用、对产业转型具有推动作用的产

品。《河北省建筑工程材料设备使用管理规定》第二十一条规定,"建筑工程设计单位在设计中应当优先选用列入新型建筑工程材料设备推广产品目录的建筑工程材料设备,并按其配套应用的技术标准进行设计。负责采购建筑工程材料设备的单位应当优先采购列入建筑工程材料设备推广产品目录的建筑工程材料设备"。《目录》围绕建筑钢筋及配套产品、预拌混凝土及配套材料、墙头材料、保温材料、门窗幕墙及配套件、装饰装修材料、防水材料等类别,列举了84项推广使用的建设工程材料设备,并分别明确了产品特点、适用范围以及推广依据。例如,以《河北省住房和城乡建设厅关于加强全省建筑节能门窗使用管理工作的通知》为依据,推广具有保温、隔热、隔音特性的三腔体及以上塑料门窗型材,推广可实现门窗三道密封结构、提高门窗水密性和气密性的隔热断桥铝窗型材。

二是限制使用的建设工程材料设备。列入限制部分的材料设备,指的是对建筑工程质量、安全、节能、环保等有一定影响的产品。根据《河北省建筑工程材料设备使用管理规定》第二十二条的规定,建设单位、勘察设计单位、施工单位和工程监理单位在进行工程勘察设计、施工、监理时,对列入建筑工程材料设备限制使用产品目录的建筑工程材料设备,在限制范围内不得选用。《目录》围绕混凝土及砂浆、墙体材料、保温材料、门窗幕墙及配套件、暖通系统设备、太阳能热水系统等类别,列举了28项限制使用的建设工程材料设备,并分别明确了限制原因、限制范围、限制依据以及实施时间。例如,根据《河北省促进散装水泥发展条例》,自该《目录》发布之日起,在设区市及县城规划区内限制使用浪费资源、污染环境,且不符合国家产业政策的袋装水泥(特种水泥除外)。

三是禁止使用的建设工程材料设备。列入禁止部分的材料设备,是社会关注度较高或工程使用中出现问题较多,对建筑工程质量、安全、节能、环保等影响较大的产品。根据《河北省建筑工程材料设备使用管理规定》第二十二条的规定,建设单位、勘察设计单位、施工单位和工程监理单位在进行工程勘察设计、施工、监理时,应当禁止使用列入建筑工程材料设备淘汰产品目录的建筑工程材料设备。《目录》围绕建筑钢筋、混凝土外加剂、墙体材料、市政与道路施工材料、建筑机械设备等类别,列举了35项禁止使用的建设工程材料设备,并分别明确了禁止原因、禁止依据以及实施时间。例如，根据《河北省住房和城乡建设厅关于禁止使用实心粘土砖和粘土制品的通知》（冀建科〔2015〕9号）、《建设部关于发布建设事业"十一五"推广应用和限制禁止使用技术（第一批）的公告》（第659号），禁止使用毁坏耕地、污染环境的粘土实心砖、粘土多孔砖作为墙体材料。

> **第二十七条** 设区的市、县级人民政府应当制定鼓励政策，促进装配式建筑相关产业和市场发展，推进新型建筑工业化。
>
> 省人民政府住房城乡建设主管部门应当会同市场监督等管理部门，建立健全装配式建筑监督管理制度，加强装配式建筑监督检查。

【本条主旨】

本条文是关于装配式建筑的规定。

【本条释义】

所谓装配式建筑，指的是把传统建造方式中的大量现场作业工作转移到工厂进行，在工厂加工制作好建筑用部品部件，如楼板、墙板、楼梯、阳台灯，运输到建筑施工现场，通过可靠的连接方式在现场装配安装而成的建筑。作为现代建筑工业化生产方式，装配式建筑是设计、生产、施工、装修和管理"五位一体"的体系化和集成化的建筑，具备标准化设计、工厂化生产、装配化施工、一体化装修、信息化管理五大特征。

根据建筑的使用功能、建筑高度、造价及施工等的不同，组成建筑结构构件的梁、柱、墙等可以选择不同的建筑材料以及不同的材料组合。例如，钢筋混凝土、钢材、木材等。根据主要受力构件材料的不同，装配式建筑可分为装配式混凝土结构建筑、钢结构建筑、钢—混凝土混合结构建筑、木结构建筑等。装配式混凝土结构是由预制混凝土构件通过可靠的连接方式装配而成的混凝土结构，包括装配整体式混凝土结构、全装配混凝土结构等。钢结构建筑主要由型钢和钢板等制成的钢梁、钢柱、钢桁架等构件组成，各构件或部件之间通常采用焊缝、螺栓或铆钉连接。钢结构建筑施工简便，是目前最为安全可靠的装配式建筑。钢—混凝土混合结构建筑是指由钢、钢筋混凝土、钢与钢筋混凝土组合构件中，任意两种或两种以上构件组成的结构。木结构建筑为用木材制成的建筑。木结构自重较轻，抗震性能较好，木构件便于运输、装拆，能多次使用。

本条对于装配式建筑的规定主要包括以下两个方面内容。

一、推进装配式建筑发展

装配式建筑不仅有利于节约资源能源、减少施工污染、提升劳动生产效率和建筑质量安全水平，还有利于促进建筑业与信息化工业化深度融合、培育新产业新动能、推动化解过剩产能。近年来，我国积极探索发展装配式建筑。2016 年，国务院办公厅印发的《关于大力发展装配式建筑的指导意见》提出，力争用 10 年左右的时间，使装配式建筑占新建建筑面积的比例达到 30%。同时，将京津冀、长三角、珠三角三大城市群作为重点推进地区，常住人口超过 300 万的其他城市作为积极推进地区，其余城市作为鼓励推进地区。2017 年，住房和城乡建设部印发的《"十三五"装配式建筑行动方案》进一步明确指出，"到 2020 年，全国装配式建筑占新建建筑的比例达到 15% 以上，其中重点推进地区达到 20% 以上。到 2020 年，全国装配式建筑占新建建筑的比例达到 15% 以上，其中重点推进地区达到 20% 以上，积极推进地区达到 15% 以上，鼓励推进地区达到 10% 以上。鼓励各地制定更高的发展目标"，同时"鼓励各地创新支持政策，加强对供给侧和需求侧的双向支持力度，利用各种资源和渠道，支持装配式建筑的发展，特别是要积极协调国土部门在土地出让或划拨时，将装配式建筑作为建设条件内容，在土地出让合同或土地划拨决定书中明确具体要求。装配式建筑工程可参照重点工程报建流程纳入工程审批绿色通道。各地可将装配率水平作为支持鼓励政策的依据。强化项目落地，要在政府投资和社会投资工程中落实装配式建筑要求，将装配式建筑工作细化为具体的工程项目，建立装配式建筑项目库，于每年第一季度向社会发布当年项目的名称、位置、类型、规模、开工竣工时间等信息。在中国人居环境奖评选、国家生态园林城市评估、绿色建筑等工作中增加装配式建筑方面的指标要求，并不断完善"。

2017 年，河北省人民政府办公厅发布了《关于大力发展装配式建筑的实施意见》，要求相关部门从如下六个方面制定相应的鼓励性政策，力争用 10 年左右的时间，使全省装配式建筑占新建建筑面积的比例达到 30% 以上：

第一，用地支持政策。将装配式建筑园区和基地建设纳入相关规划，优先安排建设用地。住房城乡建设部门要依据有关规定，明确装配式建造方式的具体要求或面积比例，并提供给城乡规划部门。城乡规划部门在编制和修改控制性详细规划时，应增加建造方式的控制内容；在规划实施管理过程中，应将建造方式的控制内容纳入规划条件。国土资源部门应当落实该控制性详细规划，在用地上予以保障。

第二，财政支持政策。符合条件的装配式建筑企业享受战略性新兴产业、高新技术企业和创新性企业扶持政策。政府投资或主导的项目采用装配式建造方式的，增量成本纳入建设成本。在 2020 年年底前，对新开工建设的城镇装配式商品住宅和农村居民自建装配式住房项目，由项目所在地政府予以补贴，具体办法由各市（含定州市、辛集市）制定。扩大科技创新项目扶持资金支持范围，将装配式建筑发展列入各级科技计划指南重点支持领域。鼓励以装配式建筑技术研究为重点攻关方向以及绿色建材生产骨干企业联合高等学校、科研院所，申报省级以上重点（工程）实验室或工程（技术）研究中心。支持钢铁生产企业进行钢结构建筑生产技术改造，优先列入省工业企业技术改造项目库，对符合条件的项目，给予一定的技改资金支持。支持装配式建筑标准编制工作，对参与编制省级及以上标准的给予资金支持。

第三，税费优惠政策。对引进大型专用先进设备的装配式建筑生产企业，按照规定落实引进技术设备免征关税、重大技术装备进口关键原材料和零部件免征进口关税及进口环节增值税、企业购置机器设备抵扣增值税、固定资产加速折旧政策。企业销售自产的经认定列入《享受增值税即征即退政策的新型墙体材料目录》的装配式预制复合墙板（体）材料，按规定享受增值税即征即退 50% 的政策。

第四，金融支持政策。对建设装配式建筑园区、基地、项目及从事技术研发等工作且符合条件的企业，金融机构要积极开辟绿色通道，加大信贷支持力度，提升金融服务水平。

第五，行业引导政策。装配式建筑墙体材料生产企业达到国家鼓励类墙体材料产品和相关规定的，优先列入省新型墙体材料生产示范项目，预制部品部件纳入《河北省建设工程材料设备推广使用产品目录》。将建筑业企业承建装配式建筑项目情况，纳入省建筑业企业信用综合评价指标体系。在人居环境奖评选、生态园林城市评估、绿色建筑评价等工作中增加装配式建筑方面的指标要求。在评选优质工程、优秀工程设计和考核文明工地时，优先考虑装配式建筑。

第六，优化发展环境。各级公安和交通运输部门在职能范围内，对运输超高、超宽部品部件（预制混凝土构件、钢构件等）运载车辆，在运输、交通通畅方面给予支持。在《河北省重污染天气应急预案》Ⅰ级应急响应措施发布时，装配式建筑施工工地可不停工，但不得从事土石方挖掘、石材切割、渣土运输、喷涂粉刷等作业。采用装配式建造方式的商品住宅项目，在办理规划审批手续时，其外墙预制部分的建筑面积（不超过规划总建筑面积的3%）可不计入成交地块的容积率；允许将预制构件投资计入工程建设投资额，纳入进度衡量。

总体而言，目前建造方式依旧以现场浇筑为主，装配式建筑比例和规模化程度较低，与发展绿色建筑的有关要求以及先进建造方式相比还存在一定的差距。部分原因在于现阶段装配式建筑仍存在成本高，设计和施工技术支持不够，装配式建筑产业板块构筑不完善等问题。装配式建筑的发展有赖于政府的大力推广和适当的倾斜性政策。因此，本条强调由设区的市、县级人民政府因地制宜制定鼓励政策，促进装配式建筑相关产业和市场发展，推进新型建筑工业化。

二、建立健全装配式建筑监督管理制度

与传统建筑相比，装配式建筑的质量责任主体与监督检查要点均有所不同。[1] 具体而言，装配式建筑的监督管理主要包括三个阶段：

一是构件生产期间的质量监督。用于制作预制构件的钢筋原材应参考施工验收的原材报验流程，除了钢筋生产厂家提供的质量证明文件外，还应按批次进行抽样复试，复试合格后方可用于生产。预制构件完成养护

---

〔1〕《解析装配式建筑质量监管重点》，来源于"建筑网"，https：//www.cbi360.net/hyjd/20160910/50974.html，最后访问日期2019年5月2日。

后，应对构件的几何尺寸、平整度和垂直度等进行全数检查。此外，还应对构件的混凝土强度进行无损检测，对钢筋间距和保护层厚度等进行抽检，抽检不合格不得出厂。预制构件出厂时，应提供构件质量证明文件，包括构件的物理、力学性能参数和抽检报告。构件应在便于现场识别的部位设置出厂标识，包括生产企业名称、制作日期、品种、规格和编号等相关信息。落实驻场监理制度，监理单位要切实履行相关监理职责，实施原材料验收、检测、隐蔽工程验收和检验批验收，编制驻场监理评估报告。预制构件模具既要有一定的刚度和强度，又要具备较强的整体稳定性，同时模具面要有较高的平整度，需定期对模具平整度进行检测。预制构件在生产时，应设计明确吊点的位置，以保证吊点处的钢筋与主筋有效连接。

二是预制构件在运输、堆场与吊装过程中的监督管理。在运输和堆场过程中，应注意加强预制构件成品保护，特别是空腔侧壁、立槽、滴水槽以及水平缝的防水台等部位的保护。一方面有必要设置专用堆场，并满足总平面布置要求；另一方面，应当根据预制构件的类型选择合适的堆放方式及堆放层数，同时构件之间应设置可靠的垫块。若使用货架堆置，货架应进行力学计算，满足承载力要求，堆放好以后要采取临时固定措施，以防止构件发生倾覆等。此外，从事预制构件运输和吊装的工人必须经过专业培训，吊装操作工人须持有建筑施工高处作业的特殊工种证书。

三是现场安装及混凝土现浇阶段的监督管理。建筑施工企业应对每批预制构件全数进行进场质量验收，并经监理单位抽检合格后方能使用。同时，施工单位和监理单位还须复核预制构件产品质量保证文件，包括吊点的隐蔽验收记录、混凝土强度等相关内容。发现不合格的构件，特别是存在影响吊装安全的质量问题的，应立即退场。为保障构件安装后的稳定性，预制构件安装的临时支撑体系等应经验收通过并挂牌方可投入使用。在构件安装并固定后，还需进行垂直度和水平度校核方可进入下道工序。施工单位应制定涉及质量安全控制措施、工艺技术控制难点和要点、全过程的成品保护措施等内容的专项方案，并通过审核。专项施工方案应包括现场构件堆放、构件安装施工、节点连接、防水施工和混凝土现浇施工等内容。其中，质量控制措施应包括构件进场检查、吊装、定位校准、节点连接、防水、混凝土现浇、机具设备配置和首件样板验收等方面的要求；

安全控制措施应包括预制构件堆放、吊装、高处作业的安全防护、作业辅助设施的搭设、构件安装的临时支撑体系的搭设等方面的要求。此外，安装工人必须经过专业培训方能上岗，在正式施工之前，还应组织对安装工人进行交底和培训，使工人了解安装的步骤和注意事项。

对于装配式建筑的监督管理，本条第二款规定："省人民政府住房城乡建设主管部门应当会同市场监督等管理部门，建立健全装配式建筑监督管理制度，加强装配式建筑监督检查。"由此规定可知，省人民政府住房城乡建设主管部门与市场监督等部门是装配式建筑的监督管理主体。其中，省人民政府住房城乡建设主管部门属于"牵头"部门。作为监督管理主体，省人民政府住房城乡建设主管部门应当会同市场监督等管理部门，在充分考量装配式建筑质量监督特殊性的基础上，建立健全相应的监督管理制度，实施监督检查工作。

> **第二十八条** 省人民政府住房城乡建设主管部门应当会同有关部门建立健全本省的智能供热标准体系。
>
> 设区的市、县级人民政府应当发展集中供热和清洁能源供热，采用智能化供热技术，推动供热系统智能化改造，降低供热能耗，提高供热效率。
>
> 实行集中供热的新建民用建筑，应当配套建设供热采暖分户计量系统，并安装温度调控装置和供热系统调控装置。

【本条主旨】

本条文是关于发展智能供热、集中供热和清洁能源供热的规定。

【本条释义】

我国部分地区由于气候原因，冬季必须进行供暖供热，尤其是北方地区，在建筑能耗总量中供暖能耗比重较大。2017 年，中国建筑节能协会发布了《中国建筑能耗研究报告（2017 年）》，首次公布分省建筑能耗数据。该报告显示，城镇人均建筑能耗与气候区域关系密切。北方采暖地区省市的城镇人均建筑能耗平均 1.2 吨标准煤，是非采暖区域平均值（0.62 吨标准煤）的 2 倍。建筑供热方式有很多种，不同供热方式的能耗情况不同。智能供热、集中供热和清洁能源供热方式的应用有助于降低供暖能耗，实现节能减排目标，发展绿色建筑。本条对智能供热、集中供热和清洁能源供热作出了具体规定。

一、智能供热

智能供热指的是以供热信息化和自动化为基础，以供热信息系统与物理系统深度融合为技术路径，运用物联网、空间定位、云计算、信息安全等技术感知连接供热系统全过程中的各种要素，运用大数据、人工智能、建模仿真等技术统筹分析系统中的各种资源，运用模型预测等先进控制技术按需精准调控系统中各层级、各环节对象，从而建构具有自感知、自分析、自诊断、自优化、自调节、自适应特征，能够支撑供热的政府监管、规划设计、生产运营、需求响应过程中人的思考决策的新一代智慧型供热系统。[1]

相较于传统供热方式，从热源、热网到热用户全过程的智能供热系统具有如下优势：第一，可以促进热能资源优化配置，降低热能损耗，减少污染物排放。热能资源配置不合理是造成当前供热能力与供热需求之间矛盾关系的主要原因之一。目前大部分建筑的实际耗热量高于需热量。在时间分布上，供热系统热源未能随室外气候变化及时和有效地调整供热量，导致整个供热系统部分时间段整体过热，造成过量供暖损失，在供暖初期和末期此种现象尤为明显。在空间分布上，不同用户的室内温度冷热不均，在热网缺乏有效调节手段的情况下，为维持室内温度较低用户的供热质量，往往采用提高热源输出热量，由此导致其他用户过热，造成过量供暖损失。当用户室内温度较高且室内供热系统没有温控设备时，导致用户不得不通过开窗来散热，造成此部分用户的实际供热量比实际需热量高。第二，有助于提高城镇供热安全性、可靠性和舒适性。以连接热源和热用户的换热站为例，传统换热站运行管理以人工操控为主，自动化程度较低，供热安全性、可靠性和舒适性很大程度上取决于操控人员的经验和方

---

〔1〕 钟崴等：《智慧供热的理念、技术与价值》，《区域供热》2018 年第 2 期。

法。随着智能控制算法、统计分析的监控平台以及视频监控系统的应用，无人值守换热站智能控制系统可以对供热负荷进行准确预测，及时有效调控换热站供热系统，克服热惯性造成的不利影响，合理分配热量，提高供热品质。第三，有助于提升供热保障能力、企业管理和服务水平。智能供热信息化管理平台可以实现供热企业运行管理系统、客户服务与评价系统、收费管理与电子支付系统之间的数据共享，主动推送异常数据和设备故障信息，进而提高供热企业及时主动解决供热问题的能力，提高供热服务质量和设备管理水平。

在供热智能化建设方面，供热企业首先需要建设智能供热系统，换热站要实现水泵变频控制、流量自动调节、气候自动补偿、有人巡检无人值守，热网要实现压力、流量和温度智能化调节和监控，供热系统要逐步实现热源互备、多能互补、智能化调度、按需供热，促进热源、热网和用热全过程资源配置优化和能效提升，降低供热运行成本，提高供热能源有效利用率。此外，供热企业还须建立环保监控系统、安全保障系统、供热服务系统与企业管理系统。环保监控系统主要用于集中供热系统污染物排放超标监测预报、自动达标调控和统计汇总报告，以确保污染物达标排放，提高城镇清洁供热能力。安全保障系统主要用于集中供热系统事故和故障监测预报、应急响应调度、故障处置和事故抢险指挥等，以实现供热系统安全运行智能化监控、调度和指挥，提高供热安全保障能力。供热服务系统主要用于网络收费、退费、用户报修等热用户服务和管理，以实现供热服务的数字化管理，提高供热服务能力和水平。企业管理系统指的是与智能供热相衔接的人力资源、设备材料、经营管理等，以此实现供热企业管理运行精细化、供热服务精准化、供热节能最大化，促进供热企业转型升级，提高供热企业管理水平。2017 年，河北省住房和城乡建设厅发布了《关于推进城镇供热智能化建设的指导意见》，提出具体建设目标："到2020 年，全省供热企业的集中供热系统要基本建成无人值守换热站，供热面积在 200 万平方米以上的，要基本建成智能供热系统；有条件的要建成环保监控系统、安全保障系统、供热服务系统和供热企业管理系统。"

供热智能化建设是一项系统性工程，不仅要收集整合热源、管网、泵站、用户及天气等各方面的信息，并在分析这些信息的基础上精准调节热源、管网、换热站以及用户端的设备，还需要与数字化城市管理、城市地下综合管线等系统相衔接，实现数据资源共享。尽管供热企业在探索大数据、云计算、物联网等互联网技术的运用方面具备一定的专业技术优势，但仅凭供热企业的力量很难建成智能供热体系。为了确保智能供热体系建得成、用得好、管得住，还需要政府以智能供热为核心展开顶层设计。因此，本条对政府在智能供热体系建设方面的职责作出了规定：首先，省人民政府住房城乡建设主管部门应当会同有关部门建立健全本省的智能供热标准体系。智能供热标准体系的建立有助于指导供热智能化建设工作，解决数据信息采集、数据传输接口以及数据库架构不统一的问题，实现政府、供热企业、用户等不同主体之间的数据共享和交换，为供热智能化系统的建设奠定基础。其次，设区的市、县级人民政府应当采用智能化供热技术，推动供热系统智能化改造。作为智能供热系统的核心，智能化供热技术主要以信息物理系统为支撑。信息物理系统是通过集成先进的感知、计算、通信、控制等信息技术和自动控制技术，构建了物理空间与信息空间中人、机、物、环境、信息等要素相互映射、适时交互、高效协同的复杂系统，实现系统内资源配置和运行的按需响应、快速迭代、动态优化。设区的市、县级人民政府应当以供热物理系统与供热信息系统为依托，采用智能化供热技术，推动供热系统智能化改造。

基于 2017 年河北省住房和城乡建设厅发布的《关于推进城镇供热智能化建设的指导意见》，全省已经开始推进供热智能化建设，在采用智能化供热技术新建热源的同时，也逐渐加快对老旧小区供热管网的智能化改造，以完善供热智能信息平台以及企业供热智能化管理系统的建设，逐步实现热源、热网运行状态在线监测和智能化调控。以石家庄市为例，《石家庄市主城区 2018 年供热保障实施方案》要求，石家庄各区政府负责督导供热企业"对 2000 年（不含 2000 年）以前剩余的 700 万平方米老旧小区供热设施进行改造"，还规定"各供热企业对供热地下管网的路径、大小、建设年代、运行状况等管网基础数据进行详细摸排，建立管网信息数据库。拓展热计量设施功能，完善市、区、供热企业供热信息监控平台系统，实现供热信息系统内共享。坚持政府引导，共同出资，企业实施，在主城区居民小区安装 50000 个供热质量数据采集上传设施，及时准确掌控全市供热运行情况。运用大数据、互联网＋等技术提高供热调度、供热质量与能耗监测、应急处置等智能化水平"。

二、集中供热和清洁能源供热

集中供热是指由集中热源所产生的蒸汽、热水通过管网供给一个城市或者部分地区生产和生活使用的供热方式，由热源、热网和热用户三个部分组成。集中供热热源包括热电联产的电厂、集中锅炉房、工业与其他余热、地热、核能、太阳能、热泵等，亦可由几种热源共同组成的多热源联合供热系统。热源分布要尽量集中、合理，而热源设备尽量选择高参数、大容量、高效率的设备。热源的位置应尽量设在热负荷中心，并根据燃料运输、热力管网和输电出线、水源、除灰、地形、地质、水文、环保、综合利用等诸因素，通过技术经济比较确定。与分散供热方式相比，集中供热的优点主要有：一是有助于提高能源利用率、节约能源。较之于分散供热，集中供热的热效率得以大大提升，进而有助于节约能源。一般来说，供热机组的热电联产综合热效率可达到85％，而大型汽轮机组的发电热效率一般不超过40％；区域锅炉房的大型供热锅炉的热效率可达80％—90％，而分散的小型锅炉的热效率只有50％—60％。二是有助于消除烟尘、减轻对于大气的污染。采用集中供热，再辅之以高烟囱和烟气净化装置的安装，有助于消除烟尘，进而减轻大气污染，改善环境。三是有助于减少用地。较之于分散供热，集中供热的适用可以腾出大批分散的小锅炉房和燃料、灰渣堆放的占地，进而达到减少用地的目的。四是有助于降低运营费用。较之于分散供热，集中供热可以在相当程度上减少司炉人员及燃料、灰渣的运输量和散落量，进而有助于降低供热的运营费用。五是有助于实现安全供热。较之于小锅炉、个人采暖为代表的分散供热，集中供热可以在很大程度上避免火灾、煤气中毒等安全事故，因此，有助于提高供热的安全性。

清洁能源供热是指利用天然气、电、地热、生物质、太阳能、工业余热、清洁化燃煤、核能等清洁化能源，通过高效用能系统实现低排放、低能耗的供热方式，包含以降低污染物排放和能源消耗为目标的供暖全过程，涉及清洁热源、高效输配管网（热网）、节能建筑（热用户）等环节。

当前我国清洁取暖比例较低，特别是北方部分地区冬季依旧使用散烧煤。为提高取暖清洁化水平，减少大气污染物排放，降低能源消耗，设区的市、县级人民政府应当积极推进清洁能源供热方式。值得注意的是，清洁取暖绝非简单的"一刀切"去煤化，而是对煤炭、天然气、电、可再生能源等多种能源形式统筹谋划，范围也不仅仅局限于热源侧的单方面革新，而是整个供暖体系全面清洁高效升级。2017年，国家发展和改革委员会、能源局、财政部、环境保护部、住房和城乡建设部等十部门联合印发了《北方地区冬季清洁取暖规划（2017—2021年）》，指出"北方地区冬季大气污染以京津冀及周边地区最为严重"，要求京津冀大气污染传输通道的"2＋26"个重点城市（北京市、天津市，河北省石家庄、唐山、廊坊、保定、沧州、衡水、邢台、邯郸市，山西省太原、阳泉、长治、晋城市，山东省济南、淄博、济宁、德州、聊城、滨州、菏泽市，河南省郑州、开封、安阳、鹤壁、新乡、焦作、濮阳市，含雄安新区）城区清洁取暖率要率先达到90%以上，县城和城乡结合部达到70%以上，农村地区达到40%以上。

就河北省而言，在"十二五"期间城镇集中供热和清洁能源供热均获得稳步推进与发展。2013年，河北省住房和城乡建设厅、河北省发展和改革委员会联合出台《关于加强城市供热保障工作实施方案》，提出"热源规划要以热电联产集中供热为主，大型区域调峰锅炉房为辅，清洁能源及再生能源为补充"。《河北省供热用热办法》第五条进一步规定："县级以上人民政府应当将供热事业纳入国民经济和社会发展规划，优先发展热电联产和大型区域锅炉等集中供热方式，鼓励利用清洁能源和可再生能源发展供热事业，推广应用节能、高效、环保、安全的供热新技术、新工艺、新设备、新材料。"在此基础上，全省供热面积、集中供热和清洁供热率、热源保障能力、能源结构、管网长度、自动化水平、计量收费面积等主要指标稳步提高和优化，突出表现在以下几个方面：第一，供热面积、集中供热和清洁供热率有所提高。截至2015年底，全省总需热面积10.68亿平方米，集中供热面积约为8.55亿平方米，相比"十一五"期末增加3.59亿平方米，集中供热率达到80.08%。全省清洁和可再生能源供热面积约为2.35亿平方米，清洁和可再生能源供热率达到22.02%。第二，供热能源结构明显改善。全省城镇供热热源基本形成以热电联产和区域锅炉房为主，燃气、地热能、工业余废热、电能等清洁和可再生能源供热为辅的能源结构，实现供热方式多元化和能源的梯级利用，推进绿色供热快速发展。煤炭在供热一次能源结构中占比为76.91%，清洁和可再生能源在能源结构中占比约22.02%。清洁供热率达到67%左右。第三，热用户能耗逐年降低。全省平均采暖综合热指标为53 W/m²左右，随着供热系统升级改造、供热智能化、老旧管网改造、建筑围护结构节能改造和新的节能标准实施，采暖综合热指标将逐年下降。第四，智慧热网建设逐步开展。承德、石家庄、邢台和唐山等城市相继开展"智慧热网"探索和建设工作，在供热区域初步形成供热"一张热网，多个热源，供需协调，市场化运行"的目标，基本实现"稳定供热、均衡供热和舒适供热"，密织一张"智慧热网"，开启供热"云"时代。

尽管全省在发展集中供热和清洁能源供热方面已取得一定成绩，但依旧存在一些问题。在发展集中供热方面，存在区域发展不平衡问题，仍有部分县城主要是采取分散供热方式。在发展清洁能源供热方面，煤炭在供热一次能源消耗比重仍然偏高，清洁和可再生能源供热占比仍然偏低。在供热系统智能化改造方面，仍有部分县市存在改造投入不足、重视不够，尤其是使用15年以上的老旧小区二级管网，面临改造体量大、投资高、任务重等问题。

为了回应这些问题，深入贯彻绿色发展理念，持续推进绿色建筑发展，河北省住房和城乡建设厅组织编制了《河北省城镇供热"十三五"规划》，围绕"清洁供热率、供热方式和能源结构、综合能耗水平、智慧供热系统、供热计量、供热安全、行业管理"提出了具体发展目标，明确要求"全省县城及以上城市集中供热和清洁能源供热基本全覆盖，清洁供热率达到95%以上（约束性指标）"，到2020年基本形成"以燃煤、燃气热电联产，工业余热，地热能为基础热源；以高效清洁燃煤和天然气低氮燃烧区域锅炉房为调峰；以天然气分布式锅炉、壁挂炉、电能、生物质和太阳能等为补充的供热方式""力争煤炭在供热一次能源消耗比重下降到60%以内（预测值），其中全省超低排放的燃煤热电联产集中供热率为45%左右（预测值），高效清洁燃煤区域锅炉房集中供热率控制在12%以内（预测值）；工业余热、地热能、天然气与清洁和可再生能源率力争提高到35%以上（预测值）"。

三、安装集中供热配套装置

为了促使用户节约资源，更好地实现节能目标，在发展集中供暖和清洁能源供暖的同时，还有必要安装配套设施为用户的节能行为提供前提条件。对此，《民用建筑节能条例》第十八条规定，"实行集中供热的建筑应当安装供热系统调控装置、用热计量装置和室内温度调控装置；公共建筑还应当安装用电分项计量装置。居住建筑安装的用热计量装置应当满足分户计量的要求。计量装置应当依法检定合格"。本《条例》再次明确要求，实行集中供热的新建民用建筑，应当配套建设供热采暖分户计量系统，并安装温度调控装置和供热系统调控装置。

配套建设供热采暖分户计量系统，分户进行用热计量，意味着多消费热能者将多支付费用，这可以促使用户自行调节室内温度，降低能耗，进而节约资源，避免浪费。相对于过去按建筑面积收取供热费用的方式，分户用热计量是一种更为合理地分摊供热费用的方式。与电能、水、煤气的消费特点不同，采暖供热由于热能的传导性，居民每家每户的热能消费量与左邻右舍有关，同时也受到居民所在楼层、朝向以及房屋围护结构的直接影响。例如，阳光直接照射的居室，居中间的居室由于上下左右都有暖房，较少的热能消耗就可以达到一定的室温。相对而言，顶层、北向、边上的居民要达到同样的温度就需要较多的热能供给。同样，建筑围护结构保温性能差的建筑或边角房间热能消耗量大。因此，每家每户的供热消耗量除该户的自身消耗外，与该户在楼层内的位置、邻居情况以及建筑本身的围护结构密切相关。因而，仅仅靠建筑面积收取供热费用不合理，甚至有失公平。

集中供热的建筑中安装温度调控装置，可确保用户能够根据自己的不同需要合理调节并设定室内温度，这样就确保了各个房间的室温恒定。温度调控装置主要是指温控阀，它一般安装在散热器的进水管上或分户采暖系统的总入口进水管上。用户通过温度调控装置，基于恒温控制、利用自由热、经济运行等手段，可以既提高室内热环境舒适度，又能实现节能。同时，通过价格杠杆的作用，还可以提高用户的能源节约意识，从而达到节能目的。

供热系统调控装置的主要作用在于，调节供热系统内部的热媒温度和流量。供热系统通常包括热源、管网、热力站和散热设备。在供热系统的这些节点处应当安装阀门、变频调速设备、二次热交换器等调控装置。通常把热媒温度调节称为质调节，把热媒流量调节称为量调节。供热系统的最佳调控状态是实现动态平衡，即热源能够随着终端用户负荷的变化而变化。当用户的热负荷变小的时候，热源的出力，即供给的热量，也应当相应地减少，而当用户的热负荷变大的时候，热源供给的热量则相应地增大。此外，管网、热力站、散热设备也应按照需要能够灵活调节。

> **第二十九条** 新建住宅、宾馆、学生公寓、医院等有集中热水需求的民用建筑，应当结合当地自然资源条件，按照要求设计、安装太阳能、生物质能等可再生能源或者清洁能源热水系统。
>
> 鼓励工业余热的有效利用。

【本条主旨】

本条文是关于民用建筑热水供应问题的规定。

【本条释义】

宾馆、学生公寓、医院等公共建筑往往需要全天供应热水，伴随生活品质的提高，目前许多居民住宅也开始集中供应热水。从能耗角度来看，集中热水供应系统的能耗在整个建筑能耗总量中的占比较大，因地制宜、合理选择集中热水供应系统的热源对于建筑节能而言具有重要意义。针对新建住宅、宾馆、学生公寓、医院等有集中热水需求的民用建筑的热水供应问题，本条主要从以下两方面作出了相应规定。

一、设计、安装可再生能源或者清洁能源热水系统

可再生能源主要指的是起源于可持续补给的自然过程的能量。与煤炭、石油、天然气等传统能源相比，可再生能源具有低污染、可再生、资源丰富等特点。清洁能源并非某一种特定的物理或能源类型，而是相对于

污染能源而言的，指的是对环境友好的能源。清洁是一个相对的概念，有一定的排放标准加以衡量能源的清洁性。清洁能源主要包括两大类：一类是可再生能源；另一类是在生产以及消费过程中尽可能减少对生态环境的污染的非可再生能源，如使用低污染的天然气等化石能源，以及利用清洁能源技术处理过的洁净煤等化石能源。由此可见，太阳能、生物质能、风能、水能、地热能和海洋能等可再生能源全部属于清洁能源，而清洁能源的范畴要比可再生能源更加广泛。

太阳能与生物质能属于典型的可再生能源或清洁能源。人类所有生产、生活活动的基本能源都来源于太阳，其他各种形式的能源大多都是太阳能的储存和转化。太阳能是地球接受到的太阳辐射能。因而，广义上的太阳能是地球上许多能量的来源，如风能、化学能、水的势能等；狭义的太阳能则限于太阳辐射能的光热、光电和光化学的直接转换。生物质能是以化学能形式蕴藏在生物质中的能量，指的是直接或间接地通过绿色植物的光合作用，把太阳能转化为化学能后固定和贮藏在生物体内的能量。所有的动物、植物和微生物，以及由这些生命物质派生、排泄和代谢的许多有机质等均是生物质能的载体。通过化学法、生物法以及化学生物相结合的方法可以将这些生物质中蕴藏的能量转化为热量、电力、固体燃料、液体燃料和气体燃料等二次能源形式。根据《中华人民共和国可再生能源法》第二条，除了太阳能、生物质能以外，可再生能源还包括风能、水能、地热能和海洋能等非化石能源。

我国能源总储量虽然较为丰富，但是人均资源量有限。我国目前正处于现代化建设承上启下的关键阶段，经济总量将持续扩大，对能源的需求量也会呈增大趋势。加之化石能源的大规模使用，带来环境、生态和全球气候变暖等一系列问题。加快能源结构转型，发展可再生能源和清洁能源已成为大势。可再生能源和清洁能源的发展不仅有助于实现经济、社会和环境的协调发展，还有利于推进经济转型升级，进而调整产业结构。为此，国务院办公厅制定的《能源发展战略行动计划（2014—2020年）》提出，我国将"坚持'节约、清洁、安全'的战略方针，加快构建清洁、高效、安全、可持续的现代能源体系""着力优化能源结构，把发展清洁低碳能源作为调整能源结构的主攻方向。坚持发展非化石能源与化石能源高效清洁利用并举，逐步降低煤炭消费比重，提高天然气消费比重，大幅增加风电、太阳能、地热能等可再生能源和核电消费比重，形成与我国国情相适应、科学合理的能源消费结构，大幅减少能源消费排放，促进生态文明建设。到 2020 年，非化石能源占一次能源消费比重达到 15%，天然气比重达到 10% 以上，煤炭消费比重控制在 62% 以内"。2016 年，国家发展改革委、国家能源局联合发布《能源生产和消费革命战略》，进一步提出了 2021—2030 年的能源革命战略目标，即"可再生能源、天然气和核能利用持续增长，高碳化石能源利用大幅减少。能源消费总量控制在 60 亿吨标准煤以内，非化石能源占能源消费总量比重达到 20% 左右，天然气占比达到 15% 左右，新增能源需求主要依靠清洁能源满足"。

在此背景之下，本条要求"新建住宅、宾馆、学生公寓、医院等有集中热水需求的民用建筑，应当结合当地自然资源条件，按照要求设计、安装太阳能、生物质能等可再生能源或者清洁能源热水系统"。从实践情况来看，当前使用范围较为广泛的当属太阳能热水系统，即把太阳辐射能转换成热能用以加热水并输送至各用户的系统装置，包括太阳能集热系统、辅助加热系统和热水供应系统。《民用建筑节能条例》第四条规定："国家鼓励和扶持在新建建筑和既有建筑节能改造中采用太阳能、地热能等可再生能源。在具备太阳能利用条件的地区，有关地方人民政府及其部门应当采取有效措施，鼓励和扶持单位、个人安装使用太阳能热水系统、照明系统、供热系统、采暖制冷系统等太阳能利用系统。"就河北省而言，按照太阳能资源丰富程度等级划分来看，属于太阳能资源丰富或较丰富地区。河北省张家口、承德位于二类地区，全年日照时数为 3000—3200 小时，辐射量在 5860—6700MJ/（$m^2 \cdot a$），相当于 200—225kg 标准煤燃烧所发出的热量；其他城市位于三类地区，全年日照时数为 2200—3000 小时，辐射量在 5020—5860MJ/（$m^2 \cdot a$），相当于 170—200kg 标准煤燃烧所发出的热量。基于良好的自然资源条件，河北省自 2008 年即开始在民用建筑中全面推行太阳能热水系统。2008 年，河北省住房和城乡建设厅发布《关于执行太阳能热水系统与民用建筑一体化技术的通知》，要求"新建民用建筑应将太阳能热水系统作为建筑设计的组成部分，与建筑主体工程同步设计、同步施工、同步验收"，并进一步规定，"十二层及以下的新建居住建筑和实行集中供应热水的医院、学校、饭店、游泳池、公共浴室（洗浴场所）等热水消耗大户，必须采用太阳能热水系统与建筑一体化技术；对具备利用太阳能热水系统条件的十二层以上民用建筑，建设单位应当采用太阳能热水系统。国家机关和政府投资的民用建筑，应带头采用太阳能热水系统。对因技术或其他特殊原因不能采用太阳能热水系统的民用建筑，由当地建设行政主管部门审核认定是否采用太阳能热水系统，对应采用而不采用太阳能热水系统的民用建筑，规划行政主管部门不得颁发建设工程规划许可证，施工图审查机构不得出具施工图审查合格书，建设行政主管部门不得颁发建筑工程施工许可证、不得办理竣工验收备案手续。对未设置太阳能热水系统的既有民用建筑，鼓励产权单位或物业公司在确保建筑质量和安全，不影响环境景观的前提下，统一组织配置太阳能热水系统"。在此基础之上，2014 年，河北省住房和城乡建设厅决定在全省规模化开展太阳能热水系统建筑应用工作。

二、鼓励工业余热的有效利用

所谓工业余热，指的是工业设备或装置出口废气、废液、物料和废渣所具有的能量的总称，主要包括出口烟气废气的物理热、化学热和压力能，冷却水和工艺废液的热能、化学能和机械能，高温物料和废渣的热能和化学能等。工业生产离不开能量的使用，特别是热能的使用，只要使用热能，就不可能百分之百地转化为有效能，所以必然产生工业余热。但是，并非所有的工业余热都能得到充分利用，有的在技术上难以实现，有的在经济上不合理。因此，应当对各种工业余热资源加以分析，探寻有效利用方式。不同温度水平的余热可利用价值不同，根据浓度、热值等不同，一般把工业余热分为高温余热、中温余热和低温余热。其中，温度高于 500 摄氏度的工业余热属于高温余热，温度在 200 摄氏度至 500 摄氏度的工业余热是中温余热，温度低于 200 摄氏度的工业余热属于低温余热。目前，高温余热和低温余热多用于回收发电，利用率相对较高，但由于回收温差小、换热设备庞大、技术复杂、经济效益不明显、投资回收期长等因素，低温工业余热尚未受到工业企业的重视，往往是被作为废热排掉，利用率较低。

工业余热的有效利用是强化建筑节能，促进绿色建筑发展的有效举措。《国务院关于印发"十三五"节能减排综合工作方案的通知》明确强调"推进利用太阳能、浅层地热能、空气热能、工业余热等解决建筑用能需求"。工业余热，特别是钢铁、水泥、石化等工业企业生产过程中排放的废热、废水、废气等低温工业余热，不仅可回收用于建筑供暖，还可用于生活用水加热。在供暖方面，工业余热并非新生热源。2015 年，国家发展改革委发布的《余热暖民工程实施方案》就提出，"充分回收利用低品位余热资源，缓解城镇化过程中快速增长的供热需求与环境压力之间的矛盾"。2017年，住房和城乡建设部、国家发展改革委、财政部、能源局联合发布的《关于推进北方采暖地区城镇清洁供暖的指导意见》进一步指出，各地区应当"立足本地区工业余热资源现状，结合清洁供暖需求，充分利用工业余热资源供暖，建设工业余热高效采集、高效输送、充分利用供暖体系。健全工业余热资源供暖运营体制机制，挖掘工业余热的供暖潜力，大幅降低供暖成本。工业余热热源必须协调配置清洁化备用热源和调峰热源，保障供暖系统安全稳定、运行可靠"。在生活用水加热方面，将工业余热作为热源比传统锅炉加热方式更有助于节能降耗、保护环境。在条件许可的情况下，应当鼓励工业余热，特别是低温工业余热的回收利用。

> **第三十条** 政府投资或者以政府投资为主的建筑应当按照全装修方式建设，优先选用装配式装修技术、建筑信息模型应用技术。
>
> 鼓励城市建成区内新建民用建筑采取全装修方式，使用绿色建材，实施一次装修到位。
>
> 实施全装修方式开发销售、出租的商品房，室内环境指标应当符合国家和本省相关标准。

【本条主旨】

本条文是关于全装修方式的规定。

【本条释义】

全装修方式，指的是在房屋交付使用前，套内所有功能空间的硬装作业完成，电气、给水排水、暖通与空调、家居智能化和燃气供应等系统以及固定家具安装到位，厨房、卫生间等基本配套设备部品完备，使房屋具备基本使用功能的施工安装过程。多年以来，我国绝大多数建筑，特别是上市销售的住宅均属于"毛坯房"，需要进行二次装修才能入住使用，这不仅造成严重的环境污染问题，也带来巨大的资源浪费。从环境污染角度来看，一方面，"毛坯房"的装饰装修会产生大量建筑垃圾。据中国建筑装饰协会行业发展部统计，平均每户在住宅装饰装修过程中大约产生 2 吨垃圾；另一方面，"毛坯房"装饰装修施工过程会产生大量粉尘和有毒挥发气体。此外，由于各业主装修时间的差异，装饰装修过程会带来噪声污染，严重干扰周边住户的日常生活。从资源浪费角度来看，小规模的分散装修以手工操作为主，不仅效率低，而且能源消耗较高。另外，据统计，"毛坯房"装饰装修过程产生的建筑垃圾中有近 85% 属于可回收再利用的资源。相对而言，全装修方式不仅有利于减少环境污染、节约资源，贯彻绿色发展理念，还能够在一定程度上提高住房建设品质，推进住宅产业现代化，提升城镇化质量和水平。

　　我国自 20 世纪末开始推行全装修方式。1999 年，国务院办公厅颁布的《关于推进住宅产业现代化提高住宅质量的若干意见》（国办发〔1999〕72 号），首次提出要"加强对住宅装修的管理，积极推广一次性装修或菜单式装修模式，避免二次装修造成的破坏结构、浪费和扰民等现象"。基于此，原建设部于 2002 年出台《商品住宅装修一次到位实施细则》，强调要"逐步取消毛坯房，直接向消费者提供全装修成品房；规范装修市场，促使住宅装修生产从无序走向有序"，并对全装修住宅开发、装修设计、材料和部品的选用、装修施工、工程监理和质量保证等作出了具体规定。2008 年，住房和城乡建设部再度发布《关于进一步加强住宅装饰装修管理的通知》，要求各地"制定出台相关扶持政策，引导和鼓励新建商品住宅一次装修到位或菜单式装修模式。要根据本地实际，科学规划，分步实施，逐步达到取消毛坯房，直接向消费者提供全装修成品房的目标"。2017 年，住房和城乡建设部发布《建筑业发展"十三五"规划》，提出到 2020 年，城镇绿色建筑占新建建筑比重达到 50%，新开工全装修成品住宅面积达到 30%。各省市配合国家方针的对应政策出台时间较晚，普遍集中在2015年和2016年，距今历时较短，但推广力度大，其中，安徽、辽宁、四川、上海和广西等多地对全装修比例提出了明确的年限目标要求，不少省市对特定类型的新开工建筑全装修覆盖率要求更是超过了国家30%的统一标准。

本条主要是从以下三个方面对全装修方式作出了规定：

一是政府投资或者以政府投资为主的建筑应当按照全装修方式建设，优先选用装配式装修技术、建筑信息模型应用技术。政府投资或者以政府投资为主的建筑主要包括全部使用预算内投资资金、专项建设基金、政府举借债务筹措的资金等财政资金的建设项目，未全部使用财政资金，但财政资金占项目总投资比例超过50%的建设项目，或是财政资金占项目总投资的比例在50%以下，但政府拥有项目建设、运营实际控制权的建设项目。例如，政府办公建筑，保障性住房，教育、科技、卫生、体育等具有公益性质的建筑。按照本条规定，政府投资或者以政府投资为主的建筑必须实行全装修，并且要优先选用装配式装修技术与建筑信息模型应用技术。装配式装修技术，指的是将工厂生产的部品部件在现场进行组合安装的装修方式，主要包括干式工法楼地面、集成厨房、集成卫生间、管线与结构分离等。与传统装修方式相比，设计标准化、生产工业化、施工装配化、装修一体化、管理信息化和应用智能化是装配式装修技术的基本特征。其中，管理信息化能够为装配式装修全过程提供信息技术支撑，避免设计、生产、安装等不同阶段的脱节，而建筑信息模型应用技术是信息技术在建筑行业的最佳应用。借助于建筑信息模型应用技术，不仅可以建立数字化装修模型，综合结构系统、外围护系统、设备与管线系统进行一体化与标准化设计，直观、动态展现所有构件效果，减少现场施工浪费、返工等问题，还能够整合设计、生产、施工等装修各阶段的数据，便于管理者管控装修质量、安全、进度等问题。

二是鼓励城市建成区内新建民用建筑采取全装修方式，使用绿色建材，实施一次装修到位。城市建成区指城市行政区内实际已成片开发建设、市政公用设施和公共设施基本具备的地区，包括城区集中连片的部分以及分散在城市近郊与核心有着密切联系、具有基本市政设施的城市建设用地。本条鼓励在城市建成区内新建的民用建筑采取全装修方式，使用绿色建材，实施一次装修到位。对此，2012 年，河北省住房和城乡建设厅出台的《关于推进新建住房全装修工作的意见》（冀建质〔2012〕330 号），即提出全面有序推进新建住房实行全装修，并明确了总体目标："自 2012 年起，全省新建住房全装修比例应达到竣工面积的 10%，石家庄、唐山市逐年按不低于 10% 的比例增加，其他各市逐年按不低于 7% 的比例增加。"旨在充分调动建设单位积极性，全力推行全装修方式，该意见还要求"各级住房和城乡建设部门要加强同财政、土地、税务、金融管理等部门的沟通，探索制定全装修住房计税价格、融资、信贷、销售和节能专项资金等方面的扶持、鼓励政策，以及评优评先、公积金贷款等方面的优惠措施"。例如，邯郸市将住房全装修建设比例与房地产开发企业资质等级升级、全装修住房开发业绩挂钩，并作为参与绿色建筑、绿色小区评选，申报国家康居示范工程的建设项目的必要条件。

三是要求实施全装修方式开发销售、出租的商品房，室内环境指标应当符合国家和本省相关标准。伴随商品房全装修时代的到来，消费者对装修质量的担忧也日益加剧。地板踩上去嘎吱作响、抽油烟机油烟串味、卫生间天花板渗水等全装修住房的质量问题频现报端。除了此类消费者易发现的问题之外，室内空气污染等具有隐蔽性、潜伏性的装修质量问题也逐渐为人们所关注。根据世界卫生组织国际癌症研究机构 2012 年发布的《室内空气质量指南》，室内空气的污染源主要来自四个方面，即建筑材料、家电、取暖设备和做饭时产生的烟尘等。室内空气中的化学污染物主要有苯、一氧化碳、甲醛、二氧化氮、氡等九种物质。其中，可致癌的苯位列第一，这种物质广泛存在于建筑材料中，尤其是油漆涂料；排第二位的是一氧化碳，其安全标准是 24 小时内每立方米空气中不超过 7 毫克；排第三位的是甲醛，安全标准是每立方米空气中含量低于 0.1 毫克，超量会伤害肺功能。在我国，室内环境污染主要来自苯和甲醛。苯主要来自油漆涂料，甲醛污染则主要来自家具材料。尽管这些污染物在建材产品中的含量都有一定标准，但装修后这些材料集中释放污染物，室内空气必然会受到较大的影响。因此，在全面推行全装修方式的同时，必须确保实施全装修方式开发销售、出租的商品房，符合国家和我省有关室内环境指标的相关标准。

除了室内空气环境之外，室内环境质量的主要控制项还包括室内声环境、室内光环境与视野、室内热湿环境。对于室内声环境，主要功能房间的室内噪声级，外墙、隔墙、楼板和门窗的隔声性应符合现行国家标准《民用建筑隔声设计规范》（GB 50118）。对于室内光环境与视野，建筑照明数量和质量应符合现行国家标准《建筑照明设计标准》（GB 50034）。对于室内热湿环境，采用集中供暖空调系统的建筑，房间内的温度、湿度、新风量等设计参数应符合现行国家标准《民用建筑供暖通风与空气调节设计规范》（GB 50736），屋顶和东、西外墙隔热性能应符合现行国家标准《民用建筑热工设计规范》（GB 50176）。对于室内空气环境，空气中的氨、甲醛、苯、甲苯、二甲苯、总挥发性有机物等污染物浓度应符合现行国家标准《室内空气质量标准》（GB/T 18883）以及《民用建筑工程室内环境污染控制规范》（GB 50325）的有关规定。作为装修质量的第一责任人，开发企业应当确保实施全装修方式开发销售、出租的商品房，室内环境指标符合国家和我省相关标准。2012 年，河北省住房和城乡建设厅出台的《关于推进新建住房全装修工作的意见》（冀建质〔2012〕330 号）进一步明确了开发企业的责任，要求"开发企业在交房时必须向购房者提供装修质量保证书，包括装修明细表、装修平面图和主要材料及部品的生产厂家，并执行有关的保修期；在住宅使用说明书中载明设施设备相关指标，并明确使用方法和维护要求。落实保修责任，开发企业对全装修住宅装修质量负责保修，探索工程质量缺陷保险制度，建立装修质量保险保证机制，切实保障购房者利益"。

第三十一条　鼓励新建民用建筑采用下列绿色建筑技术：

（一）高强钢筋和高性能混凝土、再生骨料混凝土技术；

（二）高性能外墙保温技术、高性能门窗技术；

（三）雨水、再生水利用技术；

（四）装配式建筑技术；

（五）建筑信息模型应用技术；

（六）绿色施工技术；

（七）其他绿色建筑新技术。

【本条主旨】

本条文是关于绿色建筑技术的规定。

【本条释义】

绿色建筑技术并非独立于传统建筑技术的全新技术，而是以"绿色"为衡量标准对建筑技术的重新审视，是符合可持续发展战略的新型建筑技术。所谓绿色建筑技术指的是应用这一技术建造的建筑，具备健康、舒适的室内环境，与自然环境协调共生，在其生命周期的每一个阶段中，对自然环境可以起到一定的保护作用。根据《绿色建筑评价标准》等标准规范对绿色建筑的技术性要求，可以将建筑所采用的绿色技术分为如下子系统：室外热环境控制系统、室内热环境控制系统、光环境控制系统、绿色环保材料与技术、节水技术、节材技术、节地技术、可再生能源应用、智能化控制系统、供水系统。各个子系统可分别采用不同绿色建筑技术实现不同的功能或目标。本条主要列举了如下几项绿色建筑技术：

一、高强钢筋和高性能混凝土、再生骨料混凝土技术

高强钢筋是指国家标准《钢筋混凝土用钢第 2 部分：热轧带肋钢筋》GB 1499.2 中规定的屈服强度为 400Mpa 和 500Mpa 级的普通热轧带肋钢筋以及细晶粒热轧带肋钢筋。根据元素与工艺的不同，高强钢筋可分为三类：通过加钒、铌等合金元素微合金化的其牌号为 HRB；通过控轧和控冷工艺，使钢筋金相组织的晶粒细化的其牌号为 HRBF；通过余热淬水处理的其牌号为 RRB。这三种高强钢筋，在材料力学性能、施工适应性以及可焊性方面，以微合金化钢筋为最可靠；细晶粒钢筋其强度指标与延性性能都能满足要求，可焊性一般；而余热处理钢筋其延性较差，可焊性差，加工适应性也较差。新建民用建筑建设过程中使用高强钢筋具有诸多优势，主要体现为：（1）经对各类结构应用高强钢筋的比对与测算，通过推广应用高强钢筋，在考虑构造等因素后，平均可减少钢筋用量 12%—18%，具有很好的节材作用。按房屋建筑中钢筋工程节约的钢筋用量考虑，土建工程每平方米可节约 25—38 元。（2）高强钢筋的应用可以明显提高结构构

件的配筋效率。在大型公共建筑中，普遍采用大柱网与大跨度框架梁，若对这些大跨度梁采用400Mpa、500Mpa级高强钢筋，可有效减少配筋数量，有效提高配筋效率，并方便施工。（3）在梁柱构件设计中，有时由于受配置钢筋数量的影响，为保证钢筋间的合适间距，不得不加大构件的截面宽度，导致梁柱截面混凝土用量增加。若采用高强钢筋，可显著减少配筋根数，使梁柱截面尺寸得到合理优化。

高性能混凝土是满足建设工程特定要求，采用优质常规原材料和优化配合比，通过绿色生产方式以及严格的施工措施制成的，具有优异的拌合物性能、力学性能、耐久性能和长期性能的混凝土。作为重要的绿色建材，高性能混凝土的推广应用对提高工程质量，降低工程全寿命周期的综合成本，发展循环经济，促进技术进步，推进混凝土行业结构调整具有重大意义。2014年，住房和城乡建设部、工业和信息化部联合下发《关于推广应用高性能混凝土的若干意见》，明确了"优化混凝土产品结构，到'十三五'末，高性能混凝土得到普遍应用"的目标，旨在鼓励生产高标号水泥、高性能混凝土，提出财税优惠政策，旨在鼓励建设单位、设计单位等主体科学采用高性能混凝土，提出"在住房城乡建设领域开展的优秀建筑设计、绿色建筑评定、设计和工程招投标等活动中，将采用高性能混凝土的情况作为参评、获奖或招投标优先条件之一"的政策支持。

再生骨料混凝土技术，系指掺用再生骨料配制而成的混凝土。随着我国环境压力严峻、建材资源面临日益紧张的局势，如何寻求可用的非常规骨料作为工程建设混凝土用骨料的有效补充已迫在眉睫，再生骨料成为可行选择之一。我国目前实际生产应用的再生骨料大部分为Ⅱ类及以下再生骨料，宜用于配制C40及以下强度等级的非预应力普通混凝土。鼓励再生骨料混凝土大规模用于垫层等非结构混凝土。

二、高性能外墙保温技术、高性能门窗技术

绿色建筑首先应当是节能建筑。外墙、门窗等建筑外围护结构直接影响建筑的保温隔热性能。外围护结构保温隔热性能优良的建筑，不仅冬暖夏凉、室内热环境良好，而且采暖、空调能耗低。外围护结构的保温性能指的是，在冬季室内外条件下，外围护结构阻止由室内向室外传热，从而使室内保持适当温度的能力。外围护结构的隔热性能指的是，在夏季自然通风情况下，外围护结构在室外综合温度和室内空气温度的作用下，其内表面保持较低温度的能力。

新建民用建筑可以通过采用高性能外墙保温技术与高性能门窗技术，提高建筑的保温隔热性能，以节约和减少建筑使用能耗。

根据住房和城乡建设部发布的《建筑业 10 项新技术（2017 版）》的规定，高性能外墙保温技术包括石墨聚苯乙烯板外保温技术与硬泡聚氨酯板外保温技术。其中，石墨聚苯乙烯板是在传统的聚苯乙烯板的基础上，通过化学工艺改进而成的产品。与传统聚苯乙烯板相比具有导热系数更低、防火性能高的特点。聚氨酯硬泡保温板是以聚氨酯硬泡为芯材，两面覆以非装饰面层，在工厂成型的保温板材。由于硬泡聚氨酯板采用工厂预先发泡成型的技术，因此硬泡聚氨酯板外保温系统与现场喷涂施工相比具有不受气候干扰、质量保证率高的优点。两种保温技术均适宜在严寒、寒冷和夏热冬冷地区使用。

根据住房和城乡建设部发布的《建筑业 10 项新技术（2017 版）》的规定，高性能门窗技术包括高性能保温门窗与耐火节能窗。高性能保温门窗是指具有良好保温性能的门窗，应用最广泛的主要包括高性能断桥铝合金保温窗、高性能塑料保温门窗和复合窗。耐火节能窗是针对国标《建筑设计防火规范》（GB 50016）对高层建筑中部分外窗应具有耐火完整性要求研发而成。建筑外窗作为建筑物外围护结构的开口部位，是火灾竖向蔓延的重要途径之一，外窗的防火性能已成为阻止高层建筑火灾层间蔓延的关键因素；同时建筑外窗也是建筑物与外界进行热交换和热传导的窗口，因此在高层建筑上同时应用具备耐火和节能性能的窗，有重大的工程应用价值。

三、雨水、再生水利用技术

与取自地表水或地下水的常规水资源不同，雨水、再生水属于非常规水源。在水资源短缺和生态环境恶化的形势下，积极开发利用雨水、再生水等非常规水源，是绿色建筑节水的发展方向。

再生水也被称为"中水""循环水"，指的是对生活污水、污水处理厂出水等各种排水进行回收，经适当处理后达到规定的水质标准，在生活、市政、景观环境等范围内重复利用的水资源。与海水淡化、跨流域调水相比，再生水的优势更为明显。从经济角度来看，再生水的成本较低。从环保角度来看，污水再生利用可以实现水生态的良性循环，进而改善生态环境。新建民用建筑利用再生水是一项系统工程。一方面，需要具备水源收集技术。民用建筑中可收集的水源包括盥洗排水、洗衣排水、厨房排水、冲厕排水、空调循环冷却系统排水、游泳池排水等；另一方面，新建民用建筑可根据所收集水源的水质、水量、使用要求以及经济成本等各方面因素，配套相应的再生水的处理技术。不同处理技术所采取的方法不同，主要包括物理和生物处理法。物理处理法是通过物理作用分离、去除污水中主要呈悬浮状态的污染物质，并不改变污染物的化学性质。生物处理法则是通过微生物的代谢作用，使污水中呈溶解状态、胶体状态以及某些不溶解的有机甚至无机污染物质，转化为稳定、无害的物质，从而实现净化目的。

雨水利用技术的采用有助于建筑节水、削减洪峰流量、改善生态环境、涵养地下水源、维持水量和缓解地面沉降等。新建民用建筑可以设置涵盖集雨、输水、截污净化、储存以及配水等全过程在内的屋面雨水集蓄利用系统，经简单处理后将雨水用于家庭非饮用水，公共事业或工业项目。此外，加强雨水下渗也是雨水资源利用的主要方式。合理的雨水渗透设施和技术不仅可以减少地面径流，确保降雨就地回渗，涵养地下水资源，还可以削减雨洪洪峰流量，减轻对雨水输送系统的压力。新建民用建筑可以根据现场条件，采用渗透管沟、渗透井、渗透池等渗透设施，提高雨水下渗量。

四、装配式建筑技术

装配式建筑，指的是装配率符合国家和省有关标准要求，由预制部品部件在工地装配而成的建筑，包括装配式混凝土结构建筑、装配式钢结构建筑、装配式木结构建筑等。

围绕装配式混凝土结构建筑，住房和城乡建设部发布的《建筑业10项新技术（2017版）》列举了如下10项装配式建筑技术：（1）装配式混凝土剪力墙结构技术。装配式混凝土剪力墙结构是指全部或部分采用预制墙板构件，通过可靠的连接方式后浇混凝土、水泥基灌浆料形成整体的混凝土剪力墙结构。这是近年来在我国应用最多、发展最快的装配式混凝土结构技术。（2）装配式整体式框架结构。装配式整体式框架结构是指全部或部分框架梁、柱采用预制构件通过可靠的连接方式装配而成，连接节点处采用现场后浇混凝土、水泥基灌浆料等将构件连成整体的混凝土结构。（3）混凝土叠合楼板技术。混凝土叠合楼板技术是指将楼板沿厚度方向分成两部分，底部是预制底板，上部后浇混凝土叠合层。配置底部钢筋的预制底板作为楼板的一部分，在施工阶段作为后浇混凝土叠合层的模板承受荷载，与后浇混凝土层形成整体的叠合混凝土构件。（4）预制混凝土外墙挂板技术。预制混凝土外墙挂板是安装在主体结构上，起围护、装饰作用的非承重预制混凝土外墙板，简称外墙挂板。（5）夹心保温墙板技术。夹心保温墙板是指把保温材料夹在两层混凝土墙板（内叶墙、外叶墙）之间形成的复合墙板，可达到增强外墙保温节能性能，减小外墙火灾危险，提高墙板保温寿命从而减少外墙维护费用的目的。（6）叠合剪力墙结构技术。叠合剪力墙结构是指采用两层带格构钢筋（桁架钢筋）的预制墙板，现场安装就位后，在两层板中间浇筑混凝土，辅以必要的现浇混凝土剪力墙、边缘构件、楼板，共同形成的叠合剪力墙结构。（7）预制预应力混凝土构件技术。预制预应力混凝土构件是指通过工厂生产并采用先张预应力技术的各类水平和竖向构件，其主要包括：预制预应力混凝土空心板、预制预应力混凝土双 T 板、预制预应力梁以及预制预应力墙板等。（8）钢筋套筒灌浆连接技术。钢筋套筒灌浆连接技术是指带肋钢筋插入内腔为凹凸表面的灌浆套筒，通过向套筒与钢筋的间隙灌注专用高强水泥基灌浆料，灌浆料凝固后将钢筋锚固在套筒内实现针对预制构件的一种钢筋连接技术。该技术将灌浆套筒预埋在混凝土构件内，在安装现场从预制构件外通过注浆管将灌浆料注入套筒，来完成预制构件钢筋的连接，是预制构件中受力钢筋连接的主要形式，主要用于各种装配整体式混凝土结构的受力钢筋连接。（9）装配式混凝土结构建筑信息模型应用技术。利用建筑信息模型技术，可实现装配式混凝土结构的设计、生产、运输、装配、运维的信息交互和共享，实现装配式建筑全过程一体化协同工作。（10）预制构件工厂化生产加工技术。预制构件工厂化生产加工技术指的是采用自动化流水线、机组流水线、长线台座生产线生产标准定型预制构件并兼顾异型预制构件，采用固定台模线生产房屋建筑预制构件，满足预制构件的批量生产加工和集中供应要求的技术。

围绕装配式钢结构建筑，住房和城乡建设部发布的《建筑业10项新技术（2017版）》列举了如下10项装配式建筑技术：（1）高强度钢材应用技术。选用高强度钢材（屈服强度 ReL≥390Mpa），可减少钢材用量及加工量，节约资源，降低成本。（2）钢结构深化设计与物联网应用技术。钢结构深化设计是以设计院的施工图、计算书及其他相关资料为依据，依托专业深化设计软件平台，建立三维实体模型，计算节点坐标定位调整值，并生成结构安装布置图、零构件图、报表清单等的过程。钢结构深化设计与建筑信息模型应用技术结合，实现了模型信息化共享，由传统的"放样出图"延伸到施工全过程。（3）钢结构智能测量技术。钢结构智能测量技术是指在钢结构施工的不同阶段，采用基于全站仪、电子水准仪、GPS全球定位系统、北斗卫星定位系统、三维激光扫描仪、数字摄影测量、物联网、无线数据传输、多源信息融合等多种智能测量技术，解决特大型、异形、大跨径和超高层等钢结构工程中传统测量方法难以解决的测量速度、精度、变形等技术难题，实现对钢结构安装精度、质量与安全、工程进度的有效控制。（4）钢结构虚拟预拼装技术。钢结构虚拟预拼装技术主要是采用三维设计软件，将钢结构分段构件控制点的实测三维坐标，在计算机中模拟拼装形成分段构件的轮廓模型，与深化设计的理论模型拟合比对，检查分析加工拼装精度，得到所需修改的调整信息。（5）钢结构高效焊接技术。当前钢结构制作安装施工中能有效提高焊接效率的技术有：焊接机器人技术，双（多）丝埋弧焊技术，免清根焊接技术，免开坡口熔透焊技术，窄间隙焊接技术。（6）钢结构滑移、顶（提）升施工技术。滑移施工技术是在建筑物的一侧搭设一条施工平台，在建筑物两边或跨中铺设滑道，所有构件都在施工平台上组装，分条组装后用牵引设备向前牵引滑移（可用分条滑移或整体累积滑移）。整体顶（提）升施工技术是一项成熟的钢结构与大型设备安装技术，它集机械、液压、计算机控制、传感器监测等技术于一体，解决了传统吊装工艺和大型起重机械在起重高度、起重重量、结构面积、作业场地等方面无法克服的难题。（7）钢结构防腐防火技术。（8）钢与混凝土组合结构应用技术。（9）索结构应用技术。（10）钢结构住宅应用技术。钢结构住宅建筑设计应以集成化住宅建筑为目标，应按模数协调的原则实现构配件标准化、设备产品定型化。

五、建筑信息模型应用技术

建筑信息模型应用技术，指的是以三维数字技术为基础，集成建筑工程项目各种相关信息的工程基础数据模型，是对工程项目相关信息详尽的数字表达。建筑信息模型应用技术的核心内容包括：数字技术、数据管理、信息共享、协同工作、专业能力和建立模型。通过建筑信息模型应用技术，可以实现工程信息在全寿命期内的有效利用与管理。

对于绿色建筑的规划、设计、施工以及营运维护而言，建筑信息模型技术的应用具有诸多优势，主要体现在如下几个方面：（1）可视化。建筑信息模型技术可将专业抽象的二维建筑描述通俗化、三维直观化，其结果使得专业设计师和业主等非专业人员对项目需求是否得到满足的判断更为准确、高效。（2）协调性。建筑信息模型技术有助于破解多主体、多专业、多系统之间的"信息鸿沟"，可以将施工单位、甲方业主以及设计单位等各方主体置于统一、直观的三维协同设计环境中，避免误解和沟通不畅造成的问题。（3）模拟性。建筑信息模型技术不仅能够模拟设计出建筑物模型，还可以模拟不能够在真实世界中进行操作的事物。在模拟设计阶段，建筑信息模型可以进行多种模拟实验，例如，日照模拟、风环境模拟、节能模拟等；在施工阶段，可以模拟实际施工，从而确定合理的施工方案来指导施工，实现成本控制；在后期运营维护阶段，可以模拟日常紧急情况的处理方式。（4）优化性。现代建筑物的复杂程度往往超过参与人员本身的能力极限，建筑信息模型技术的应用有助于实现建筑项目从规划设计、施工、运营维护全过程的不断优化。

六、绿色施工技术

根据住房和城乡建设部发布的《建筑业 10 项新技术（2017 版）》，绿色施工技术主要包括如下几类：

封闭降水及水收集综合利用技术。基坑封闭降水是指在坑底和基坑侧壁采用截水措施，在基坑周边形成止水帷幕，阻截基坑侧壁及基坑底面的地下水流入基坑，在基坑降水过程中对基坑以外地下水位不产生影响的降水方法，基坑施工时应按需降水或隔离水源。施工过程中还应高度重视施工现场非传统水源的水收集与综合利用，包括基坑施工降水回收利用技术、雨水回收利用技术、现场生产和生活废水回收利用技术。

建筑垃圾减量化与资源化利用技术。在新建、扩建、改建和拆除加固各类建筑物、构筑物、管网以及装饰装修等过程中会产生各种施工废弃物。对此，一方面，在施工过程中应采用绿色施工新技术、精细化施工和标准化施工等措施，减少建筑垃圾排放；另一方面，可以就近处置、回收直接利用或加工处理后再利用这些建筑垃圾。对于建筑垃圾减量化与建筑垃圾资源化利用主要措施为：实施建筑垃圾分类收集、分类堆放；碎石类、粉类的建筑垃圾进行级配后用作基坑肥槽、路基的回填材料；采用移动式快速加工机械，将废旧砖瓦、废旧混凝土就地分拣、粉碎、分级，变为可再生骨料。

施工现场太阳能、空气能利用技术。民用建筑施工现场可利用太阳能电池组件将太阳光能直接转化为电能储存并用于施工现场照明系统的技术。在水温加热方面，可利用太阳光，或是运用热泵工作原理，吸收空气中的低能热量，经过中间介质的热交换，并压缩成高温气体，通过管道循环系统对水加热的技术。

施工扬尘控制技术。扬尘污染是建筑施工中较为突出的问题。为了控制施工现场的扬尘，可以利用施工现场道路、塔吊、脚手架等部位自动喷淋降尘和雾炮降尘技术，施工现场车辆自动冲洗技术。

施工噪声控制技术。施工单位可通过选用低噪声设备、先进施工工艺或采用隔声屏、隔声罩等措施或技术有效降低施工现场及施工过程产生的噪声。

绿色施工在线监测评价技术。绿色施工在线监测及量化评价技术是根据绿色施工评价标准，通过在施工现场安装智能仪表并借助 GPRS 通信和计算机软件技术，随时随地以数字化的方式对施工现场能耗、水耗、施工噪声、施工扬尘、大型施工设备安全运行状况等各项绿色施工指标数据进行实时监测、记录、统计、分析、评价和预警的监测系统和评价体系。

工具式定型化临时设施技术。施工过程中所利用的工具式定型化临时设施包括标准化箱式房、定型化临边洞口防护、加工棚，构件化 PVC 绿色围墙、预制装配式马道、可重复使用临时道路板等。

垃圾管道垂直运输技术。垃圾管道垂直运输技术是指在建筑物内部或外墙外部设置封闭的大直径管道，将楼层内的建筑垃圾沿着管道靠重力自由下落，通过减速门对垃圾进行减速，最后落入专用垃圾箱内进行处理。

透水混凝土与植生混凝土应用技术。透水混凝土是由一系列相连通的孔隙和混凝土实体部分骨架构成的具有透气和透水性的多孔混凝土，透水混凝土主要由胶结材和粗骨料构成，有时会加入少量的细骨料。植生混凝土是以水泥为胶结材，大粒径的石子为骨料制备的能使植物根系生长于其孔隙的大孔混凝土，它与透水混凝土有相同的制备原理，但由于骨料的粒径更大，胶结材用量较少，所以形成孔隙率和孔径更大，便于灌入植物种子和肥料以及植物根系的生长。

混凝土楼地面一次成型技术。地面一次成型工艺是在混凝土浇筑完成后，用150mm 钢管压滚压平提浆，刮杠调整平整度，或采用激光自动整平、机械提浆方法，在混凝土地面初凝前铺撒耐磨混合料（精钢砂、钢纤维等），利用磨光机磨平，最后进行修饰工序。地面一次成型施工工艺与传统施工工艺相比具有避免地面空鼓、起砂、开裂等质量通病，增加了楼层净空尺寸，提高地面的耐磨性和缩短工期等优势，同时省却了传统地面施工中的找平层，对节省建材、降低成本效果显著。

建筑物墙体免抹灰技术。建筑物墙体免抹灰技术是指通过采用新型模板体系、新型墙体材料或采用预制墙体，使墙体表面允许偏差、观感质量达到免抹灰或直接装修的质量水平。

七、其他绿色建筑新技术

伴随大力推进绿色建筑发展，绿色建筑技术水平也会日益提升，绿色建筑新技术将呈现多元化。因而，除了采用本条所列举的绿色建筑技术之外，还应当鼓励新建民用建筑采用其他绿色建筑新技术。例如，灌注桩后注浆技术、长螺旋钻孔压灌桩技术、水泥土复合桩技术等地基基础和地下空间工程技术，销键型脚手架及支撑架、集成附着式升降脚手架技术、电动桥式脚手架技术等模板脚手架技术，防水卷材机械固定施工技术、地下工程预铺反粘防水技术、预备注浆系统施工技术等防水技术。

绿色建筑技术的采用还应当注意优化组合。为解决绿色建筑技术选择采用不合理问题，防止走入高、新、尖技术堆砌的误区，河北省住房和城乡建设厅发布了《河北省不同地区绿色建筑技术分类适用目录》（以下简称《目录》），供各地在绿色建筑建造过程中采用新技术时予以参考。按照各地不同气候、资源、自然环境和经济等特点，该《目录》将河北省全省区域分为Ⅰ区、Ⅱ区、Ⅲ区三类，三类地区分别在节地与室外环境、节能与能源利用、节水与水资源利用、节材与材料资源、室内环境质量、运营管理6个方面，对适合使用的绿色建筑技术进行了描述。其中，Ⅰ区共36项技术（从城市、农村、丘陵、山区不同地域角度），Ⅱ区共43项技术（从城市、农村、平原、山区、内陆、沿海不同地域角度），Ⅲ区共48项技术（从城市、农村、平原、山区、内陆、沿海不同地域角度），分别给出了各项技术的适用情况。

> **第三十二条** 本省实行绿色建筑评价标识制度，规范评价标识管理方式，鼓励新建和改造绿色建筑项目的建设单位、运营单位申请绿色建筑评价标识。

【本条主旨】

本条文是关于绿色建筑评价标识的规定。

【本条释义】

绿色建筑评价标识是对申请进行绿色建筑等级评定的建筑物，依据《绿色建筑评价标准》和《绿色建筑评价技术细则》，按照法定程序和要求，确认其等级并进行信息性标识的一种评价活动。

根据评价对象所处阶段的不同，绿色建筑评价标识分为"绿色建筑设计评价标识"和"绿色建筑评价标识"。"绿色建筑设计评价标识"是依据《绿色建筑评价标准》《绿色建筑评价技术细则》和《绿色建筑评价技术细则补充说明（规划设计部分）》，对处于规划设计阶段和施工阶段的住宅建筑和公共建筑展开的评价标识。"绿色建筑评价标识"是依据《绿色建筑标准》《绿色建筑评价技术细则》和《绿色建筑评价技术细则补充说明（运行使用部分）》，对已竣工并投入使用的住宅建筑和公共建筑展开的评价标识。

随着对绿色建筑发展的日益重视，为贯彻执行节约资源和保护环境的国家技术经济政策，推进可持续发展，规范绿色建筑的评价工作，原建设部于 2006 年 3 月 16 日公布了《绿色建筑评价标准》（GB/T 50378—2006），于 2007 年 8 月 21 日公布了《绿色建筑评价标识管理办法（试行）》。自此确立了我国的绿色建筑评价标识制度。2014 年，住房和城乡建设部在《绿色建筑评价标准》（GB/T 50378—2006）的基础上制定了《绿色建筑评价标准》（GB/T 50378—2014），自 2015 年 1 月 1 日起实施。根据住房和城乡建设部 2019 年第 61 号公告，新国标《绿色建筑评价标准》（GB/T 50378—2019）将于 2019 年 8 月 1 日起正式实施，届时《绿色建筑评价标准》（GB/T 50378—2014）将予以废止。

与《绿色建筑评价标准》（GB/T 50378—2014）相比，新国标《绿色建筑评价标准》（GB/T 50378—2019）主要在以下几方面作出了修改：

第一，重新构建了绿色建筑评价指标体系。绿色建筑评价指标体系由原来的"节地与室外环境、节能与能源利用、节水与水资源利用、节材与材料资源利用、室内环境、施工管理、运营管理"七大指标，更改为"安全耐久、健康舒适、生活便利、资源节约、环境宜居"五大指标。

第二，增加了绿色建筑等级。按照《绿色建筑评价标准》（GB/T 50378—2014）的规定，"绿色建筑分为一星级、二星级、三星级 3 个等级。3 个等级的绿色建筑均应满足所有控制项的要求，且每类指标的评分项得分不应小于 40 分。当绿色建筑总得分分别达到 50 分、60 分、80 分时，绿色建筑等级分别为一星级、二星级、三星级"。新国标《绿色建筑评价标准》（GB/T 50378—2019）将绿色建筑等级从低到高划分为基本级、一星级、二星级、三星级 4 个等级。当满足全部控制项要求时，绿色建筑等级为基本级。在满足全部控制项的要求，且每类指标的评分项得分不小于其评分项满分值30%的基础上，当总得分分别达到 60 分、70 分、85 分时，绿色建筑等级分别为一星级、二星级、三星级。

第三，调整了绿色建筑的评价时间节点。现行《绿色建筑评价标准》（GB/T 50378—2014）将绿色建筑的评价分为设计评价和运行评价。其中，设计评价应在建筑工程施工图设计文件审查通过后进行，运行评价应在建筑通过竣工验收并投入使用一年后进行。新国标《绿色建筑评价标准》（GB/T 50378—2019）则要求"绿色建筑评价应在建筑工程竣工后进行"，但"在建筑工程施工图设计完成后，可进行预评价"。将绿色建筑的性能评价放在建筑工程竣工之后，可以更为有效地约束绿色建筑技术落地，保证绿色建筑性能的实现。同时，允许在建筑工程施工图设计完成后进行预评价，一方面能够更早地掌握建筑工程可能实现的绿色性能，及时优化或调整绿色建筑方案或技术措施，为建成后的运行管理做准备；另一方面也是作为设计评价的过渡，与各地设计评价标识制度相衔接。

从指标体系整体框架上来看，我国《绿色建筑评价标准》借鉴了美国的领先能源与环境设计建筑评价标准体系（简称为LEED）。美国的LEED评价标准体系涉及水资源保护、节能、再生能源、材料选用以及室内环境质量的潜在功能，其将房屋系统分为若干项，针对每一项提出评分的具体技术要求，根据每一项评估情况确定得分，最后将各项得分相加，根据总分将建筑物分为认证、银、金、铂金四个等级。在具体评分机制、评价方法等方面，我国的《绿色建筑评价标准》与美国的LEED评价标准体系有所不同。我国的《绿色建筑评价标准》在建筑物各类指标上是有权重要求的，每一类只有满足控制项要求才能继续参评，否则不予考虑，综合考虑了建筑物的各个层面要求。而美国LEED评价标准体系是以总分制参评，如果在节材方面做得不够好，可以在其他方面弥补。

绿色建筑评价标识制度实行属地管理。为深入推进"放管服"改革工作，2017年，住房和城乡建设部发布《关于进一步规范绿色建筑评价管理工作的通知》，进一步明确由"各省、自治区、直辖市及计划单列市、新疆生产建设兵团住房城乡建设主管部门负责本行政区域内一星、二星、三星级绿色建筑评价标识工作的组织实施和监督管理"，同时鼓励各地推行第三方评价，即"由具有评价能力和独立法人资格的第三方机构依据国家和地方发布的绿色建筑评价标准实施评价，出具技术评价报告，确定绿色建筑性能等级"。

2010 年，河北省住房和城乡建设厅根据住房和城乡建设部《关于推进一二星级绿色建筑评价标识工作的通知》要求，制订并发布了《河北省一二星级绿色建筑评价标识实施方案》（以下简称《实施方案》），决定由河北省住房和城乡建设厅负责指导监督一二星级绿色建筑评价标识工作。河北省住房和城乡建设厅委托河北省粉煤灰综合利用墙材革新和建筑节能领导小组办公室承担绿色建筑评价标识的具体组织实施等日常工作，并接受河北省住房和城乡建设厅的监督与管理。根据《实施方案》的相关规定，绿色建筑评价标识的申请应由业主单位或房地产开发单位提出，鼓励设计单位、施工单位和物业管理单位等相关单位共同参与申请。申请单位应当提供真实、完整的申报材料，填写评价标识申报书，提供工程立项批件、申报单位的资质证书，工程用材料、产品、设备的合格证书、检测报告等材料，以及必须的规划、设计、施工、验收和运营管理资料。在通过申请材料的形式审查后，由组成的评审专家委员会对其进行现场核查、评审，并对通过评审的项目进行公示，公示期为 30 天。经公示后无异议或有异议但已协调解决的项目，由建设部备案、编号后，颁发证书和标志。根据《实施方案》第十条、第十一条的规定，申请绿色建筑设计评价标识的住宅建筑和公共建筑须满足以下申请条件：其一，应当完成施工图设计并通过施工图审查，符合国家基本建设程序和管理规定，以及相关的技术标准规范；其二，应当通过工程质量验收并投入使用一年以上，符合国家相关政策，未发生重大质量安全事故，无拖欠工资和工程款。标识持有单位应规范使用证书和标志，并制定相应的管理制度。任何单位和个人不得利用标识进行虚假宣传，不得转让、伪造或冒用标识。凡有下列情况之一者，暂停使用标识：建筑物的个别指标与申请评价标识的要求不符；证书或标志的使用不符合规定的要求。凡有下列情况之一者，撤销标识：建筑物的技术指标与申请评价标识的要求有多项（三项以上）不符的；标识持有单位暂停使用标识超过一年的；转让标识或违反有关规定、损害标识信誉的；以不真实的申请材料通过评价获得标识的；无正当理由拒绝监督检查的。被撤销标识的建筑物和有关单位，自撤销之日起三年内不得再次提出评价标识申请。

为了全力推进全省绿色建筑发展，鼓励新建和改造绿色建筑项目的建设单位、运营单位申请绿色建筑评价标识，河北省财政厅与河北省住房和城乡建设厅于 2013 年发布了《河北省建筑节能专项资金使用管理暂行办法》（以下简称《暂行办法》），对获得高星级绿色建筑评价标识项目予以奖励。根据《暂行办法》第七条的规定，取得二三星级评价标识的绿色建筑项目可获得省级专项资金补助，具体补助标准为，二星级每平方米不超过 15 元、三星级每平方米不超过 35 元，单个项目补助不超过 80 万元。据统计，仅 2013 年，河北省就奖励了 26 个项目，拨付奖励资金 1855 万元。这一奖励政策在相当程度上提高了房地产开发企业、建设单位和运行单位申请绿色建筑评价标识的积极性和主动性。2013 年，在 44 个绿色建筑评价标识中，设计阶段评价标识 38 个，建筑面积 560.54 万平方米；运行阶段评价标识 6 个，建筑面积 58.04 万平方米。[1]

> 第三十三条 对研发绿色建筑技术、产品材料和建设、购买绿色建筑的，按照下列规定予以扶持：
>
> （一）绿色建筑新技术、新工艺、新材料和新设备研发费用，可以按照国家有关规定享受税前加计扣除等优惠政策；
>
> （二）主动提升绿色建筑等级标准的、主动采用装配式或者商品房全装修方式建设的、达到绿色建筑运营标准要求的，应当作为建设单位以及相关单位评优评先的加分项，并计入企业信用信息；
>
> （三）符合超低能耗建筑标准建设的居住建筑，因墙体保温技术增加的建筑面积，不计入容积率核算；
>
> （四）使用住房公积金贷款购买二星级以上新建绿色建筑自住住房或者新建全装修自住住房的，贷款额度上浮百分之五至百分之二十，具体上浮比例由设区的市住房公积金管理部门确定。

【本条主旨】

本条文是关于绿色建筑具体扶持政策的规定。

---

[1] 程才实：《简述河北省绿色建筑发展的四个阶段》，《建设科技》2019 年第 1 期。

【本条释义】

一、纳税优惠政策

税前加计扣除是企业所得税的一种税基式优惠方式，一般是指按照税法规定在实际发生支出数额的基础上，再加成一定比例，作为计算应纳税所得额时的扣除数额。研发费用税前加计扣除是指对企业的研发支出实施加计扣除。

考虑到企业所得税法、个人所得税法、税收征收管理法等有关法律、行政法规已经对有关税收优惠作出了规定，除法律、行政法规明确规定的减税、免税事项之外，其他税收减免优惠事项需要由财政部门会同有关部门研究提出，报请国务院批准，并报全国人大常委会备案。因此，本条规定绿色建筑新技术、新工艺、新材料和新设备研发费用，可以按照国家有关规定享受税前加计扣除等优惠政策。

国家已经制定并完善了一系列有关研究开发费用享受税收优惠的规定。如《财政部　国家税务总局　科技部关于完善研究开发费用税前加计扣除政策的通知》（财税〔2015〕119号）、《国家税务总局关于企业研究开发费用税前加计扣除政策有关问题的公告》（国家税务总局公告2015年第97号）以及《国家税务总局关于研发费用税前加计扣除归集范围有关问题的公告》（国家税务总局公告2017年第40号）等。根据上述规定，绿色建筑新技术、新工艺、新材料和新设备研发费用税前加计扣除范围包括如下六类：第一，人员人工费用。包括直接从事研发活动人员的工资薪金、基本养老保险费、基本医疗保险费、失业保险费、工伤保险费、生育保险费和住房公积金，以及外聘研发人员的劳务费用。第二，直接投入费用。包括研发活动直接消耗的材料、燃料和动力费用；用于中间试验和产品试制的模具、工艺装备开发及制造费，不构成固定资产的样品、样机及一般测试手段购置费，试制产品的检验费；用于研发活动的仪器、设备的运行维护、调整、检验、维修等费用，以及通过经营租赁方式租入的用于研发活动的仪器、设备租赁费。第三，用于研发活动的仪器、设备的折旧费。第四，用于研发活动的软件、专利权、非专利技术（包括许可证、专有技术、设计和计算方法等）的摊销费用。第五，企业在新产品设计、新工艺规程制定、新药研制的临床试验、勘探开发技术的现场试验过程中发生的与开展该项活动有关的各类费用。第六，与研发活动直接相关的其他费用。如技术图书资料费、资料翻译费、专家咨询费、高新科技研发保险费；研发成果的检索、分析、评议、论证、鉴定、评审、评估、验收费用；知识产权的申请费、注册费、代理费；差旅费、会议费；职工福利费、补充养老保险费、补充医疗保险费。此类费用总额不得超过可加计扣除研发费用总额的 10%。

二、作为评优评先加分项与计入企业信用信息

为鼓励建设单位主动提升绿色建筑等级标准，主动采用装配式建设方式或者商品房全装修方式，促使物业管理机构重视绿色建筑运营维护过程中的能源资源消耗水平、室内外环境品质和功能以及建筑使用者感受，切实达到绿色建筑运营要求，本条规定了两个方面的奖励政策：其一，主动提升绿色建筑等级标准的、主动采用装配式或者商品房全装修方式建设的、达到绿色建筑运营标准要求的，作为建设单位以及相关单位评优评先的加分项。其二，主动提升绿色建筑等级标准的、主动采用装配式或者商品房全装修方式建设的、达到绿色建筑运营标准要求的，计入企业信用信息。

企业信用信息，指的是各级行政机关，法律、法规、规章授权的具有管理公共事务职能的组织和依法受委托的组织在依法履行职责过程中产生的能够反映企业信用状况的信息，以及企业在生产经营和服务活动中形成的能够用以分析、判断企业信用状况的信息。2014 年，国务院制定了《企业信息公示暂行条例》，明确企业信用信息公示制度，不仅要求企业通过企业信用信息公示系统主动向社会公示企业信息，还要求政府部门通过企业信用信息公示系统公示企业信息。企业信用信息包括基本信息、优良信用信息和不良信用信息三类。建筑单位主动提升绿色建筑等级标准的信息，主动采用装配式或者商品房全装修方式建设的信息以及达到绿色建筑运营标准要求的信息均属于优良信用信息。将此类信息列入企业信用信息，有助于企业获得较好的信用评价结果。

《建筑市场信用管理暂行办法》第十九条、第二十二条规定，省级住房城乡建设主管部门可以结合本地实际情况，开展建筑市场信用评价工作。地方各级住房城乡建设主管部门可以结合本地实际，在行政许可、招标投标、工程担保与保险、日常监管、政策扶持、评优表彰等工作中应用信用评价结果。就河北省而言，《河北省社会信用信息条例》对于信用信息的归集、披露、查询与使用作出了具体规定。同时，为加强住房城乡建设行业信用体系建设，河北省住房和城乡建设厅于2019年5月颁布了《河北省住房城乡建设行业信用信息管理办法》《河北省建筑市场主体严重失信名单管理暂行办法》以及《河北省房地产企业严重失信名单管理暂行办法》，明确要求住房城乡建设系统各级各部门在日常监管中，应当建立建设行业信用奖惩机制，在行政许可、行政检查、政府采购、招标投标、政府性资金安排、社会保障、政策支持、评优评先等行政管理工作中使用企业信用信息，拓展企业信用评价结果的应用范围，提高公共管理、公共服务水平。

三、容积率奖励政策

容积率，指的是一定地块内总建筑面积与建筑用地面积的比值。容积率是衡量建设用地使用强度的一项重要指标。对于开发商而言，容积率大小决定地价成本在房屋中占的比例。对于住户来说，容积率直接涉及居住的舒适度。容积率越高，建筑面积越大，居住舒适度越低。

墙体保温技术是提高建筑外围护结构的保温隔热性能，达到建筑节能目的的新材料和新技术，包括墙体自保温技术、外墙外保温技术以及墙体夹心保温技术。其中，墙体自保温技术指的是墙体砌块内部有众多封闭的气孔，在材料中形成静空气层，使其自身具有良好的保温隔热性能。外墙外保温技术是指在垂直外墙的砖石、混凝土、木材等建筑材料表面建造保温层。墙体夹心保温技术指的是将保温材料置于墙体的内外两部分墙体之间。其中，应用范围最广的当属外墙外保温技术。

墙体保温层会占据一定的建筑面积。这意味着，在容积率限定的情况下，购房者的实际使用面积会有所减少，导致购房者的购买意愿降低，进而会影响开发商应用墙体保温技术的积极性。因此，2013年《国务院办公厅关于转发发展改革委、住房城乡建设部绿色建筑行动方案的通知》（国办发〔2013〕1号）要求"住房城乡建设部门要研究制定容积率奖励方面的政策"，以鼓励开发商利用墙体保温技术，大力推进绿色建筑发展。

容积率奖励范围限于因墙体保温技术增加的那部分建筑面积，即应当按外墙保温材料的水平截面积计算不计入容积率核算的建筑面积。对于外墙外保温，因墙体保温技术所增加的建筑面积可按照《建筑工程建筑面积计算规范》（GB/T 50353—2013）的规定来计算，即"建筑物外墙外侧有保温隔热层的，保温隔热层以保温材料的净厚度乘以外墙结构外边线长度按建筑物的自然层计算建筑面积，其外墙外边线长度不扣除门窗和建筑物外已计算建筑面积构件（如阳台、室外走廊、门斗、落地橱窗等部件）所占长度。外墙是斜面者按楼面楼板处的外墙外边线长度乘以保温材料的净厚度计算"。对于外墙自保温，其不存在单独的保温层，但为了鼓励外墙自保温技术的应用，可以采取折算部分墙体水平截面积的方法确定保温层面积，同样不计入容积率核算。

容积率奖励对象为居住建筑建设单位。建筑分为民用建筑和工业建筑。其中，民用建筑又分为居住建筑和公共建筑。居住建筑符合超低能耗建筑标准是建设单位获得容积率奖励所需要具备的条件。超低能耗建筑是指适应气候特征和自然条件，通过保温隔热性能和气密性能更高的围护结构，采用高效新风热回收技术，最大程度地降低建筑供暖供冷需求，并充分利用可再生能源，以更少的能源消耗提供舒适室内环境并能满足绿色建筑基本要求的建筑。超低能耗建筑具有更加节能、更加舒适、更好空气品质、更高质量保证等优势，可以大幅节能减排，改善环境质量，主动应对气候变化，促进供给侧结构改革，加快建筑产业转型升级。2018年河北省住房和城乡建设厅发布了最新的《被动式超低能耗居住建筑节能设计标准》（编号为DB13（J）/T273—2018），规定了居住建筑年供暖（冷）和照明一次能源需求指标、室内环境参数指标、建筑气密性指标以及各项能耗指标计算方法。该标准自2019年1月1日起实施，原《被动式低能耗居住建筑节能设计标准》（编号为DB13（J）/T177—2015）同时废止。

四、住房公积金贷款额度优惠政策

近年来，各地政府在大力推进绿色建筑发展过程中，主要是围绕绿色建筑新技术、新工艺、新材料和新设备研发机构，绿色建筑建设单位，绿色建筑施工单位等主体采取扶持政策。面向绿色建筑购买者的优惠政策同样不容忽视。作为绿色建筑的终端消费者，购房者的选择可以在相当程度上激活绿色建筑的市场需求，调动绿色建筑建设单位的积极性，进而持续推进绿色建筑发展。

为了引导消费者选择并购买绿色建筑，本条规定了购买绿色建筑可适当提高住房公积金贷款额度的优惠政策，即"使用住房公积金贷款购买二星级以上新建绿色建筑自住住房或者新建全装修自住住房的消费者，贷款额度上浮百分之五至百分之二十"。关于具体的贷款额度上浮比例，则由各设区的市住房公积金管理委员会确定。根据《住房公积金管理条例》的规定，"直辖市和省、自治区人民政府所在地的市以及其他设区的市（地、州、盟），应当设立住房公积金管理委员会，作为住房公积金管理的决策机构"，履行"确定住房公积金的最高贷款额度"等职责。作为住房公积金管理部门，各设区的市住房公积金管理委员会，应当及时确定当地购买二星级以上新建绿色建筑自住住房或者新建全装修自住住房的公积金贷款额度上浮比例与具体实施细则，以尽快将此项优惠政策落到实处。

第五章　法律责任

【本章导读】

法律责任不仅能够确保法律义务的有效履行，而且能够矫正法律义务的违反，没有法律责任的合理设定，法律规则将失去使用的基石。为确保绿色建筑管理相关制度的贯彻落实、真正发挥作用，《条例》对于法律责任问题作了全面、合理的规定，设定了最严格的法律责任，强化责任追究，加大处罚力度。法律责任的主要形式有民事责任、行政责任和刑事责任。本《条例》是河北省人大公布的地方性法规，规定的法律责任主要是行政责任，包括了行政处罚和行政处分。因此，本章按照权责分明的思路，设置了体例严密、法条严格、罚则严厉的法律责任条款。本章采取列举的方式，对违反本《条例》的行为，规定了严格的法律责任，包括行政处罚力度、罚款数额等。本章是《条例》分则中的部分内容，针对建设、设计、施工、建立、开发企业等单位违反本《条例》规定的行为设置了严格的法律责任，提升了法规的刚性和可操作性，敦促各方面公正执法、严格守法，维护法规权威，本章共六条。

第三十四条　违反本条例规定，县级以上人民政府住房城乡建设主管部门和其他有关部门及其工作人员，有玩忽职守、滥用职权、徇私舞弊行为的，对负有责任的主管人员和其他直接责任人员依法给予处分；构成犯罪的，依法追究刑事责任。

政府投资或者以政府投资为主的建筑，未按照本条例规定进行建设的，对负有责任的主管人员和其他直接责任人员依法给予处分。

【本条主旨】

本条文是关于政府住房城乡建设主管部门和其他有关部门及其工作人员法律责任的规定。

【本条释义】

县级以上人民政府住房城乡建设主管部门和其他有关部门及其工作人员负有全面推动绿色建筑发展的监督管理职责，在发展超低能耗建筑建设、推进装配式建筑发展、推行合同能源管理等方面居于关键地位。存在滥用职权、玩忽职守、徇私舞弊等违法行为的，必须严格追究其法律责任。

一、违法行为

（一）负责本行政区域内绿色建筑活动的指导和监督管理期间的违法行为

本《条例》第五条规定："县级以上人民政府住房城乡建设主管部门负责本行政区域内绿色建筑活动的指导和监督管理。"县级以上人民政府住房城乡建设主管部门未遵守本《条例》第五条规定进行指导和监督工作的，主管部门和其他有关部门及其工作人员存在玩忽职守、滥用职权、徇私舞弊的行为，构成此类违法行为。

（二）应当制定而没有制定绿色建筑专项规划的违法行为

本《条例》第八条规定："省人民政府住房城乡建设主管部门负责制定本省绿色建筑专项规划的编制导则。设区的市、县级人民政府住房城乡建设主管部门应当会同城乡规划等有关部门组织编制绿色建筑专项规划，并与城市、镇总体规划相衔接，报本级人民政府批准后向社会公布。"如果在制定绿色建筑专项规划中，存在玩忽职守、滥用职权、徇私舞弊行为，构成此类违法行为。

（三）没有尽到绿色建筑运营评估工作义务的违法行为

本《条例》第二十一条第二款规定："县级以上人民政府住房城乡建设主管部门应当推进绿色建筑运营评估工作。"如果县级以上人民政府住房城乡建设主管部门没有遵守绿色建筑运营评估工作中的义务性规定，存在玩忽职守、滥用职权、徇私舞弊行为，构成此类违法行为。

（四）在建筑物的拆除报废工作中的违法行为

本《条例》第二十三条规定："县级以上人民政府住房城乡建设主管部门应当做好建筑拆除报废的指导工作。政府投资或者以政府投资为主的建筑物，未达到设计使用年限的，不得拆除。因公共利益需要，确需提前拆除的，应当向社会公示征求意见，接受社会监督。"如果县级以上人民政府住房城乡主管部门在指导建筑拆除报废的过程中玩忽职守、滥用职权、徇私舞弊，使得不得拆除的建筑被拆除，此种行为构成此类违法行为。

二、法律责任

有本《条例》上述规定的违法行为，对负有责任的主管人员和其他直接责任人员依法给予处分；构成犯罪的，依法追究刑事责任。

（一）处分

处分是行为机关内部，上级对有隶属关系的下级违反纪律的行为或者对尚未构成犯罪的轻微违反纪律的行为所给予的纪律制裁。对公务员实施处分的主要法律依据是《中华人民共和国公务员法》。根据《中华人民共和国公务员法》第五十六条的规定，处分分为：警告、记过、记大过、降级、撤职、开除。《中华人民共和国公务员法》第五十八条规定，公务员在受处分期间不得晋升职务和级别，其中受记过、记大过、降级、撤职处分的，不得晋升工资档次。受处分的期间为：警告，六个月；记过，十二个月；记大过，十八个月；降级、撤职，二十四个月。受撤职处分的，按照规定降低级别。《中华人民共和国公务员法》第五十九条规定，公务员受开除以外的处分，在受处分期间有悔改表现，并且没有再发生违纪行为的，处分期满后，由处分决定机关解除处分并以书面形式通知本人。解除处分后，晋升工资档次、级别和职务不再受原处分的影响。但是，解除降级、撤职处分的，不视为恢复原级别、原职务。

（二）刑事责任

刑事责任是指刑事法律规定的，因实施犯罪行为而产生，由司法机关强制犯罪者承受的刑事惩罚的责任。与本条规定相关，依法应当追究刑事责任的行为主要有渎职罪、受贿罪。

第一，渎职罪。《中华人民共和国刑法》第三百九十七条规定，国家机关工作人员滥用职权或者玩忽职守，致使公共财产、国家和人民利益遭受重大损失的，处三年以下有期徒刑或者拘役；情节特别严重的，处三年以上七年以下有期徒刑。本法另有规定的，依照规定。国家机关工作人员徇私舞弊，犯前款罪的，处五年以下有期徒刑或者拘役；情节特别严重的，处五年以上十年以下有期徒刑。本法另有规定的，依照规定。

《最高人民法院、最高人民检察院关于办理渎职刑事案件适用法律若干问题的解释》（法释〔2012〕18 号）规定，国家机关工作人员滥用职权或者玩忽职守，具有下列情形之一的，应当认定为《中华人民共和国刑法》第三百九十七条规定的"致使公共财产、国家和人民利益遭受重大损失"：（1）造成死亡 1 人以上，或者重伤 3 人以上，或者轻伤 9 人以上，或者重伤 2 人、轻伤 3 人以上，或者重伤 1 人、轻伤 6 人以上的。（2）造成经济损失 30 万元以上的。（3）造成恶劣社会影响的。（4）其他致使公共财产、国家和人民利益遭受重大损失的情形。具有下列情形之一的，应当认定为《中华人民共和国刑法》第三百九十七条规定的"情节特别严重"：（1）造成伤亡达到前款第（1）项规定人数 3 倍以上的。（2）造成经济损失 150 万元以上的。（3）造成前款规定的损失后果，不报、迟报、谎报或者授意、指使、强令他人不报、迟报、谎报事故情况，致使损失后果持续、扩大或者抢救工作延误的。（4）造成特别恶劣社会影响的。（5）其他特别严重的情节。

第二，受贿罪。若国家机关工作人员涉及上述"玩忽职守、滥用职权、徇私舞弊行为"过程中触犯受贿罪，则依照《中华人民共和国刑法》第三百八十五条规定："国家工作人员利用职务上的便利，索取他人财物的，或者非法收受他人财物，为他人谋取利益的，是受贿罪。国家工作人员在经济往来中，违反国家规定，收受各种名义的回扣、手续费，归个人所有的，以受贿论处。"主管部门和其他有关部门在违法行为过程中，还可能触犯单位受贿罪，《中华人民共和国刑法》第三百八十七条规定："国家机关、国有公司、企业、事业单位、人民团体，索取、非法收受他人财物，为他人谋取利益，情节严重的，对单位判处罚金，并对其直接负责的主管人员和其他直接责任人员，处五年以下有期徒刑或者拘役。前款所列单位，在经济往来中，在帐外暗中收受各种名义的回扣、手续费的，以受贿论，依照前款的规定处罚。"

政府投资或者以政府投资为主的建筑中，负有责任的主管人员和其他责任人员依法给予处分。政府投资或者以政府投资为主的建筑一般属于公共事业、基础设施等。本条第二款要求，主要针对在政府投资或者以政府投资为主的建筑中，负有责任的主管人员和其他责任人员。如果有违法行为出现，可以依法给予其处分。

> 第三十五条　违反本条例规定，建设单位在开展咨询、设计、施工、监理、材料设备购置以及相关招标活动时，未明示建设工程绿色建筑等级要求的，或者在组织工程竣工验收时，未对是否符合绿色建筑等级要求进行查验，或者将不符合绿色建筑等级要求的工程通过竣工验收的，由县级以上人民政府住房城乡建设主管部门责令改正，处二十万元以上五十万元以下的罚款。

【本条主旨】

本条文是关于建设单位违反本《条例》的违法责任的规定。

【本条释义】

一、违法行为

（一）未明示建设工程绿色建筑等级要求

本《条例》第十四条规定："建设单位在新建民用建筑的可行性研究报告或者项目申请报告中，应当明确绿色建筑等级要求和选用的技术；在开展咨询、设计、施工、监理、材料设备购置以及相关招标活动时，应向相关单位明示建设工程的绿色建筑等级要求并组织实施。"如果建设单位没有明示建设工程绿色建筑等级要求，构成此类违法行为。

（二）组织工程竣工验收时未对绿色建筑等级要求查验

本《条例》第十七条规定："建设单位组织设计、施工、监理等单位进行工程竣工验收时，应当对绿色建筑等级要求进行查验。"如果建设单位在组织工程竣工验收时未对绿色建筑等级要求查验，违反上述规定的，构成此类违法行为。

（三）将不符合绿色建筑等级要求的工程通过竣工验收的

本《条例》第十七条规定："建设工程不符合绿色等级要求的不得通过竣工验收。建设单位应当在验收合格的建筑上设置标牌，标明该建筑的绿色建筑等级和主要技术指标。"如果建筑单位将不符合绿色建筑等级要求的工程通过竣工验收，违反上述规定的，构成此类违法行为。

二、法律责任

（一）责令改正

本条中的责令改正又可以称为限期改正违法行为，是指行政主体责令违法行为人停止和纠正违法行为，以恢复原状，维持法定的秩序或者状态，具有事后救济性。处罚，只是保证法律实施的一种手段，不是目的。对违法行为给予处罚，目的在于维护社会秩序，因此在对违法行为人给予行政处罚的时候，要同时责令行为人改正违法行为，不能以罚了事，让违法行为继续下去，否则就使行政处罚成了违法行为的"通行证"，这是要绝对禁止的。结合本《条例》规定，如果建设单位存在如上论述的三种违法行为，可以由县级以上人民政府住房城乡建设主管部门责令改正，例如，明示建设工程绿色建筑等级要求；重新组织工程竣工验收，并重新对符合绿色建筑等级要求进行查验；取消不符合绿色建筑等级要求的工程的竣工的决定。

（二）罚款

本条规定了建设单位违反《条例》所要承担的法律责任，建设单位违反《条例》时，由县级以上人民政府住房城乡建设主管部门责令改正，处20万元以上50万元以下的罚款。

本条中的罚款，是行政处罚的手段之一，是行政执法单位对违反行政法规的个人和单位给予的行政处罚。行政处罚是指行政主体依照法定职权和程序对违反行政法规范，尚未构成犯罪的相对人给予行政制裁的具体行政行为。

三、本条制定的参考依据

《建设工程质量管理条例》第五十六条规定："违反本条例规定，建设单位有下列行为之一的责令改正，处 20 万元以上 50 万元以下的罚款：（一）迫使承包方以低于成本的价格竞标的；（二）任意压缩合理工期的；（三）明示或者暗示设计单位或者施工单位违反工程建设强制性标准，降低工程质量的；（四）施工图设计文件未经审查或者审查不合格，擅自施工的；（五）建设项目必须实行工程监理而未实行工程监理的；（六）未按照国家规定办理工程质量监督手续的；（七）明示或者暗示施工单位使用不合格的建筑材料、建筑构配件和设备的；（八）未按照国家规定将竣工验收报告、有关认可文件或者准许使用文件报送备案的。"

本条制定参考《建设工程质量管理条例》，违反本条规定，除了前述的三种违法行为以外，还应该包括《建设工程质量管理条例》第五十六条规定的八种情形，如果建设单位有这八种违法行为的发生，处以责令改正，处 20 万元以上 50 万元以下罚款的行政处罚。

第三十六条　违反本条例规定，有下列行为之一的，由县级以上人民政府住房城乡建设主管部门责令改正，处十万元以上三十万元以下的罚款：

（一）设计单位未按照绿色建筑等级要求进行工程方案设计和施工图设计，或者未编制绿色建筑设计说明或者专篇的；

（二）施工图设计文件审查机构未按照绿色建筑等级要求审查施工图设计文件，或者为未经审查或者经审查不符合要求的建设项目出具施工图设计文件审查合格证书的。

【本条主旨】

本条文是关于设计单位、施工图设计文件审查机构违反本《条例》规定应当承担法律责任的规定。

【本条释义】

一、违法行为

（一）设计单位的违法行为

本《条例》第十五条规定："设计单位应当按照绿色建筑等级要求进

行建设工程方案设计和施工图设计，并编制绿色建筑设计说明或者专篇。"如果设计单位未按照绿色建筑等级要求进行工程方案设计和施工图设计，或者未编制绿色建筑设计说明或者专篇的，构成本条规定的违法行为。

（二）施工图设计文件审查单位的违法行为

本《条例》第十五条第二款和第三款规定："施工图设计文件审查机构应当按照绿色建筑等级要求审查施工图设计文件，未经审查或者经审查不符合要求的，不得出具施工图设计文件审查合格证书。施工图设计文件不符合绿色建筑等级要求的建设工程，建设工程施工许可行政审批部门不得批准开工建设。"如果施工图设计文件审查机构未按照绿色建筑等级要求审查施工图设计文件，或者为未经审查或者经审查不符合要求的建设项目出具施工图设计文件审查合格证书的，构成本条所指的违法行为。

二、法律责任

本条法律责任的违法主体是：设计单位和施工图设计文件审查机构；本《条例》规定的追究法律责任的主体为：违法行为发生地县级以上人民政府住房城乡建设主管部门。

为确保该规定的贯彻落实、真正发挥作用，本条对违反要求的行为设置了严格的法律责任，由县级以上人民政府住房城乡建设主管部门责令改正，处 10 万元以上 30 万元以下的罚款。因此，设计单位和施工图设计文件审查机构主要承担的是行政法律责任：

（一）责令改正

改正违反本《条例》规定的情形，对于设计单位而言，由设计单位重新按照绿色建筑等级要求进行工程方案设计和施工图设计，或者编制绿色建筑设计说明或专篇。对于施工图设计文件审查机构而言，重新按照绿色建筑等级要求审查施工图设计文件，或者取消未经审查或经审查不符合要求的建设项目出具的施工图设计文件审查合格证书。

为了绿色建筑有效运行，必须对各个环节进行严格把控。建设工程方案和施工图应当严格按照绿色建筑等级要求设计并编制绿色建筑设计说明或者专篇。绿色建筑设计说明是一份关于绿色建筑设计的说明书。施工图，是表示工程项目总体布局，建筑物、构筑物的外部形状、内部布置、结构构造、内外装修、材料做法以及设备、施工等要求的图样，施工图按种类可划分为建筑施工图、结构施工图、水电施工图等；施工图主要由图框、平立面图、大样图、指北针、图例、比例等部分组成。建设工程施工图设计文件审查是建设工程必须进行和遵守的基本建设程序。施工图设计文件必须通过政策性审查和技术性审查后方可使用，政策性审查未通过的工程，不予以技术性审查；没有勘察审查的工程，不予以施工图设计文件审查；没有施工图设计审查的工程，不得办理施工许可。因此，绿色建筑的施工设计文件需要审查机构的审查，审查合格的取得施工图设计文件审查合格证书。否则，就必须承担相应的法律责任。

（二）罚款

对于本条中两种违法行为，本条规定了罚款的范围，即 10 万元以上 30 万元以下。行政机关可以在该范围内自由裁量，体现了行政机关的自由裁量权。行政处罚自由裁量权是指国家行政机关在法律、法规规定的原则和范围内有选择余地的处置权利。该条对罚款的种类和幅度作出了相应的规定，即县级以上人民政府住房城乡建设主管部门可以对该条中两种违法行为作出罚款的决定，并在 10 万元到 30 万元之间进行自由裁量。

同时，根据《中华人民共和国行政处罚法》第二十三条规定："行政机关实施行政处罚时，应当责令当事人改正或者限期改正违法行为。"所以，违反本《条例》规定的应当由县级以上人民政府住房城乡建设主管部门责令改正并处 10 万元以上 30 万元以下的罚款。根据《中华人民共和国行政处罚法》第四十六条第三款规定："当事人应当自收到行政处罚决定书之日起十五日内，到指定的银行缴纳罚款。银行应当收受罚款，并直接上缴国库。"

> **第三十七条** 违反本条例规定，施工单位未按照施工图设计文件组织施工，或者使用国家和本省禁止使用的建筑材料、建筑构配件和设施设备的，由县级以上人民政府住房城乡建设主管部门责令改正，处建筑项目合同价款百分之二以上百分之四以下的罚款。

【本条主旨】

本条文是关于施工单位未按施工图设计文件施工或者使用违禁材料及

设备所应当承担法律责任的规定。

【本条释义】

一、违法行为

本《条例》第十六条规定："施工单位应当按照施工图设计文件组织施工，并在施工现场公示建筑项目的绿色建筑等级，不得使用国家和本省禁止使用的建筑材料、建筑构配件和设施设备。监理单位应当将绿色建筑等级要求实施情况纳入监理范围。"如果施工单位违反本《条例》规定未按照施工图设计文件组织施工，或者使用国家和本省禁止使用的建筑材料、建筑构配件和设施设备的，构成本条规定的违法行为。

二、法律责任

本条规定的法律责任是行政法律责任中的行政处罚的一种，罚款。建设行政主管部门在发现违法行为人的违法行为时，应当立即责令其限期改正，并处罚款。

（一）违法主体：施工单位

本条中的施工单位又可以称"承建单位"，是建筑安装工程施工单位的简称，具体是指承担基本建设工程施工任务，具有独立组织机构并实行独立经济核算的单位。在采取承发包方式进行施工时，施工单位，常被称为"乙方"。我国的施工单位按照经营方式分为施工企业和自营单位，施工企业是按照经济核算制原则建立的生产组织，按照国家计划承担各项工程的建筑安装等施工任务，施工单位在完成建设工程施工任务时，不仅要做到不使用国家和本省禁止使用的建筑材料、建筑构配件和设施设备，按照施工图设计文件组织施工，还应承担相应的质量责任和义务。2003年1月30日由国务院发布施行的《建设工程质量管理条例》第二十五条至第二十八条对施工单位的质量责任和义务进行了规定。《建设工程质量管理条例》第二十五条规定："施工单位应当依法取得相应等级的资质证书，并在其资质等级许可的范围内承揽工程。禁止施工单位超越本单位资质等级许可的业务范围或者以其他施工单位的名义承揽工程。禁止施工单位允许其他单位或者个人以本单位的名义承揽工程。施工单位不得转包或者违法分包工程。"本条款强化了施工单位资质许可的效力，严把工程施工建设的入口，使得无资质单位难以扰乱正常的工程建设秩序，使得相关单位更加重视并维护资质许可，依法履行相应职责，服从政府管理。《建设工程质量管理条例》第二十六条规定："施工单位对建设工程的施工质量负责。施工单位应当建立质量责任制，确定工程项目的项目经理、技术负责人和施工管理负责人。建设工程实行总承包的，总承包单位应当对全部建设工程质量负责；建设工程勘察、设计、施工、设备采购的一项或者多项实行总承包的，总承包单位应当对其承包的建设工程或者采购的设备的质量负责。"本条款要求实行建设施工单位质量责任制，并非一项工程建设完成交工后就与自己无关了，建设单位还要对工程建设质量负后期责任。本条款科学、详细地规定了归责主体，方便追责的实际操作。建设施工单位质量责任制主要分为人的责任制和承包单位的责任制，将责任细化到了个人，项目经理、技术负责人、施工管理负责人等，严格规定了总承包单位的责任，要求总承包单位切实负起责任，发挥监管作用。《建设工程质量管理条例》第二十七条规定："总承包单位依法将建设工程分包给其他单位的，分包单位应当按照分包合同的约定对其分包工程的质量向总承包单位负责，总承包单位与分包单位对分包工程的质量承担连带责任。"《建设工程质量管理条例》第二十八条第一款规定："施工单位必须按照工程设计图纸和施工技术标准施工，不得擅自修改工程设计，不得偷工减料。"经过审核的工程设计图已经达到建设的可行性标准，能保证整体建设工程的质量，实际生活中建筑单位往往为了节约成本，创造更大的利润空间，在实际建设过程中背离工程图纸，使得工程质量无法得到保证，本《条例》进一步加强了对施工单位是否切实依据工程图纸施工建设的监督来实现对建筑工程质量的把控。

（二）法律责任追究主体

本条规定的追究法律责任的主体应当为违法行为发生地，对该违法行为人即施工单位有管理权限的建设行政主管部门，即县级以上人民政府住房城乡建设主管部门。

（三）责任形式

1. 责令改正

本条所说的责令改正，属于行政强制措施，是指国家机关或法律、法规授权的组织，为了预防或制止正在发生或可能发生的违法行为、危险状态以及不利后果，而作出的要求违法行为人履行法定义务、停止违法行为、消除不良后果或恢复原状的具有强制性的决定。

责令改正既可以单独适用，亦可以和行政处罚合并适用。《中华人民共和国行政处罚法》第二十三条规定："行政机关实施行政处罚时，应当责令当事人改正或者限期改正违法行为。"我国的责令改正有以下几种具体形态：（1）责令改正单独适用。（2）责令改正并予以行政处罚。本《条例》属于后者，是并处的模式，当事人不仅要改正错误行为，还要为相应的错误行为承担相应的法律责任，交一定数额的罚款。此规定具有惩罚的性质，很多情况下，警告和责令改正的措施效果不佳，加处一定的罚款能有效遏制相关主体法的违法行为，形成一定的威慑后果，提高执行力。（3）责令改正时，针对行政违法行为可以给予处罚，也可以不给予处罚。（4）责令改正时，对行政违法行为情节较重的给予处罚。（5）责令改正与行政处罚选择适用。改正是对不良后果的弥补，罚款则具有警示作用，有利于规制绿色建筑行业的发展。

2. 罚款：合同价款2%以上4%以下

本《条例》规定的合同价款是按有关规定和协议条款约定的各种取费标准计算，用以支付承包人按照合同要求完成工程内容时的价款。

合同价是指在工程招投标阶段通过签订总承包合同、建筑安装工程承包合同、设备材料采购合同，以及技术和咨询服务合同确定的价格。合同价属于市场价格的性质，它是由承发包双方，也即商品和劳务买卖双方根据市场行情共同议定和认可的成交价格，但它并不等同于最终决算的实际工程造价。按计价方法的不同，建设工程合同有许多类型，不同类型合同的合同价内涵也有所不同。

合同价属于市场价格的范畴，不同于工程的实际造价。按照投资规模的不同，可分为建设项目总价承包合同价、建筑安装工程承包合同价、材料设备采购合同价和技术及咨询服务合同价；按计价方法的不同，可分为固定合同价、可调合同价和工程成本加酬金合同价。

合同价款主要存在以下三种方式：（1）固定价格合同。双方在专用条款内约定合同价款包含的风险范围和风险费用的计算方法，在约定的风险范围内合同价款不再调整。风险范围以外的合同价款调整方法，应当在专用条款内约定。（2）可调价格合同。合同价款可根据双方的约定而调整，双方在专用条款内约定合同价款调整方法。（3）成本加酬金合同。合同价款包括成本和酬金两部分，双方在专用条款内约定成本构成和酬金的计算方法。

本《条例》中的合同价款对是哪种形式的合同价款在所不问，罚款是按照其合同约定直接运用即可。在充分尊重合同双方当事人意思自治的前提下依法进行罚款。

另外，需要注意的是，本条罚款数额的确定和第三十五条、第三十六条不同，本条罚款数额的确定方式为倍率数距式。我国行政处罚法第四条第二款规定：设定和实施行政处罚必须以事实为依据，与违法行为的事实、性质、情节以及社会危害程度相当。此款规定简称"过罚相当"原则，是当前确定罚款数额总的指导思想。在其他法律、法规和规章的法律责任部分，有关于确定罚款数额的具体方式的规定，主要可归纳为以下几种方式：（1）固定数值式；（2）数值封顶式；（3）数值数距式；（4）固定倍率式；（5）倍率封顶式；（6）倍率数距式；（7）概括式。本《条例》的倍率数据式赋予了相关部门一定的自由裁量权，便于相关部门实际操作运用，最能体现本《条例》确定罚款数额的需求，操作性强。

第三十八条 违反本条例规定，监理单位未将绿色建筑等级要求实施情况纳入监理范围的，由县级以上人民政府住房城乡建设主管部门责令限期改正；逾期不改正的，处十万元以上三十万元以下的罚款。

【本条主旨】

本条文是关于监理单位违反本《条例》规定未将绿色建筑等级事实情况纳入监理范围所应当承担的法律责任的规定。

【本条释义】

一、违法行为

本《条例》第十六条第二款规定："监理单位应当将绿色建筑等级要

求实施情况纳入监理范围。"如果监理单位没有将绿色建筑等级要求实施情况纳入监理范围，构成本《条例》的违法行为。因此，本条与第十六条相呼应，是违反第十六条规定所需要承担的法律责任，是为了保障本法第十六条的顺利实施作出的法律责任的规定。监理单位是受业主委托对工程建设进行第三方监理的具有经营性质的独立的企业单位。它以专门的知识和技术，协助用户解决复杂的工程技术问题，并收取监理费用，同时对其提供的建筑工程监理服务承担经济和技术责任。同时，需要注意的是，根据《中华人民共和国建筑法》第三十一条规定，实行监理的建筑工程，由建设单位委托具有相应资质条件的工程监理单位监理。这从法律角度对工程监理单位的资质作出了限定性规定。

二、法律责任

(一) 违法行为主体
本条规定的违法行为主体是监理单位。

(二) 本条规定的违法行为
本《条例》关于监理单位所应当承担的法律职责的条款，即监理单位应当将绿色建筑等级要求实施情况纳入监理范围。施工单位应当按照施工图设计文件组织施工，并在施工现场公示建筑项目的绿色建筑等级，不得使用国家和本省禁止使用的建筑材料、建筑构配件和设施设备。监理单位应当将绿色建筑等级要求实施情况纳入监理范围。

本条规定充分说明，监理工作在绿色建筑施工过程中承担着重要责任。在绿色建筑施工过程中对其进行严格监理控制，具有十分重要的意义，表现在以下三个方面：首先，对绿色建筑企业而言，通过对绿色建筑施工环节的质量监理，对其每一个流程做好严格的把关，科学有效地配置建设资源，不但可以起到节约资金的作用，而且还能大大降低非法行为出现的概率；其次，对工程质量监理工作来说，相关监理人员应当采取有效措施对施工现场进行科学的监管，有计划、有目的地开展此项工作，为投资方、承包商等各方利益提供应有的保障，站在环境的立场确保建筑项目的正常开展。最后，就绿色建筑发展趋势而言，将相关监理机制落到实处能够大大推动建筑行业的健康发展，以此来满足国家政策需求。

（三）本条规定的追究法律责任的主体

本条规定的追究法律责任的主体应当为违法行为发生地，对该违法行为人即监理单位有管理权限的建设行政主管部门。

（四）承担责任的类型

1. 责令限期改正；

2. 罚款：逾期不改正的，处 10 万元以上 30 万元以下罚款。

本条规定的法律责任是行政法律责任中的行政处罚的一种：罚款。建设行政主管部门在发现违法行为人的违法行为时，应当立即责令其限期改正，并处罚款。

第三十九条　违反本条例规定，房地产开发企业销售商品房，未在商品房买卖合同、质量保证书和使用说明书中载明绿色建筑等级，以及节能措施、节水设施设备的保修期限、保护要求等内容的，由县级以上人民政府住房城乡建设主管部门责令限期改正，逾期不改正的，处三万元以上五万元以下的罚款；对以上信息作虚假宣传的，责令改正，处五万元以上二十万元以下的罚款。

【本条主旨】

本条文是关于房地产开发企业违反本《条例》规定所应当承担的法律责任的规定。

【本条释义】

一、违法行为

本条主要是针对房地产开发企业的法律责任展开，呼应本《条例》对于房地产开发企业法定义务的规定。本《条例》第十八条规定："房地产开发企业销售商品房，应当在商品房买卖合同、质量保证书和使用说明书中载明绿色建筑等级，以及节能措施、节水设施设备的保修期限、保护要求等内容，并对其真实性、准确性负责。"房地产开发企业在销售商品房的时候，分别在三个文本中写明绿色建筑等级和节能措施、节水设施设备的保修期限、保护要求等内容，三个文本分别是商品房买卖合同、质量保证书、使用说明书。并且所记载的事项必须真实、准确。如果房地产开发企业销售商品房时，未在商品房买卖合同、质量保证书和使用说明书中载明绿色建筑等级，以及节能措施、节水设施设备的保修期限、保护要求等内容的，属于本条规定的违法行为。

二、法律责任

（一）本条规定的违法行为主体

本条规定的违法行为主体是房地产开发企业。

（二）本条规定的追究法律责任的主体

本条规定的追究法律责任的主体应当为违法行为发生地，对该违法行为人即房地产开发企业有管理权限的建筑行政主管部门。

严格监督管理是本《条例》顺利实施的重要保障措施。住房城乡建设系统各部门要严格绿色建筑规划、设计与建设，运营、改造与拆除等环节的监管，严肃查处违反绿色建筑标准、建筑材料不达标、不按规定公示绿色建筑相关性能指标及相关信息等行为。上述问题一经查实，责令按照相关要求彻底整改，拒不整改或整改不到位的，依据《条例》作出相应处罚。

（三）承担法律责任的类型

1. 责令限期改正。即由县级以上人民政府住房城乡建设主管部门责令限期改正。

2. 逾期不改正的，罚款。即逾期不改正的，处 3 万元以上 5 万元以下的罚款。

3. 作虚假宣传的，责令改正，罚款。对以上信息做虚假宣传的，责令改正，处 5 万元以上 20 万元以下的罚款。

法的生命力在于执行，惩罚不是目的，法律责任的制定，目的是以良法促进善治，发挥好法治引领推动作用，更好更快地推动建筑业转型升级和高质量发展，开创河北省绿色建筑蓬勃发展大好局面。

第六章 附 则

【本章导读】

附则是法的整体中作为总则和分则的辅助性内容而存在的一个组成部分。附则作为法律的附带条款，主要规定以下内容：关于名词、术语的定义；授权制定实施细则的规定；实施时间的规定以及其他不适合放在总则和分则中规定的内容。按照这样的立法规律，本《条例》在附则部分共4条，主要是对本《条例》实施细则的授权性规定、有关专有名词、施行日期等相关内容的规定。

第四十条　雄安新区应当按照国家有关要求推广绿色建筑，使用绿色建材，推动绿色建筑设计、施工和运行。

【本条主旨】

本条文规定了雄安新区在推广绿色建筑过程中应履行的职责和义务。

【本条释义】

雄安新区位于中国河北省保定市境内，地处北京、天津、保定腹地，规划范围涵盖河北省雄县、容城、安新等3个县及周边部分区域，对雄县、容城、安新3县及周边区域实行托管。2017年4月1日，中共中央、国务院决定在此设立国家级新区。本《条例》围绕推进京津冀协同发展，提出推动河北与北京、天津绿色建筑地方标准协同工作，加强信息交流共享，促进京津冀绿色建筑产业协同发展。本条的规定确定了本《条例》的实施范围，雄安新区涉及本《条例》所规定条款的相关事项，应该直接适用其上位法，即应当按照国家有关要求推广绿色建筑，使用绿色建材，推动绿色建筑设计、施工和运行。

雄安新区在推广绿色建筑过程中应当履行如下的职责和义务。

一、推广绿色建筑

在雄安新区的未来城市规划中，雄安定位于打造"绿色宜居新城"。《河北雄安新区规划纲要》指出："推广绿色建筑。全面推动绿色建筑设计、施工和运行，开展节能住宅建设和改造。"因此，在推广绿色建筑过程中，雄安新区应履行推广绿色建筑义务。目前，雄安新区规划设计进入全面实施阶段，根据规划，未来雄安新区将大力推广超低能耗建筑，建设绿色宜居新城区，打造超低能耗建筑应用的全国样板。所谓超低能耗建筑，就是通过一系列节能新技术而建造的绿色建筑，仅需要极少的能源，就可以使建筑保持一个恒定而又适宜的温度。通过一系列先进技术的应用，超低能耗建筑比普通的建筑节能 70%—90% 以上。[1] 绿色建筑的推广，不仅是贯彻快速、高效、节能优势的建筑设计理念，更是落实国家法律政策的具体体现。

二、使用绿色建材、推动绿色建筑的设计、施工和运行

在推广绿色建筑过程中，雄安新区应履行如下的职责和义务，即使用绿色建材，推动绿色建筑设计、施工和运行。根据《河北雄安新区规划纲要》的规定："推广绿色建筑。引导选用绿色建材，开发选用当地特色的自然建材、清洁生产和更高环保认证水准的建材、旧物利用和废弃物再生的建材，积极稳妥推广装配式、可循环利用的建筑方式。"根据纲要规定，绿色建材的选取应当结合雄安当地实际，选用雄安特色的自然建材、清洁生产和更高环保认证水准的建材、旧物利用和废弃物再生建材。绿色建材是指在全生命期内减少对自然资源消耗和生态环境影响，具有"节能、减排、安全、便利和可循环"的建材产品。[2] 这些绿色建材通过一定技术手

---

〔1〕 央视新闻：《雄安新区推广超低能耗建筑 建绿色宜居新城》，http：//hebei. hebnews. cn/2018-09/24/content_ 7042090. htm，2017 – 07 – 07。

〔2〕 姬广祥、何锋：《深圳市绿色再生建材现状及发展探讨》，《科技创新与应用》2017 年第 34 期。

段回收、加工处理后，可以生成具有一定使用价值的建材产品，具有一定的社会、经济、环境效益。在具体的设计、施工和运行环节，雄安新区应推进施工图设计减排审查、应用绿色技术、超低能耗技术、研究先进监测技术，加大再生产品的推广力度，以及出台综合利用激励政策等，在推广绿色建筑过程中履行相应的职责和义务。

第四十一条　本条例中下列用语的含义：

（一）民用建筑，是指居住建筑、办公建筑和用于商业、服务业、教育、卫生、交通等其他用途的公共建筑。包括工业用地范围内用于办公、生活服务用途的建筑。

（二）装配式建筑，是指装配率符合国家和省有关标准要求，由预制部品部件在工地装配而成的建筑。包括装配式混凝土建筑、装配式钢结构建筑、装配式木结构建筑等。

（三）超低能耗建筑，是指适应气候特征和自然条件，通过采用保温隔热性能和气密性能更高的围护结构，提高能源设备与系统使用效率，利用可再生能源，以更少的能源消耗提供舒适室内环境并能满足绿色建筑基本要求的建筑。

（四）合同能源管理方式，是指节能服务企业与用能单位以合同形式约定节能项目的节能目标，节能服务企业为实现节能目标向用能单位提供必要的服务，用能单位以节能效益支付节能服务企业的投入及其合理利润的节能服务机制。

（五）绿色建材，是指在全生命周期内可减少对天然资源消耗和减轻对生态环境影响，具有节能、减排、安全、便利和可循环特征的建材产品。

（六）建筑信息模型，是指在建设工程及设施全生命期内，对其物理和功能特性进行数字化表达，并依此设计、施工、运营的过程和结果的总称。

【本条主旨】

本条文是有关专有名词的规定。

【本条释义】

本条文包含的专有名词如下：

一、民用建筑释义

民用建筑，是指非生产性的居住建筑和公共建筑，是由若干个大小不等的室内空间组合而成的；而其空间的形成，则又需要各种各样实体来组合，而这些实体称为建筑构配件。一般民用建筑由地基、墙或柱、楼底层、楼梯、屋顶、门窗等构配件组成，如住宅、写字楼、幼儿园、学校、食堂、影剧院、医院、旅馆、展览馆、商店和体育场馆等。民用建筑又分为居住建筑和公共建筑。公共建筑则包括办公建筑（如写字楼、政府部门办公楼等）、商业建筑（如商场、超市、金融建筑等）、酒店建筑（如宾馆、饭店、娱乐场所等）、科教文卫建筑（如文化、教育、科研、医疗、卫生、体育建筑等）、通信建筑（如邮电、通信、广播用房等）以及交通运输用房（如机场、车站建筑等）。对于民用建筑工程在进行施工的过程中，为了能够预防和控制民用建筑工程的室内环境，从保护民众的身体健康或者维护公共利益的角度出发，必须要对民用建筑工程加强管理，《条例》第十四条规定，建设单位在新建民用建筑的可行性研究报告或者项目申请报告中，应当明确绿色建筑等级要求和选用的技术；在开展咨询、设计、施工、监理、材料设备购置以及相关招标活动时，应当向相关单位明示建设工程的绿色建筑等级要求并组织实施。《条例》第二十八条规定，应当在实行集中供热的新建民用建筑中配备建设供热采暖分户计量系统，同时还要在实行集中供热的新建民用建筑中安装温度调控装置和供热系统调控装置。《条例》第三十一条规定，鼓励民用建筑采用绿色建筑技术。

二、装配式建筑释义

装配式建筑，是指由预制部品部件在工地装配而成的建筑，称为装配式建筑。按预制构件的形式和施工方法分为砌块建筑、板材建筑、盒式建筑、骨架板材建筑以及升板升层建筑等五种类型。装配式建筑是绿色建筑的一种，具备"四节一环保"的特点，即节水、节地、节能、节材、环境保护和降低污染。为推动装配式建筑发展,《条例》要求,市、县人民政府应明确城市、镇建设用地范围内装配式建筑的比例,省住房城乡建设部门要会同市场监督等部门,建立健全管理制度,并加强监督检查。《条例》第二十七条规定,设区的市、县级人民政府应当制定鼓励政策,促进装配式建筑相关产业和市场发展,推进新型建筑工业化。省人民政府住房城乡建设主管部门应当会同市场监督等管理部门,建立健全装配式建筑监督管理制度,加强装配式建筑监督检查。《条例》第三十条规定,政府投资或者以政府投资为主的建筑应当按照全装修方式建设,优先选用装配式装修技术、建筑信息模型应用技术。鼓励城市建成区内新建民用建筑采取全装修方式,使用绿色建材,实施一次装修到位。实施全装修方式开发销售、出租的商品房,室内环境指标应当符合国家和本省相关标准。

三、超低能耗建筑释义

超低能耗建筑,是指适应气候特征和自然条件,通过采用保温隔热性能和气密性能更高的围护结构,提高能源设备与系统使用效率,利用可再生能源,以更少的能源消耗提供舒适室内环境并能满足绿色建筑基本要求的建筑。发展超低能耗建筑的目标,是既要创造舒适、健康的生活环境,又要节约使用、高效利用自然资源和能源,降低日常能源费用支出,减少运营成本。《条例》填补了河北省绿色建筑缺乏地方性法规的空白,并对超低能耗建筑建设作出了明确规定,为促进超低能耗建筑发展提供了法律依据,具有重要的意义。其中,在本《条例》的多处指明了超低能耗建筑的相关规定,首先,在第二章"规划、设计与建设"第八条规定:"绿色建筑专项规划应当确定新建民用建筑的绿色建筑等级及布局要求,包括发展目标、重点发展区域、装配式建筑、超低能耗建筑要求和既有民用建筑绿色改造等内容,明确装配式建筑、超低能耗建筑和绿色建材应用的比例。"为了贯彻落实本《条例》规定要求,2018 年 12 月,河北省住房城乡建设厅印发《河北省推进绿色建筑发展工作方案》(冀建科〔2018〕22号),提出"2019—2020 年,全省城镇新建总建筑面积 20 万平方米(含)以上的项目,原则上建设 1 栋以上超低能耗建筑,提倡建设超低能耗建筑全覆盖住宅小区,鼓励集中连片建设超低能耗建筑"。其次,在第四章

"技术发展与激励措施"第二十四条规定：县级以上人民政府应当根据绿色建筑专项规划，安排资金重点支持"三星级绿色建筑、超低能耗建筑、既有建筑绿色改造等示范项目建设"。另外，河北省财政厅、河北省住房城乡建设厅《关于提前下达 2019 年大气污染防治（建筑节能补助）专项资金的通知》（冀财建〔2018〕25 号），安排省级专项资金 3168.63 万元（占全部专项资金的 57.61%），支持石家庄、保定、秦皇岛 3 个市的 14 个超低能耗建筑示范项目建设。再次，在第四章"技术发展与激励措施"第三十三条规定：对研发绿色建筑技术、产品材料和建设、购买绿色建筑的，按照下列规定予以扶持："符合超低能耗建筑标准建设的居住建筑，因墙体保温技术增加的建筑面积，不计入容积率核算。"河北省住房城乡建设厅印发的《河北省推进绿色建筑发展工作方案》（冀建科〔2018〕22 号）提出："适应绿色建筑发展新形势要求，研究制定、修改完善绿色建筑、超低能耗建筑、装配式建筑标准规程，构建各环节、全覆盖的标准体系并认真实施。"在已有超低能耗建筑地方标准规程的基础上，目前河北省正在组织《超低能耗建筑评价标准》和《超低能耗建筑节能检测标准》的编制工作。

四、合同能源管理方式释义

合同能源管理方式，是指节能服务企业与用能单位以合同形式约定节能项目的节能目标，节能服务企业为实现节能目标向用能单位提供必要的服务，用能单位以节能效益支付节能服务企业的投入及其合理利润的节能服务机制。充分发挥合同能源管理新机制在绿色建筑发展中的作用，通过专业化节能服务公司利用资金、技术优势帮助用户提高能源利用率，减少能源浪费和污染物排放，实现合作共赢。在实际操作中，由节能服务企业与用能单位以契约形式约定节能项目的节能目标，节能服务企业向用能单位提供相关服务，用能单位以节能效益支付节能服务企业的投入及其合理利润。具备条件的国家机关、事业单位、社会团体办公建筑，要带头采用合同能源管理模式实施绿色改造。要与开展合同能源管理相结合，大力推行智能供热和定量供热。统筹考虑耗能设备改造和能源管理服务两项内容，形成独有的供热系统操作流程，并通过后期节能服务保障节能的连续性和有效性。继续推动供热企业进行室温监控，加强需求侧用能管理。加强智能供热体系建设，重点提升控制系统技术，编制和实施智能供热标准，规范供热系统节能市场的运作机制，实现智能供热和定量供热的良好效果。为大力推行智能供热和定量供热，《条例》第二十八条规定，省人民政府住房城乡建设主管部门应当会同有关部门建立健全本省的智能供热标准体系。设区的市、县级人民政府应当发展集中供热和清洁能源供热，采用智能化供热技术，推动供热系统智能化改造，降低供热能耗，提高供热效率。实行集中供热的新建民用建筑，应当配套建设供热采暖分户计量系统，并安装温度调控装置和供热系统调控装置。《条例》第二十九条规定，新建住宅、宾馆、学生公寓、医院等有集中热水需求的民用建筑，应当结合当地自然资源条件，按照要求设计、安装太阳能、生物质能等可再生能源或者清洁能源热水系统。鼓励工业余热的有效利用。

五、绿色建材释义

绿色建材，是指在全生命周期内可减少对天然资源消耗和减轻对生态环境影响，具有节能、减排、安全、便利和可循环特征的建材产品。绿色建材，又称生态建材、环保建材和健康建材，指健康型、环保型、安全型的建筑材料，在国际上也称为"健康建材"或"环保建材"，绿色建材不是指单独的建材产品，而是对建材"健康、环保、安全"品性的评价。绿色建材产业是发展绿色建筑的重要支撑，加强绿色建材产业转型升级，有利于带动河北省其他工业产品的转型升级。河北省住建部门要制定公布推广、限制和禁止使用的建设工程材料设备产品目录，其目的在于淘汰落后、化解过剩产能、促进产业结构调整，推进工业转型升级，提高发展质量和效益。《条例》第二十六条规定，省人民政府及其有关部门应当推动建材工业转型升级，支持企业开展绿色建材生产和应用技术改造，促进绿色建材和绿色建筑产业融合发展。省住建部门制定并公布本省推广、限制和禁止使用的建设工程材料设备产品目录。

六、建筑信息模型释义

建筑信息模型，是指在建设工程及设施全生命期内，对其物理和功能特性进行数字化表达，并依此设计、施工、运营的过程和结果的总称。为更好地构建建筑信息模型，要求建立全省统一的能耗统计监测平台，通过评估和统计监测，为编制绿色建筑专项规划、制定公共建筑能耗限额、既有建筑绿色改造提供依据。《条例》第二十一条规定，省住建部门建立全省统一的民用建筑能源资源消耗统计监测平台，实现与供电、供水、供气、供热等企业的数据共享，并将国家机关、事业单位办公建筑以及大型公共建筑用能数据纳入平台。县级以上人民政府住房城乡建设主管部门应当推进绿色建筑运营评估工作。统计监测数据和运营评估结果应当作为编制绿色建筑专项规划、制定公共建筑能耗限额、推进既有建筑绿色改造等工作的重要依据。

第四十二条　省人民政府可以根据本条例制定实施细则。

【本条主旨】

本条文是对河北省人民政府制定实施细则的授权性规定。

【本条释义】

本《条例》是在党的十九大报告指引下，根据《绿色建筑行动方案》《国家新型城镇化规划（2014—2020年）》《关于进一步加强城市规划建设管理工作的若干意见》等文件精神，结合河北省促进绿色建筑发展的形势和特点，对促进绿色建筑发展作了细化规定，但本《条例》的不少条款仍然比较概括。因此，有必要授权河北省人民政府根据行政管理的经验和实践发展需要，对本《条例》作出更加具体的实施性规定。

实施细则，是指有关机关或部门为使下级机关或人员更好地贯彻执行某一法令、条例和规定，结合实际情况，对其所作的详细的、具体的解释和补充。实施细则一般由原法令、条例、规定的制定机构或其下属职能部门制定，与原法令、条例、规定配套使用，其目的是堵住原条文中的漏洞，使原条文发挥具体入微的功效效应。由于本《条例》属于规范性法律文件，因此，对授权河北省人民政府制定的实施细则具有如下几个特点：第一，具有规范性。实施细则对规范性法律文件的补充性或辅助性的规定，自然具有规范性法律文件的规范特点。第二，补充性和辅助性。实施细则是规范性法律文件的从属性文件，是对本《条例》进行的解释和说明，实施细则体现在一个"细"字上，需要把一些原则性的规定具体化、细密化，而不是在原有条例之外另起炉灶，再来一个"补充说明"。第三，操作性强。实施细则会对本《条例》的基本概念进行界定，规定具体适用的标准及执行程序，从而使本《条例》具有更强的操作性。

我国《立法法》第八十二条规定，省、自治区、直辖市和设区的市、自治州的人民政府，可以根据法律、行政法规和本省、自治区、直辖市的地方性法规，制定规章。地方政府规章可以就下列事项作出规定：（1）为执行法律、行政法规、地方性法规的规定需要制定规章的事项。（2）属于本行政区域的具体行政管理事项。依据《立法法》的上述规定，为执行本《条例》，河北省人民政府可以根据需要制定本《条例》的实施细则（规章）。当然，河北省人民政府所制定的实施细则不得与本《条例》等上位法相抵触。

第四十三条　本条例自 2019 年 1 月 1 日起施行。

【本条主旨】

本条文是关于《条例》施行时间的规定。

【本条释义】

本《条例》自 2019 年 1 月 1 日起施行。近年来，河北省积极推广发展绿色建筑，取得了阶段性成效，但由于各地重视程度不同、部门职责不清、缺乏有效激励措施、管理不到位等原因，河北各地绿色建筑发展水平不一，因此，需要将绿色建筑发展纳入法治化发展轨道，尽快实施本《条例》。

法律的施行时间，是每部法律法规、规章必不可少的组成部分。法律法规的施行日期可以根据实际需要来具体确定，必要时还应由法案的提案机关或者人大的统一审议机构在相关报告中予以说明。立法时合理设置施行准备期十分必要，施行的起始日期，为便于记忆起见，一般选为某月的 1 日或者 15 日；施行准备期根据情况不同需要可定为半个月、一个月、三个月、六个月不等。一般而言，地方性法规的施行准备期可稍短。立法机关可以在法律法规通过和公布后，加强对施行准备工作进展情况的监督。作为一项立法技术规范，应当在充分考虑施行准备工作量的情况下，在法律法规中具体规定法律法规的施行日期（自某年某月某日起施行）。

《河北省地方立法条例》第六十三条规定，地方性法规、自治条例和单行条例应当明确规定施行日期。关于法律的施行日期，主要有以下几种情况：第一，直接规定具体的施行日期。第二，规定自公布之日起施行。第三，规定施行日期取决于另一部法律的制定和实施日期。本《条例》于2018年11月23日由河北省第十三届人大常委会第七次会议通过，确定自2019年1月1日起施行。有关土地行政主管部门、城乡规划主管部门、企事业单位和个人等本法规定的主体应当自2019年1月1日起依照本《条例》的规定，行使各项权利、履行各项职责义务。

加强绿色建筑立法，是落实党的十九大精神，落实中央和省委重大决策部署的回应。一是有利于贯彻落实五大发展理念，促进河北省绿色建筑健康发展，加快建设生态环境优良、资源环境承载能力强的京津冀城市群，把雄安新区建成绿色生态宜居新城。二是有利于加快推进供给侧结构性改革，推进建筑业转型升级；发展绿色建筑有利于节约资源、降低能耗，打好去产能攻坚战，是引导建筑业走向高质量发展的重要手段。三是有利于改善人居环境，促进人与自然和谐共生，满足人民日益增长的美好生活需要。

本《条例》从公布到施行，中间间隔了约两个月时间，这段时间是《条例》实施前的准备时期。河北省各地各有关部门可以利用这段时间，对《条例》进行广泛、深入的宣传和学习，使得各级人民政府的相关部门及其工作人员、广大群众、法人对《条例》的规定有所了解和掌握，充分认识《条例》颁布实施的重大意义，对贯彻生态文明和绿色发展理念，促进建筑业转型升级和高质量发展，提高城镇化水平，实现节能环保以及人与自然和谐共生具有十分重要的意义。《条例》的出台，为依法推进我省绿色建筑发展提供了有力的法律保障。《条例》的实施，必将进一步推动全省绿色建筑持续健康发展，带动建筑业整体水平提升，提高人民生活环境质量，为建设经济强省、美丽河北做出新的更大贡献。

图书出品人 ：刘海涛

———————————

出版统筹：乔先彪
责任编辑：逯卫光
责任印制：姜　婷
发行总监：杨光捷
责任校对：姚丽娅
封面设计：李　瞻

2018年11月23日，河北省第十三届人民代表大会常务委员会第七次会议表决通过了《河北省促进绿色建筑发展条例》，将绿色建筑发展纳入法治轨道。法律的生命在于实施，本书对其适用范围与调整对象、政府及有关部门法定职责、资金与技术保障、表彰奖励、知识普及等方面作了具体的适用指导。

上架建议：法律实务

ISBN 978-7-5162-2146-4

定价：56.00元

中国民主法制出版社
官方微信